役割体験学習論に基づく法教育

裁判員裁判を体感する授業

事実の認定
刑の量定
無罪推定

井門正美 著
三浦広久 〔法的事項監修〕

現代人文社

はじめに
裁判員時代の市民に求められる法的実践力

　2009年5月21日から裁判員裁判が始まった。開始前には制度の是非をめぐる議論が盛り上がり、国民に刑事事件の重罪を裁くことなどできるのか、その責任の重さに耐えられるのかといった、制度を危惧する声も多かった。が、始まってみれば、比較的順調に進んでいるように見受けられる。

　さて、国民の司法参加を推進する裁判員制度の下では、私たち市民には法的実践力が求められていると言える。すなわち、法に関する知識、そして、技能・運用能力である。裁判員裁判は市民の常識を反映させるとは言うものの、常識というものが、人や地域や文化等によって異なることからすれば、常識を信頼し過ぎることはかえって危険なことである。

　こうした新しい司法の時代にあっては、市民にも司法に対する関心や理解が求められており、そしてさらに、司法に参加して人を裁くからには、法的実践力を培うことは国民としての責務と言える。それゆえ、教育研究と教育実践に携わる筆者としては、児童・生徒や学生の法的実践力を育成する法教育を充実させなければならないと痛感している。平成20年版『中学校学習指導要領』の「社会科」の箇所には、「『法に基づく公正な裁判の保障』に関連させて、裁判員制度についても触れること」との記述があり[1]、この制度の理解を図る指導が求められている。

　残念ながら、これまでの法教育は、充分な教育内容と教育方法によって展開されてきたとは言いがたい。特に、受験体制も相まって、多くの教師は教科書にある法教育内容を伝達することに専念し、その知識がどのような文脈の中で産出され、また、現実生活において、それらがどのような意味をもつのかまでは教えようとはしなかった。現実生活におけるルールやきまりや法など、それらの必要性や意義、また問題点などについての学習が全く除外されてきたと言ってよい。このような法教育の下では、学習者は、受験以外には自らの学習活動に対してその意義を見出すことができない状況にある。教育内容の照らし合せるべき現実、問うべき現実の問題を抜きにして、教科書に書かれた記号だけが一人歩きしているような法教育の現状では、学習者にとっての司法制度や法のリアリティが失われてしまい、法教育内容は単なる絵空事にしか過ぎなくなってしまう。

　例えば、中学校の社会科や高等学校の公民科などでは、「法の番人」や「三審制

度」などといった用語を覚えさせたり説明させたりする知識伝達型の授業が横行してきた。高校受験や大学受験だけに目の眩んだ教師は、社会系教科（社会科、地理歴史科、公民科）の目標である「公民的資質の育成」*2という目標はそっちのけで、テストでの高得点だけをめざした暗記や空欄穴埋め型の授業を得意になって行ってきた。

　私たちにとってなぜルールや法が必要なのか、を教えるなど、身近な日常生活や具体的場面に基づいた法教育が実施されることは少なかったと言える。このような法教育では、市民参加の司法制度に対応することはできない。もっと、実践的な法教育でなくてはならない。

　そこで、筆者が提案するのは「社会的実践力を培う法教育」である。社会的実践力とは法的実践力を含む問題解決能力と言える総合力だが、言い換えれば、社会的実践力とは、「知識や技能を活かし、他者と連帯して、自己実現やより善い社会を築くための行動力」と規定できる。

　こうした力を培うためには、単に、知識を覚えるだけではなく、覚えたことや知ったことと共に実践することが欠かせない。つまり、「知識と行為の統一的な学習」が必要なのである。オーソドックスな法教育が知識の部分にばかり力を注いできたことからすれば、新たな法教育では、知識と行為を統合するように心がけなければならない。そのためには、体験的な学習を法教育に活用することが必至となる。

　幸いにも、裁判員制度の開始に伴って、わが国における法教育への関心が高まり、研究者や実践家、法曹関係者によって、法教育の新たな試みが展開されてきている。本書もその中の一つとして世に問うものである。多くの方々に本書で提案する「役割体験学習論」をご理解いただき、実りある法教育を実践していただければと願っている。

*1　文部科学省『中学校学習指導要領』の第2章各教科第2節社会の3内容の取り扱い (4) に記されている。http://www.mext.go.jp/a_menu/shotou/new-cs/youryou/chu/sya.htm参照。
*2　小中学校の社会科では「国際社会に生きる民主的、平和的な国家・社会の形成者として必要な公民的資質の基礎」とあり、高等学校の地理歴史科では「国際社会に主体的に生きる民主的,平和的な国家・社会の一員として必要な自覚と資質」、また、公民科では「民主的、平和的な国家・社会の有為な形成者として必要な公民としての資質」と規定されているが、「公民的資質の育成」とまとめて差し支えはない。

本書の特徴 —まずここをお読み下さい—

　裁判員制度や裁判員裁判に関する書籍は、この制度の開始前までにかなり出版されたようである。この時期に筆者が裁判員関連で購入した本も相当な数に上っている。私の研究室では、学生用に同じ本を何冊も買っているので、その分、さらに多くなってしまった。しかし、目を通して気づくことは、その多くが実践を経ずに、裁判員裁判を想定したシナリオや裁判員模擬裁判のシナリオを提示するにとどまっており、実践に基づいて執筆されている本は、まだまだ少ないということである。

　そこで、こうした裁判員関係の書籍の趨勢に鑑み、筆者は2005年頃から始めた法教育に関する実践を基盤にして本書を著した。筆者は1990年代の末から「役割体験学習論」を提案してきたが、本書では、この教授学習理論をベースにした法教育実践（特に裁判員裁判の学習）について実践例をより多く具体的に紹介し、これらの実践に対する分析・考察も加えた執筆を行っている。「役割体験学習論」については、第1章で詳しく紹介するが、要は、学習者がある役割（役柄）の体験を通して、切実性のある学びによって知識と行為の統一的な学習を成し遂げるように意図した理論である。法教育では、今でこそ、多様な学習方法が提案されてはいるが、しかし、まだまだ、頭だけで覚える学習をさせている授業実践も多い。また、実際にやってみる体験的学習を取り入れた授業でも、さまざまな体験を体系的に認識していないために、行き当たりばったりで、ロールプレイを使ってみるとか、ゲストティーチャーとして弁護士を招いてみるといった段階にとどまっている。このような法教育実践では、国民が司法参加する裁判員裁判時代に、教師は意義のある教育活動をなし得ないうえ、児童・生徒や学生も充実した学習活動を行うことができない。

　筆者が、本書で提案する役割体験学習論に基づく法教育は、以上のような問題点を解決し、教師によるレベルの高い教育活動を展開させ、同時に、充実した学習を通して、学習者に社会で充分に活用し得る社会的実践力や法的実践力を培うことができる内容を提供するものである。

　以下、本書の構成と特色を示すので、読者の皆様には、この特色を押さえたうえで、各章お読みいただければと思う。

第1章　まず、筆者は極めてオリジナルな「役割体験学習論」という教授学習理論

を提案する。この理論は、1998年に構築した。わが国における体験的学習や問題解決学習、役割演技や心理劇・社会劇等の系譜、そして、状況的学習論による意図的教授への問題提起等を押さえた理論であり、ソフトシステムズ方法論と役割理論を基軸に多くの授業実践を分析考察して構築した。法教育実践で役割体験を通して如何に知識と行為の統一的学習を実現できるのかについて提案している。

第2章 筆者らが2008年に1年間をかけた法教育実践における多様な学習活動を紹介している。日々、公民や公民的分野の指導をしていて、「板書ばかりして生徒にはノートにそれを写させている。こんな授業だけでよいのだろうか？」と疑問を抱いている方は必読である。「役割体験学習論」は、社会系教科や法教育のみならず、他教科、あるいは教科外のさまざまな領域や場面で活用し得る理論と方法を提供することができると思う。

第3章 筆者らが、秋田大学において2006年に実践した「法曹三者と学生による裁判員制度の模擬裁判」を紹介している。この模擬裁判では「甲野はじめに対する強盗致傷被告事件」のシナリオで実施したが、公判部分はシナリオの台本に基づく役割演技、評議部分は台本なしの自由討議となっている。一体、裁判員裁判とはどんな様子なのか、知りたい方、また、授業で模擬裁判をしてみようと思っても、なかなか実施できずにいる方は、まず、この模擬裁判の様子をお読みいただければと思う。読むだけでもその様子がありありと体感できるように表現した。

第4章 第1章で、さまざまな学習活動を通して学んだ学生たちが、その学びを活かし、教師としての立場から実践した公立中学校での裁判員制度に関する授業を紹介している。この授業には、体験的学習として第3章で紹介したシナリオを用いた模擬裁判を取り入れた。強盗致傷のシナリオは、公判部分が台本に基づき25分程度で実施できる。その後の評議は、台本無しの自由討議形式だが、併せて2校時分あれば実践可能である。指導案や教室での配置図、プレゼンテーションのスライド、実際の評議や評決の様子なども紹介しているので、これらを参考にして授業を実践していただければと思う。なお、授業研究会や授業アンケートなども詳細に掲載した。実践したからこそ紹介できるものである。授業実践に対する分析や考察を加えているので、こうした点も参考にしていただければなによりである。

第5章 筆者が開発した「ネット裁判員模擬裁判」を紹介し、インターネット上での模擬裁判の実践についても紹介している。模擬裁判を模擬法廷や教室で行うだけでは、限られた人しか体験し学ぶことができない。そこで、開発したのが、このネット裁判員模擬裁判である。筆者らが開設しているホームページ（http://

namahage.is.akita-u.ac.jp/~gpuser/mogi_saiban/）にアクセスして、メールで申し込みをしていただければ、ネット上で、裁判員裁判の評議が体験できる。参加者は裁判官や裁判員になって、チャット形式の掲示板で、審理をして評決するというものである。このサイトには、裁判員裁判に関する説明、秋田大学で実施した裁判員模擬裁判の動画、筆者の提案する役割体験学習論に基づく法教育学習論など、多様なコンテンツが揃っている。ここにアクセスするだけでも多くのことが学べると思う。この他、裁判員裁判に対する見解を述べ合う「意見交換場」なども用意されているので、閲覧者には大いに議論してほしいところである。

その他 その他にも、本書では、工夫を凝らしている。その一つは、各章末にセッティングされた「トピック」である。法教育を進めるうえで役立つゲームやマンガ、小説、そして授業等を紹介している。これらは、筆者が選定して研究室の大学院生や附属学校園の教員等に執筆してもらった。ゲームやマンガなども大いに法教育で活用してほしいと願っている。加えて、本書にはDVD「著者が語る役割体験学習論に基づく法教育」の付録が付いている。これはおまけである。ご覧いただくと本書のエッセンスが理解できるようになっている。この他にも著書の中で、検索を指示する文章とクリックマークを設けているので、指示に従って筆者が開設している法教育のホームページにアクセスしてほしい。そこで、本書で紹介した法教育実践の報告書や動画コンテンツ、指導案や教材等をご覧いただければと思う。是非ご活用いただきたい。

　本書は、大学教員である筆者自身が行った法教育の実践記録である。大学の教員が、自身の提案する教育理論に基づいて自ら実践し、それを公表するというケースは希有であろう。実践して失敗したら、理論自体の信用性が問われることになる。しかし、筆者は実践を通してこそ教育理論が再構築されると考えている。そのためには、まずは、自ら理論を確かめてみることが先決である。

　筆者は自らの実践を通して、本書を自信をもって多くの方々にお勧めしたい。読者の皆様には、大いに本書を味わっていただき、役割体験学習論やこれに基づく法教育実践から、理論や方法、法教育のノウハウを掴み取り、日々の実践に役立てていただければと思う。

　それでは、存分に本書をお楽しみいただきたい。

役割体験学習論に基づく法教育　目次

はじめに　裁判員時代の市民に求められる法的実践力　2
本書の特徴―まずここをお読み下さい―　4

第1章　役割体験学習論による法的実践力の育成

第1節　役割体験学習論とは―社会体験の体系化―　12
　1．裁判員模擬裁判の評議から　12
　2．模擬裁判における役割体験　15
　3．役割体験学習論―社会体験を役割から捉える体験的学習論―　17

第2節　役割体験学習論に基づく法教育カリキュラム　24
　1．法教育の定義と目標　24
　2．法教育の内容・内容構成　25
　3．問題解決（課題設定）型の法教育カリキュラム　25

第2章　役割体験学習論に基づく法教育ガイド
裁判員裁判を事例として

第1節　役割体験学習の始まり―ウォーミングアップ―　38
　1．公民科の教育方法―社会的実践力を培う公民科教育―　38
　2．法に関する講義と文献講読　40
　3．刑事裁判の傍聴　42
　4．弁護士・検察官を招いた授業　45

第2節　模擬裁判シナリオ作り―エクササイズ―　53
　1．全体計画と学生によるシナリオ原案作成（2008年6月）　53
　2．検察官によるシナリオ作成指導（同年7月）　54
　3．弁護士によるシナリオ作成指導（同年8～9月）　56
　4．検察庁におけるシナリオ打合せ（同年9月）　61

5. 弁護士と学生によるシナリオ共同作成 (同年10〜11月)　64
第3節　模擬裁判への挑戦―ヒートアップ―　75
         1. 模擬裁判の役割担当者決定と事前練習　75
         2. 裁判員模擬裁判の実践―「田沢太郎に対する殺人未遂被告事件」―　78
         3. 裁判員模擬裁判後の体験の共有化　83
第4節　アンケート調査と事後討議―クールダウン―　87
         1. アンケート調査から　87
         2. 事後討議　87

第3章　法曹三者と学生による裁判員模擬裁判の実際
秋田大学の実践

第1節　裁判員制度のエッセンス　104
         1. 裁判員制度のねらい　104
         2. 裁判員制度の特色　105
         3. 裁判員裁判の対象となる刑事事件　105
         4. 裁判員の選任資格と欠格事由等　107
         5. 裁判員の仕事と義務　108
         6. 裁判員の選任手続　108
第2節　模擬裁判2006「甲野はじめに対する強盗致傷被告事件」　111
         1. 第1場「裁判官による裁判の説明と裁判員の宣誓」　112
         2. 第2場「公判」　114
         3. 第3場「評議・評決」　125

第4章　学生による裁判員裁判の授業
秋田市立外旭川中学校における実践

第1節　社会科授業「もうすぐ始まる裁判員制度と私たち」　146
         1. テーマ設定の理由―国民の司法参加と法的実践力―　146
         2. 授業の展開　147

第2節　授業反省会とアンケート調査の考察　159
　　1．学生による授業反省会　159
　　2．外旭川中の生徒・教師と弁護士に対するアンケート調査　165
　　3．外旭川中学校校報「穂波」での実践紹介　178

第5章　インターネットを活用した裁判員模擬裁判
「ネット裁判員模擬裁判」で学びの場を拡張する

第1節　インターネット学習システム「ネット裁判員模擬裁判」　192
　　1．「ネット裁判員模擬裁判」のねらい　192
　　2．ネット裁判員模擬裁判のシステム構成　193
第2節　ネット裁判員模擬裁判の実践　202
　　1．ネット裁判員模擬裁判の準備　202
　　2．ネット裁判員模擬裁判の評議　203
第3節　ネット裁判員模擬裁判を終えて　214
　　1．参加者はネット模擬裁判から何を学んだのか　214
　　2．ネット模擬裁判の課題は何か　216
　　3．弁護士からのコメント　221
　　4．ネット裁判員模擬裁判の参観者の感想　223

終章　役割体験学習論に基づく法教育を！

第1節　「青春法廷」に見る役割体験　236
　　1．「青春法廷」の概要　236
　　2．青春法廷における役割体験　238
　　3．役割体験による現実世界の自省的再構成　239
第2節　法曹三者と学生による裁判員模擬裁判を振り返って　242
　　1．はじめに　242
　　2．弁護士の目で振り返る　242

3．法教育の目で振り返る　244
　　4．中学生の目で振り返る　245
　　5．さいごに　246

あとがき　2つの出来事から　247
執筆者紹介　253
法教育実践協力者　254

トピック

トピック❶ 法的リテラシー育成の一助となるゲーム（『もしも!?裁判員に選ばれたら…』）　28

トピック❷ マンガで知る司法修習生の実態（『知りたかった！裁判の舞台裏』）　32

トピック❸ 日本初の裁判員裁判ボードゲーム（『裁判員裁判ゲーム Version2.0（中高生版）』）　91

トピック❹ 裁判員制度は広報用ビデオで楽しく学ぼう！（『総務省総務課山口六平太 裁判員プロジェクトはじめます！』『僕らの裁判員物語』『評議』）　96

トピック❺ 多くの学習要素が含まれているゲーム（『THE 裁判員』）　135

トピック❻ 事件の重みや裁判のもつ意味を問いかける（『サマヨイザクラ』）　139

トピック❼ 持ち物・手荷物検査を題材とした法教育の授業（秋田大学教育文化学部附属中学校における実践）　180

トピック❽ 事件の真相を究明して正しい判決を下す!!（『裁判員推理ゲーム 有罪×無罪』）　185

トピック❾ 小説『半落ち』の魅力と役割体験学習（『半落ち』）　230

付記

本書は、筆者が委員長を務めた秋田大学の特色ある大学支援プログラム「ゲーミング・シミュレーション型授業の構築――社会的実践力を培う体験的学習プロジェクト）」（平成18年度～20年度）の裁判員裁判の企画に関する成果、ならびに、筆者の科学研究費補助金「ゲーミング・シミュレーション『裁判員模擬裁判』の開発――法曹三者と連携した法教育実践」（平成20年度～22年度）の成果に基づいて執筆したものである。

第1章
役割体験学習論による法的実践力の育成

第1節
役割体験学習論とは
社会体験の体系化

　筆者が提案する「役割体験学習論」について、ご存じない読者の方も多いかと思うので、まず、端的に説明しておきたい。

　役割体験学習論とは、学習者がある役割を担うことによって、対象を理解し、問題を解決しようとする学習方法であり、学習者の社会的実践力(生きる力)を培うべく知識と行為の統一的な学習を図るための理論である*1。例えば、模擬裁判は役割体験の典型例である。学校で模擬裁判を実施する場合、参加者である生徒や学生は、裁判官や検察官、弁護士、被告人や証人などの役割を担う。つまり、裁判やそこで審理されている訴訟案件(考察対象)について理解したり、あるいは審理を行うことで、訴訟の問題解決過程を批判的に検討したりする。これこそが、役割体験学習なのである。

　では、役割体験学習の一場面を覗いてみよう。

1. 裁判員模擬裁判の評議から

　筆者らが2008年12月に実施した「法曹三者と学生による裁判員模擬裁判」*2から、公判の後に行った「評議」の一場面を紹介する。

> 　この裁判は、秋田中央大学の野球部員同士の間に起こった殺人未遂事件を扱っている。平成21年9月4日、秋田市東通の居酒屋横の駐車場で、十和田一郎が野球部チームメイトの田沢太郎にナイフで左腹部を刺され重傷を負った。田沢は、通報で駆けつけた警察官に現行犯逮捕され、その後12月4日、秋田地方裁判所第1号法廷で「殺人未遂事件」として裁かれている。
> 　公判での最大の争点は、殺意の有無である。検察側の主張によれば、田沢は好きだった野球部のマネージャー男鹿小町に振られたが、その小町と付き合っていた十和田が小町を振って別な女性と付き合っていることに憎悪の念を抱き殺意をもって犯行に至ったというものであった。
> 　第1回公判を終え、裁判官と裁判員が評議を始めたところである。裁判長が

板書をしながら裁判員から意見を聴取している。

裁判員B　あのですね、(検察官は)殺意を持って被告人はナイフで刺したと言ってるんですけれども、ナイフを持ったっていうのは、単に、被害者に押され、それでリュックからナイフが出て、それを偶然に持ったということであったと考えます。しかも、小町さんという人をめぐって争いがあったと言われている割には、かなり長い時間がたっていきなり殺意を持つっていうのは、ちょっと考えられないんじゃないかなと思うんです。それに、まあ、被告人は酔っていたというのもあったと思うんですけど、そうなると殺意を持ってナイフを手にとって刺したというふうにはちょっと考えにくいんじゃないかと私は思います。

裁判長　どうもありがとうございました。今、裁判員Bさんがおっしゃるのは、そんなに強い動機がなかったんじゃないかと、まあ、ナイフを持ったきっかけが偶然に過ぎない、というふうなことでまとめさせてもらいますが、いいですか？

裁判員B　はいそうです。

裁判長　他の方、いまのBさんのご意見に対してどう思われますか？(裁判員F挙手)どうぞ。

裁判員F　えっと、私は、ナイフを持ったのはちゃんと持とうとして持ったのではないかなと思いました。突き飛ばされた時にリュックも一緒に下に落ちてしまってナイフが偶然飛び出たということなんですが、それを持つこともできたし、それを持たないで素手で向かっていくこともできたと思うので、ナイフは持とうとして持ったのだと思います。

裁判長　はい(板書)、ナイフを持たずに素手で向かっていくこともできたのに、ナイフを握ったということなんですが、そのナイフを握った時はどういう考えだったと皆さん思われますか？　Fさんはナイフを握ったというから

には、殺すというところまで考えてたんじゃないか、ということですかね？

裁判員F　えっと、もしかしたら殺すまではいかないかもしれないですけど、多少傷ついても、相手の方がケガをしてもいいんじゃないかという意識があってナイフを向けたんじゃないかと思います。(裁判長がポイントを板書)

裁判長　なるほど。他の方はどうですか。

裁判員C　えっと、僕はナイフの件なんですが、ナイフは買っていったということなんですけども、自分は家から持ってきたのではないかと思っています。えっと、なぜならば、ナシが実家から送られてきてナイフを買ったということでした。普通はたぶんナシは皮ごとまず食べないんじゃないかなと思いました。ナシは2個食べたということなので、もともと果物ナイフは家にあったもので、殺意があったからわざわざこの飲み会の現場にナイフを持ってきたのではないかと僕は考えます。

　評議では、裁判官3名と裁判員6名が公判での審理を踏まえて事実認定と有罪無罪の決定を行い、有罪の場合には量刑を定める。ここで取り上げた場面は、評議の冒頭部分で、裁判長が本件の被告人における「殺意」の有無について裁判員から意見を聴取しているところである。検察側が公訴事実として述べている「殺意」が評議によって認められるならば、「殺人未遂罪」となり、認められなければ「傷害罪」となる[*3]。

　まず、この評議において、裁判員は「殺意」という概念を理解していなければ審理することはできない。「殺意」とはわかりやすく言えば「相手が死んでしまっても構わないという意思」と言えるが[*4]、この意思が被告人にあったかどうかが、問われる。本件の場合、この殺意の有無が争点になっており、検察側が殺意を主張し、被告人が殺意を認めていないので、評議では、被告人がナイフを持って被害者を刺したという事実が、どのような経緯の中で確認されるのかを審理しているわけである。裁判員Bは、被告人が被害者から押されて倒れた弾みに、自分の背負っていたリュックから飛び出したナイフをたまたま手に取ったのではないか、と捉え（裁判長の言う「偶然性」）、裁判員Fは、ナイフが偶然出たとしても、「持つ」「持たない」

は被告人の意思であるとし、「持とうとして持った」のではないかとしている。ここで、裁判長は「持とうとして持った」場合、被告人の意思について言及し、Fに「殺意」の認定をするのかどうかを確認している。しかし、Fは被告人の意図に対しては「傷害」までに止めている。これらの意見に対して裁判員のCは、被告人の自宅の様子から、ナイフは（その日に）購入した物ではなく、殺意があったからこそ自宅にあったナイフを飲み会の席に持ってきたのだと、「殺意」を認定する発言を行っている。

これらの裁判員の主張の根拠については、さらに証拠と照らし合わせて審理しなければならないが、ここまでにとどめておこう。詳しくは、HP「模擬裁判（2008.12.4）動画」をご覧いただきたい。

2．模擬裁判における役割体験

次に、前項の模擬裁判（評議場面）における学生の学習を取り上げながら、筆者の提唱する役割体験学習論について具体的に紹介することにしたい。

（1）評議場面における学生の「役割体験」の意味

この評議における学生は「裁判員」という役割を演じているが、これを筆者は「役割体験」と捉えている。役割体験とは、「学習者（生活主体）が、ある役割を担うことによって対象の理解や問題の解決を図るための方法論である」と定義している。筆者が「社会的役割」に注目したのは、ある役割を担うことによって、学習者が、社会や組織のしくみ、人々の関わりの理解を深めることができるからである。また、役割の遂行により知識、技能、態度などの統一的で総合的な課題や問題の解決が可能になる。さらには、役割視点をもつことによって多角的な見方もできるようになる。社会的役割に着目すると、問題解決においてこうした利点がある。

事例として挙げた評議の場面では、学生は「裁判員」という役割体験を行った。この模擬裁判を実施したのは2008年12月で、まだ、裁判員裁判が開始される前だったので、法曹三者でさえ体験していない。しかし、現実には、「裁判員」というまだ体験することのできない役割を学生たちは模擬的に体験することにより、これから始まる裁判員裁判とはどのような制度であり仕組みなのか、また、裁判員とはどんな役割で、どんな知識や技能が求められるのか、などを模擬裁判における公判や評議を通して体得的に理解していく。さらには、模擬的な体験により、裁判員裁判で発生しうる問題が浮き彫りになることも当然ある。ここでは、詳細には触れ

ないが、私たちの実施した2度にわたる「法曹三者と学生による裁判員模擬裁判」（2006年、2008年）でもさまざまな懸念事項や問題点も浮き彫りになった[*5]。

学生が「裁判員」の役割を演じるにあたっては、法律や裁判等に関する知識がある程度なければ裁判を進めることはできない。同時に、知識だけあったとしても、検察官や弁護人の話を聞いて解釈したり、被告人や証人の発言に対して尋問や質問をしたり、あるいは、評議での審理で証拠に基づいて、自分の考えを主張したりといった技能がなければならない。また、裁判員には、何日もの間、審理をしようとする意欲や姿勢もないと、その社会的役割を遂行することはできないのである。

このように、学生の「役割体験」は、知識、技能、態度、意欲等の総合的な活動であり、学習や学びは、こうした総合的な活動によって成立している。にもかかわらず、本書の「はじめに」でも指摘したように、座学だけで学習が成立しているかのように捉えて、講義型や知識伝達型、さらには暗記型の学習しかさせていないような法教育では、学習者の法的実践力を育成することなど到底できないと言える[*6]。

（2）状況的学習論の主張を踏まえた役割体験学習論

昨今、全国学力テストが世間では話題になり、筆者の住む秋田は、小中学生の学力が全国でトップと持て囃されている。しかし、この学力は、国語・算数・数学[*7]のごく一部の学力であり、しかもペーパーテストで評価できる部分に限定されている。このことを少しでも認識しているのであれば、また、学びの多様性や、人間の能力の深遠さに気づいていれば、このような「学力トップ」などというもので浮かれている場合ではない。世間で学力論議が盛んになると、必ずと言ってよいが、一定の時間を要する作業的・体験的学習や、学習の過程・手続に時間を必要とする問題解決的な学習[*8]が批判される。筆者の提案する役割体験学習論も多様な学習活動を前提として学びの過程を大切にしており、ある程度の時間も必要とするため、「ゆとり教育」などとレッテル貼りをした批判の矢面に立つことになるかもしれない。

しかし、この批判は浅はかである。なぜならば、すでに1980年代の初頭から、認知科学や認知心理学の分野で状況的学習論が唱えられ、この論によって、作業的・体験的学習や、問題解決的学習の意義が理論的に裏づけられているからである。

状況的学習論は、私たちの認知や思考、学習が、私たちを取り巻く環境や活動している状況から切り離すことはできないとする主張である[*9]。つまり、言葉の習得、自転車や自動車の運転といった事例が示すように、これらの運用能力は、私た

ちが周りの環境、人やモノとの相互作用を通して思考し、知識を獲得し、さらに技能や意欲が一体となって、初めて使いものになる力だということを状況的学習論は主張している。裏を返せば、外界から切り離された教室という空間のみで教師が黒板とチョークで教える教育や、重要語句を暗記させることだけに専念する教育が批判の対象となる。すなわち状況的学習論は、知識や学習を具体的な状況や生活実践から切り離して教えてきた従来の学校教育の在り方に対する痛烈な批判となったのである。教科書だけでの学びでは、社会の中で他者と関わりながら自己実現をしたり、問題や課題を解決したりする実践力には到底なり得ないのである。認知科学の佐伯胖氏は状況的学習論を、学習に意義を見出せない子どもたちの閉塞状況を克服し、学校教育変革の糸口になると捉え、その打開策として体験的学習の活用を提案している[*10]。学習指導要領で、作業的・体験的学習や問題解決的学習、学び方を学ぶ学習が重視されているのも、おそらく、状況的学習論の影響があったものと推測できる。

3. 役割体験学習論 ― 社会体験を役割から捉える体験的学習論 ―

　これまでの学習論や学力論の問題点、あるいは状況的学習論の主張を踏まえて、筆者が提案する教授学習理論が「役割体験学習論」である。再度確認するが、この論は、学習者がある役割を担うことによって、考察対象を理解し、問題を解決しようとする学習方法論であり、学習者の社会的実践力を培うべく知識と行為の統一的な学習を図るための理論である。役割体験学習論はもちろん体験を重視している。しかしながら、役割体験学習論では、ただ闇雲に実施するような体験的学習や問題解決的な学習を批判する。これまでの体験的学習や問題解決における社会体験については、充分な理論がなく、かつて「はいまわる経験主義」と批判された苦い過去もある。そこで、筆者は役割体験学習論により社会体験を理論化することで、そうした批判をかわすことが可能になると考えている。

　本理論では、まず、第1段階でこれまで実施されてきた体験的学習の理論化を図り、体験の分類と整理を行って多様な体験の持つ特色を明らかにする。次に、第2段階で「社会的役割」から体験的学習を体系化し、学習対象の理解と問題の解決という目的に応じた役割体験を構想している。では、2つの段階について説明する。

(1) 体験的学習の理論化（第1段階）

　かつての批判を反省するならば、「何でもかんでもやってみれば体験」という活

動であってはならない。例えば、文部省（現文部科学省）の『小学校社会指導資料』（1994年）では、体験的学習を重点的に扱っているが、実体験、模倣、追体験、ごっこ、劇化、シミュレーション、調査、見学、観察、実験、製作、発表、表現、討論等、さまざまな学習活動が体験的学習もしくは体験的活動として紹介されている[*11]。しかし、身体の動きが伴う学習活動が羅列されているだけで、おのおのの学習活動の特色や関連、相互の相違点などが不明確である。そこで、筆者はこれら体験に関する諸活動を、体験の内容、学習者の学習対象への関わり、体験対象・体験場所・体験手段等の観点から整理し、図1のように体系化した[*12]。

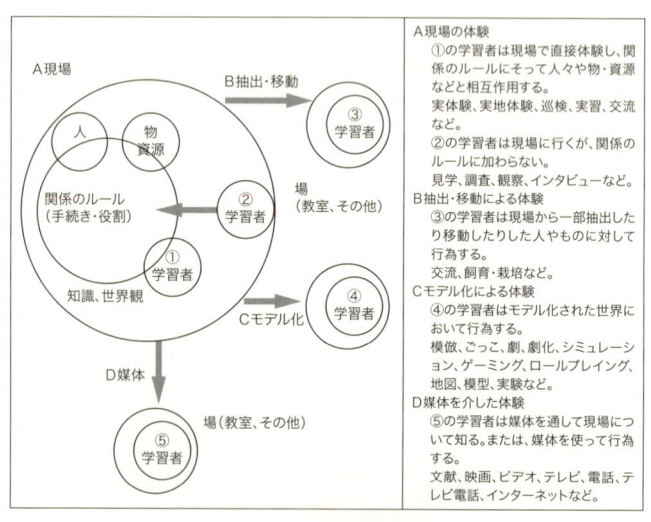

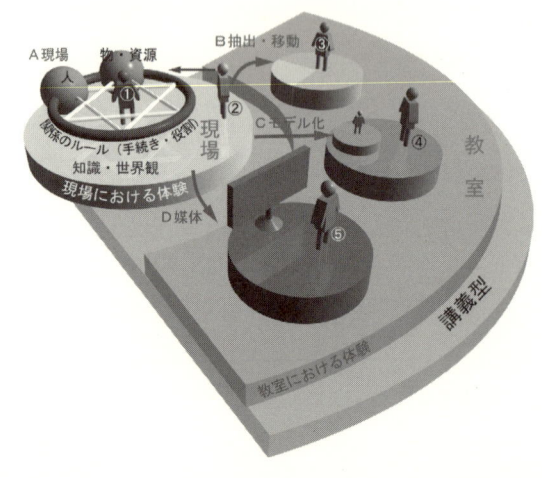

図1　体験的学習の体系化

A 現場の体験
①の学習者は現場で直接体験し、関係のルールにそって人々や物・資源などと相互作用する。
実体験、実地体験、巡検、実習、交流など。
②の学習者は現場に行くが、関係のルールに加わらない。
見学、調査、観察、インタビューなど。

B 抽出・移動による体験
③の学習者は現場から一部抽出したり移動したりした人やものに対して行為する。
交流、飼育、栽培など。

C モデル化による体験
④の学習者はモデル化された世界において行為する。
模倣、ごっこ、劇、劇化、シミュレーション、ゲーミング、ロールプレイング、地図、模型、実験など。

D 媒体を介した体験
⑤の学習者は媒体を通して現場について知る。または、媒体を使って行為する。
文献、映画、ビデオ、テレビ、電話、テレビ電話、インターネットなど。

このように体系化するならば、これまでの体験的諸活動の特色を把握して、現場や教室で、人や道具やモノと関わる多様な体験的学習を臨機応変に活用していくことができる。では、AタイプからDタイプまで説明する。

①Aタイプ：現場における体験的学習

まず、「A現場」における体験的学習は、学習者が学習対象となる現場に出かけて、そこにある役割を取得したり、その場を見学したりする体験的学習である。いわゆる現場体験や実地体験に該当する学習活動と言える。裁判員裁判の学習では、裁判の傍聴や法曹関係機関の見学などである。例えば、裁判の傍聴は、学習者が現実社会にある役割として「傍聴人」という役割を取得するものである。

②Bタイプ：抽出・移動による体験的学習

次に「B抽出・移動」による体験的学習は、現場から教室にモノを運んできたり、エキスパートを招いたりして学習するものである。裁判員裁判の学習では、裁判官、検察官、弁護士などの法曹三者をゲストティーチャーとして教室に招き交流する学習（交流体験学習）が一例として挙げられる。

③Cタイプ：モデル化による体験的学習

三番目の「Cモデル化」による体験的学習は、ゲーミング、シミュレーション、ロールプレイング等を活用した擬似体験学習である。裁判員裁判の学習では、伝統的な法教育方法である模擬裁判が挙げられる。模擬裁判では、学習者が被告人や目撃者、裁判官や裁判員の役割（役柄）を担当し、法廷を模した場で体験的学習を行う。

④Dタイプ：媒体を活用した体験的学習

最後の「D媒体」を活用した体験的学習は、メディアを媒介とした対話的・交流的な体験的学習である。裁判員裁判の学習では、電話やインターネット、テレビ会議システムなどを活用して、法曹三者や犯罪被害者にインタビューしたり、裁判員裁判について議論したりする学習、あるいは法律相談や模擬裁判などがこれに該当する。

筆者は、以上のような体験的学習を設定して、文献・資料による法教育のみならず、体験的な学習、特に、社会的役割に着目した役割体験学習を実施して、知識と行為の統一的な学習を行い、学習者の法的実践力や社会的実践力を培うことのできる法教育を構想し、実践した。

(2) 役割体験の4類型 (第2段階)

以上のように、第1段階で体験的学習の理論化を図ったうえで、次の第2段階としてさまざまな体験的学習を「社会的役割」から捉え直す。「社会的役割」に注目することで、学習者がある役割を担うことによって、社会や組織のしくみ、人々の関わりの理解を促進させることができ、役割の遂行により知識、技能、態度などの統一的な学習も可能になる。さらには、役割視点を持つことによって多角的な見方もできるようになるからである。

特に本理論では、「学習の場」と「学習主体」という観点と、「現実」と「仮想」の次元とをクロスさせて役割体験の4類型を設定している（表1参照）。この4類型を設定することで、私たちは、役割体験を用いたさまざまな実践を対象の理解や問題の解決

表1　役割体験の4類型

	場現実	場仮想
主体現実	第1類型 刑事裁判傍聴 検察庁訪問 法曹三者との交流等	第2類型 ビデオ視聴 運転シミュレータ 交通安全教室 法曹三者による模擬裁判
主体仮想	第3類型 目隠し体験 車いす体験 高齢者体験 マタニティー体験	第4類型 市民による模擬裁判 ネット裁判員模擬裁判 バーチャル法廷

といった観点から関連づけ、体系的に把握することが可能になる。これまで数多く実践されてきた体験的学習や実習、訓練も位置づけることができ、しかも、ゲーム、ロールプレイング、シミュレーションなどゲーミング・シミュレーションの手法とも関連づけることができる。実地体験と擬似体験、直接体験と間接体験とが連結されるのである。言うまでもないが、役割体験は、現実世界でなされようと仮想世界でなされようと、すべては現実世界における実践主体（生活者・学習者）の生活に役立てることを目的としている[13]。

以下では、役割体験のそれぞれの類型の特色について述べたい。

①役割体験の第1類型

第1類型の役割体験は、主体現実・場現実型である。学習者は、本来の自分自身として本物の現場で体験するものである。この類型の役割体験は、学習者が関心の対象となる現場のある地位や位置に身を置いて、その役割関係に基づいて活動する。現場で生の体験ができるが、そこでは本物のルールが適用されるため大きな失敗は許されない。それゆえ事前の訓練や学習並びに実践時における真剣な行動が学習者に求められることが多い。

法教育の事例では、学習者が裁判所に出かけていって「傍聴人」という現実にある役割を取得して、体験する学習が該当する。これは本物の裁判をリアルに体験することができる直接体験であり、実地体験である。しかし、当然のことながら、その場で叫んだり、判決に異論を唱えたりすれば、現実にルール違反となり、何らかの罰則が与えられる。

②役割体験の第2類型

この第2類型*14における役割体験は、学習者が、モデル化された環境や仮想的な環境内で本来の自分自身として活動するものである。モデル化された仮設の模擬的な環境で活動するので、失敗も許容され試行的で問題発見的な役割体験が可能になる。例えば、小学校の交通安全教室などで、警察官が校庭に信号機や横断歩道などを設置して、信号の見方、横断歩道の渡り方などを小学生に指導するといった事例は、交通法規に関する法教育事例である。小学生は、校庭に模擬的に再現された交差点で、交通法規の基本や自身の安全について役割体験をして学んでいるのである。この場合、信号の色を見間違えて渡ったり、左右の安全確認をうっかり怠ったとしても、児童は、こうした失敗を反省して、現実に役立てることができる。

③役割体験の第3類型

第3類型の役割体験は、主体仮想・場現実型である。この類型における役割体験は、学習者が、本来または現在の自分自身では担うことのできない役割（例えば、性、年齢、障害等に関する役割）を担うために、自分自身に加工（仮装・変装等）を施してその役割を担い、現実の場でそのルールに基づいて活動するというものである。学習者が自己本来の役割とは異なる役割を担って現実の社会で活動するため、仮装や変装によって担当した役割やこの役割を制御するルールの理解、役割と周囲との関係性や役割を取り巻く社会環境の理解、役割をめぐる問題の発見等に役立てることができる。

例えば、健常者が車いすに乗ったり、アイマスクをして街に出かけ、建物や交通機関・施設のバリアフリー化*15をチェックし、バリアフリー法に適合しているかどうかを調べる活動は第3類型の役割体験である。あえて、本来の自己とは異なる「障がい者」という役割を担うことによって、そうした人々の立場から法が遵守されているかどうかを調査して、調査対象の違法箇所を指摘したり、さらには法の不備や問題点を発見することも可能になる。

④役割体験の第4類型

第4類型における役割体験は、学習者が仮想的な自己として活動し、役割体験の

場も仮想的な場合である。この類型では、学習者は現実とは異なる役割を担い仮想的な主体を演じ、しかも同時に、仮想的な場や状況を再現し創造する活動も行う。再現し創出される場や状況は、ある社会事象や社会状況であるから、実践主体の活動に依存し、その再現・創出活動が停止されれば消失してしまう。

この類型には、ごっこ、劇、シミュレーション、ゲーミング、ロールプレイングなどが該当する。これらの場合、主体はある誰か（特定的主体や匿名的主体、特定集団や不特定集団の成員等設定はさまざま）になってその役割（役柄）を演じる。活動の場は仮想的な場（舞台、実験室、教室等）であり、それゆえ、ルールは現実から抽出されたり、あるいは、創造的に作成されたりする*16。

第4類型の事例としては、教室等で行われる模擬裁判が挙げられる。本節冒頭での模擬裁判では、学生は裁判員になって、仮設的に作られた法廷で裁判を実施している。学生は「裁判員」という役割体験によって、法律や裁判の理解、裁判員としての知識や技能等を身につけているのである。

＊1　本理論については、拙著『社会科における役割体験学習論の構想』（NSK出版、2002年）を参照のこと。
＊2　この行事は、文部科学省の「特色ある大学教育支援プログラム」に秋田大学（教育文化学部）が採択された「ゲーミング・シミュレーション型授業の構築─社会的実践力を育てる体験的学習プロジェクト─」（平成18年度～20年度、略称「18特色GP」）の一つとして実施した。また、2008年実施の「法曹三者と学生による裁判員模擬裁判2008」も同様の行事である。筆者が、18特色GP推進特別委員会委員長であったことを書き添えておく。
＊3　このシナリオでは、弁護人は銃砲刀剣類所持等罪については認めて、争っていない。
＊4　これは、弁護士の方がわかりやすく学生に説明したものである。
＊5　この点については、『秋田大学18特色GP企画「法曹三者と学生による裁判員制度の模擬裁判」』（秋田大学教育文化学部、執筆代表井門正美、2007年3月）50～60頁を参照いただきたい。報告書はhttp://namahage.is.akita-u.ac.jp/~gpuser/mogi_saiban/よりダウンロードできる。
＊6　実は、筆者が提案する役割体験に該当する事例は、これまでも様々な組織や集団で活用されてきたものである。一例を挙げると、医学の世界では模擬患者試験（標準患者試験）などが活用されている。例えば、本物の役者が患者役になり、医学生の診察における患者への対応を審査するというものだ。医学生には、医学的な専門知識のみならず、さらに、コミュニケーション能力や共感能力などが求められており、模擬患者試験を通して臨床に必要な実践力を評価しようとしている。これは筆者の提案する役割体験の一つである。
＊7　いわゆる全国学力テストは、PISA (Programme for International Student Assessment) を参考に作成されている。PISAは、"reading literacy" "mathematical literacy" "scientific literacy" "problem solving" の4領域で設計されているが、いずれの設問もある社会的状況で考えさせるものが多い。すなわち、社会系教科の担当する社会的思考判断力や資料活用能力などに関する設問である。しかし、日本では、国語の「読解力」と数学・算数の「数的思考」のように狭く捉えているようで、学力論議が矮小化し、国語、算数・数学だけ強化すればよいような、とんでもない勘違いをしている者が多い。
＊8　現行の学習指導要領でも、また、新学習指導要領でも重点化されている。例えば、『小学校学習指導要領解説社会編』（文部科学省、平成20年6月）では、「(ⅱ) 改善の具体的事項（小学校）」の箇所で「作業的、体験的な学習や問題解決的な学習を一層重視させること」（4頁）と示されている。にもかかわらず、マスコ

ミや世間は、特に生活科や総合的な学習の時間などを槍玉に挙げて批判している。
＊9　Brown, J. S, Collins, A., Duguid, P. (1988). *Situated Cognition and the Culture of Learning. Technical Report,* Cambridge M.A.: BBN Labs, Inc.参照。
＊10　佐伯胖著「提言学びの場としての学校」佐伯胖、汐見稔幸、佐藤学編『学校の再生をめざして2』(東京大学出版会、1992年) 219頁。
＊11　文部省『小学校社会指導資料―新しい学力観に立つ社会科の学習指導の創造―』(東洋館出版社、1993年) 34～36頁。この資料は、体験的学習を特集しており、豊富な実践例が紹介されている点では、貴重な資料である。
＊12　図の中には発表、表現、討論は含まれていない。これらの学習活動は、五感や身体を使うものの学習対象となる現場や人、実物との関わりを体験の内容とするものではなく、その活動自体を体験の対象または内容としないかぎり体験とは言えず、体験的学習から外した方が適切である。模倣や追体験については、ケースバイケースで判断する必要がある。
＊13　こうした役割体験の意図的・計画的な役割の活用を考えれば、これまで、擬似的な体験と呼ばれてきたものは、むしろ「仮設的体験」と呼ぶことがより適切であると思われる。
＊14　この類型における役割体験は、実践主体が現実を模した仮想の場において活動することで、失敗が問題の発見として生かされ、技能の習熟や対象の理解に役立てることができる。すでに紹介した模擬患者試験 (標準患者試験) は、医学、歯学、薬学などの医療系の大学で実施されているものだが、たとえば、医師の診察場面ならば、最低限、医師 (医学生) と患者 (模擬患者) がいればその診療場面は再現される。この場合には、環境の創出は比較的容易に、少ない費用で実施できる。しかし、フライトシミュレータなどは精緻に再現されている装置であるから開発に時間と高額な費用を必要とする。
＊15　バリアフリー法 (高齢者、障害者等の移動等の円滑化の促進に関する法律〔平成18年法律第91号〕) として、2006年12月20日に施行された。
＊16　さらに、この類型について若干述べておきたい。この類型では、役割体験の状況を設定するルールや学習者の担う役割や役柄に対応したルール、あるいは、実践全体を成立させる管理・運営ルールなどが設定される。これらのルールは単純なものから複雑なものまで、具体的なものから抽象的なものまで多様である。この第4類型では、実践の目的に応じた多様な役割体験が成立する。シミュレートする対象が複雑なシステムで、抽出する要素やルールが多く、達成目標が多い場合などは、専門的な知識や技術が要求される。

第2節 役割体験学習論に基づく法教育カリキュラム

　最後に、本節では、法教育の定義と目的、法教育の内容と役割体験学習について概述し、法教育における筆者の理論と実践の位置づけを示しておきたい。

1. 法教育の定義と目標

　法教育とは「学習者の法的実践力を育成する教育である」と定義したい。そして、法的実践力とは「法に関する知識・理解とその運用能力、ならびに、それらを批判し、是正・創造する能力である」と定義する。法の批判、是正と創造は、もちろん正義をめざすことが前提である。法教育の定義としては「法や司法に関する教育全般」という広義の定義[*17]やアメリカの"Law-Related Education"に倣って「法律専門家でない人々を対象に、法、法（形成）過程、法制度、これらを基礎づける基本原則と価値に関する知識と技術を身につけさせる教育」という狭義の定義[*18]もある。狭義の法教育は法学教育（Legal Education）と区別して定義された経緯があるが、わが国の教育分野では、経済学教育と経済教育（経済学習）とか、政治学教育と政治教育（政治学習）とか、ことさら分けて定義していない。専門家・エキスパートを養成する教育か一般市民に対する教育かで区別してはいないので、まずは、法教育の定義として、専門家養成も、一般市民に対する教育も含める定義を採用してみてはどうかと考える。そのうえで、児童・生徒や一般市民レベルの教育から、専門家・エキスパートの教育までを配置してはどうだろうか。区別が必要であれば、法教育と法学教育と言えばよいし、筆者の定義における「法的実践力」を「法的リテラシー」として、教養的・一般素養的意味合いを付け加えたり、逆に、「法的専門性」として法の専門教育を意味するようにすればよいと考える。あくまでも、教育という、教える者と教わる者との関係の中で成立するものを法教育と捉えよう、という提案である。学校教育以外の教育も範疇に入る。市民による嫌煙権運動が健康増進法（特に第25条「受動喫煙の防止」）の成立に影響したことからすれば、法教育を一般市民の教育と専門家養成の教育に最初から分けてしまうのは市民の司法参加時代に逆行するように思われる。

このように法教育を定義すれば、定義自体が目的を示しているので、法教育の目標は「学習者の法的実践力を育成することにある」と定められる。

2. 法教育の内容・内容構成

法教育の内容や内容構成については、現在、確立したものがあるわけではなく、いくつもの提案がなされている状況にある。

先の法教育に関する狭義の定義が示している内容、すなわち、法、法形成過程、法制度、これらを基礎づける基本原則と価値を法教育の内容構成の観点(例えば、「法教育内容構成の4観点」)として用いることもできよう。あるいは、江口勇治氏がアメリカの法教育に基づき提案するように「法理念・法哲学」「憲法を頂点とする法体系と法制度」「法の役割・機能と限界」「紛争処理における法やルールの役割と限界」「子どもの生活に密接に関係する実定法」「社会的な争点となっている法律」「法律やルールで解決しようとしている社会問題」「インフォーマルなルールや習慣」「法の国際比較とわが国の法文化の特色」「法社会学」「いろいろな学問や領域からみた法・ルール」等を組み合わせた内容構成[19]も考えられる。また、法教育研究会による「ルールづくり」「私法と消費者保護」「憲法の意義」「司法」の4つの単元による中学校公民的分野カリキュラム案[20]、さらには、橋本康弘氏の提案のように「現行法の実際(現実)：法機能を理解する」「法原理を理解する」「法を反省的に理解したり吟味したりする」「法を批判する」「紛争(トラブル)を解決する」「社会に参加する」という6つの観点から法教育の内容構成[21]を図ることも可能である。

こうした提案は、各者各様だが、それぞれに理論や実践に基づく貴重な提案である。おそらく、法教育内容を構成するには、学校教育では、上記の提案で示された観点から、校種(幼稚園・保育園、小学校、中学校、高等学校、専門学校・大学、大学院、特別支援学校等)に応じて設定すれば、その基本枠組が構築されよう。さらにこの基本枠組に、各々の校種の教育形態や内容に合わせた観点を定めて設計すれば、詳細な法教育のカリキュラムができ上がる。例えば、小学校や中学校、高等学校ならば、教科、領域(道徳、特別活動)、総合的な学習の時間、その他の教育活動といった観点を設けて法教育カリキュラム設計をすることになる。

3. 問題解決(課題設定)型の法教育カリキュラム

ところで、筆者は法教育の内容構成として、系統型内容構成と問題解決型(もし

くは課題設定型）内容構成とに分けて考えることを提案したい。これまで、取り上げてきた定義（狭義）に示された「法教育内容構成の４観点」や江口氏の提案する11の観点、法教育研究会の４つの単元、橋本氏の６つの観点などは、法学を中心とした学問体系から構想したものと捉えられる。この特色は、法を理論的・体系的に捉えて、その枠組（観点）から法教育の内容も構成しようとするところにある。法教育を展開するにあたって押さえなければならない観点や領域を示している点が重要である。

　これに対して、これまで法教育関係では触れられていなかったと思われるが、筆者は問題解決（課題設定）型の内容構成を提案したい。このタイプは、問題や課題を設定し、これを追究する過程を法教育の内容構成とするものである。まさに、筆者が提案する役割体験学習論に基づく法教育実践（裁判員裁判の学習）は問題解決（課題設定）型の内容構成となっている。第２章で紹介する私たちの１年間の学習過程（表２）は、そうした内容構成となっている。特に、役割体験学習論では、役割体験を通した知識と行為の統一的学習をねらっているので、講義や座学のみならず体験や交流を通して学ぶ。そのことによってさまざまな文献や資料から知識を得、また、教師にとどまらず専門家や当事者など多様な人々から学ぶという学習方法を兼ね備えた内容構成となる。

　かつて、体験型や問題解決型の学習は、「はいまわる経験主義」と批判された過去があるが、役割体験学習論では、すでに第１節で述べたように、体験的学習の体系化を図る理論を提示している。体験の意義や学習効果と教育上の制約条件（時間、労力、費用、参加制限等）を吟味して展開するので、柔軟性のある目的的なカリキュラムが実現できる。特に、系統型の観点、例えば、法、法形成過程、法制度、これらを基礎づける基本原則と価値等を学習過程の中で押さえれば、実のある法教育を実践できる。

　本書で紹介する実践例も、実践の過程にそうした法教育内容が組み込まれている。例えば、第５章で紹介するネット裁判員模擬裁判のシステムは、刑事裁判を中核として、法や制度に関する理解を図るコンテンツ、裁判員制度が成立するに至った背景を解説するコンテンツや刑事裁判の原理・原則を説明するコンテンツなどを揃えている。また、公判や評議の模擬体験、意見交換場（掲示板）で、模擬裁判や裁判員制度について感想や意見を提示し議論し合える交流の場を設けている。ここでは、裁判員制度そのものに批判的な意見も出され、法や制度を対象化して考える場が提供されている。このように、意図的に法教育内容を考慮した設計を施して

いる。

　さて、学校における法教育は、社会科や公民科という教科のみで行われるものではなく、また、これらの教科だけで担えるものでもない。先にも触れたが、家庭科、技術科、情報科、保健体育科などの教科は法教育に深く関わり、実業高校での教科も法教育を内容に含むものは相当数ある。道徳・特活の領域、総合の他、教育活動全体が法教育に関わっている。それゆえ、法教育は、学校の全体計画の中に組み込んで実践していくことが適切である。児童や生徒に学校生活に関わるルールづくりを行わせたり、学級や学校内での問題や紛争を処理させたりする活動も、重要な法教育活動である。また、総合的な学習の時間に「男女共同参画社会の構築」といった問題解決型テーマを設定し、男女共同参画社会基本法などを通して、平等や人権等について学ぶ法教育も可能である。

＊17　法教育研究会著『はじめての法教育―我が国における法教育の普及・発展を目指して―』（ぎょうせい、2005年）2頁。
＊18　関東弁護士連合会編『法教育―21世紀を生きる子どもたちのために―』（現代人文社、2002年）11頁。
＊19　江口勇治著「法教育の理論―日本型法教育の素描―」全国法教育ネットワーク編『法教育の可能性―学校教育における理論と実践―』（現代人文社、2001年）14〜22頁。
＊20　前掲＊17「3　法教育が目指すもの」11〜30頁。
＊21　橋本康弘著「Ｉ "法" の学習はどうあるべきか？」橋本康弘＝野坂佳生編著『"法" を教える―身近な題材で基礎基本を授業する―』（明治図書、2006年）9〜16頁。

トピック①

法的リテラシー育成の一助となるゲーム

ニンテンドーDS
『もしも!?裁判員に選ばれたら…』
(TAKARA TOMY、2008年)

1. ゲーム概要

　2009年5月21日から裁判員制度が始まった。裁判員制度は国民が裁判員として刑事裁判に参加し、裁判官と一緒に審理・評議を行い、有罪・無罪、量刑を決めるものである。司法制度改革において裁判員制度を導入しようとした大きな柱の一つは、主権者である国民が裁判に参加することにより、裁判をより透明で公正なものにする、硬直化し閉ざされた裁判に市民感覚を導入するためである。民主主義とも深い関係があり、裁判への参加は国民の権利であるとともに義務でもある。

　『もしも!?裁判員に選ばれたら…』は、裁判員候補者に選ばれたという通知が届くところから始まる。そして実際に裁判に参加し、審理、評議、判決までを模擬体験することができるようになっている。裁判員制度についての解説を述べた裁判員制度辞典やゲーム中に出てくる法律用語をまとめた用語集も収められている。

2. 学びと遊び

　「序章」では、裁判所からの通知書が届き裁判員になるまでの流れを知ることができる。その後、「第一話・現住建造物等放火事件」「第二話・殺人未遂等被告事件」「第三話・強盗致傷被告事件」の裁判を体験することになる。それぞれ「初級者向け」モード、「上級者向け」モードからゲーム展開を選択することができる。

　「初級者向け」モードでは、事実考察の際、検察側・弁護側のどちらに説得力があるかを選ぶもので、詳しい評議は省略して裁判の流れを中心に体験できる。初級者向けとはいえ、検察側・弁護側双方の主張は細かく行われており、双方の言い分をしっかりと聞く力や証拠や証人の証言を分析する力が必要とされる。単なる娯楽型ゲームではない、しっかりと考え自分の意見をもちながら進めるシリアスゲームであることが実感された。

　「上級者向け」モードでは、事実考察で検察側・弁護側のどちらに説得力がある

かを選んだ後、さらに会話（分岐）があり、事件についてより深く考えることができるようになっている。評議においては、他の裁判員や裁判官の意見は多様でありさまざまな議論が交わされていく。そして有罪・無罪、量刑判断を求められる。ここでは、自分の考えをしっかりともちながら相手の考えに耳を傾ける姿勢でゲームを進めることになる。

　裁判では、検察側と弁護側の攻撃・防御が繰り広げられる。双方には独自の言い分があり、証拠に対する捉え方も違い、被告人や証人の捜査段階での調書と法廷での供述や証言が食い違うことも考えられる。もちろん検察側論告や被害者・遺族の求刑意見、弁護側弁論などの内容もそれぞれ異なる。裁判員は、事件の事実を証拠や証言、尋問などから客観的かつ冷静に分析・検討し、有罪・無罪、量刑の判断を下さなければならない。このゲームに真剣に取り組むことは、そのような力を育成するための訓練になる。

3．ゲーム構成

　まず、事件発生から公判、評議、評決までの流れが示される。公判は2日間行われ、検察官や弁護人、証人や被告人の供述や証拠から争点について評議し、評決を行う。一般に難しいとされている裁判の流れや裁判員としての一通りの役割を確認しながらゲームを進めることができる。

【裁判の流れ】
1日目公判：人定尋問、起訴状朗読、黙秘権の告知、被告事件に対する陳述、検察官の冒頭陳述、弁護人の冒頭陳述、検察側立証、証人尋問
2日目公判：弁護側立証、情状に関する立証、検察官の論告・求刑、弁護人の最終弁論、被告人の最終陳述
2日目評議：裁判官や他の裁判員の意見を聞きながら争点の事実考察を行う
2日目評決：争点を評議した結果を踏まえ、有罪・無罪・わからないを選択
2日目判決：評議の結果を裁判長が被告人に言い渡す

4．ゲーム批評—ここが売り・欲を言えば—

　法務省の法教育研究会「報告書」によれば、「我が国における法教育は、個人の尊厳や法の支配などの憲法及び法の基本原理を十分に理解させ、自立的かつ責任ある主体として、自由で公正な社会の運営に参加するために必要な資質や能力を養

い、また、法が日常生活において身近なものであることを理解させ、日常生活においても十分な法意識を持って行動し、法を主体的に利用できる力を養う」とされている。

　いままでは職業裁判官による裁判が行われていたのだが、これからは裁判員制度に対して「賛成」「反対」を問わず国民が裁判に大きく関与することになる。このような社会の大きな変革に対して国民一人ひとりが司法制度や法に対しての理解をより一層深める必要性に迫られている。国民一人ひとりが、実際の裁判のしくみや流れについての知識をしっかりもっているかと問われれば疑問が残る。実際の裁判を傍聴した体験もほとんどの人はないと言える。これからの社会は、法を活用して問題解決を図る力である「法的実践力」がますます必要とされる。

　そのためには「法教育」などを通して公民として必要とされるさまざまな力の育成を図ることが重要である。「法教育」は、社会の変化に主体的に対応することのできる「公民的資質の基礎を養う」ための有効な教育内容であり、それによって身につけることのできる力は多岐にわたる。その際、裁判のしくみや法律の条文を覚えるだけの知識習得型の学習にとどまることはできない。さまざまな資料を分析することができる資料活用型の学習、法を解釈・活用することができる思考・判断型の学習、他者と議論し、自らの意見を主張しながら相手を説得し納得させる、あるいは相手の意見を取り入れてお互いの合意形成を図り結論を導くことのできる言語力育成型・意思決定型の学習、公共的なことがらについて自ら積極的に参加していこうとする社会参画型・体験型の学習が求められる。

　『もしも!?裁判員に選ばれたら…』は、そのような「法教育」あるいは「法的リテラシー」育成の一助となるシリアスゲームであると言える。裁判のしくみや流れについて知ることができるとともにさまざまな裁判用語や法律についても理解を深めることができる。取り上げられている事件事例は、実際に起きても全く不思議ではない内容であり、冒頭陳述や立証、証拠、証人尋問なども、検察・弁護側双方の主張が細かくなされており、真に迫っている。審理や評議の争点も絞られていてわかりやすい。裁判は漠然と進んでいるのではなく、一つひとつの証拠や証言などを積み重ねながら論理的に進んでいることを体感することができる。ゲームが進むにつれ裁判に引き込まれていった。しっかりと考えさせられる場面も多く、事件の事実を証拠や証言、尋問などから客観的かつ冷静に分析・検討し、有罪・無罪、量刑の判断を下さなければならない。このゲームに真剣に取り組むことは、「法的リテラシー」を育成するための訓練になる。さらに、各事件には違った判決シナリオ

が用意されているので、さまざまな評議・評決パターンを体験することもできる。

　しかし、評議でのやりとりはあくまでも型にはまったもので、自分の判断は決められた選択肢から選ぶことになる。残念ながら、生の人間同士のやりとりや葛藤までは再現できない。また、量刑判断では簡単に死刑を選択することもできる。人を裁くことの重さへの葛藤や死刑判断を下す苦悩は全く感じない。裁判のしくみや流れ、法律を理解するうえでは有効であるが、あくまでもゲームであり、実際の裁判との落差は大きいと感じざるを得ない。ゲームで裁判に関する基礎的知識を身につけることはできるだろうが、ゲームのように簡単に裁判が進んだり、リセットが可能であるという誤解を招いてはならない。やはり、実際に裁判所において生の裁判を傍聴体験したり、模擬裁判に参加しさまざまな人と議論を交わすことが、裁判制度や裁判員の役割を理解するための絶対条件である。

　筆者は、数回にわたり裁判所で行われた裁判員制度の模擬裁判を経験している。事例となる事件のビデオを見た後、模擬裁判員同士で評議を行い、有罪・無罪、量刑を判断するものであった。集まった参加者はさまざまな年齢、性別、職業の人たちであった。最初、今日初めて会った今まで全く面識のない人同士で、どのように評議が進むのか、あるいはスムーズに進むのか不安であった。

　しかし、実際に評議が始まってみると、裁判官が今回の事件の争点を丁寧に説明してくれ、話し合いのポイントが明確となった。また、模擬裁判員は、有罪・無罪、量刑判断において自分の考えを積極的に述べ合っていた。それぞれが自分なりの考えをしっかりともっていること、考え方は多種多様であることに新鮮な印象を得た。具体的には、事実認定の仕方や証拠に対する考え方、法の解釈や適用の仕方、被告人に対する処罰感情あるいは更生の可能性、量刑の重さなど、一人ひとりが自分なりの感覚をもっていることに驚いた。その後、お互いの考えを少しずつすり合わせながら最終的な判断に向けて評議が進んでいった。

　評議は想像以上に白熱し充実したものとなり、あっという間に数時間が経過していた。決して法律や裁判の専門家ではない一般市民による評議が、これほどまでに充実したものになるとは全く想像できなかった。同時に、事件の状況をしっかりと捉え理解する力、証拠資料を分析する力、自分の考えをしっかりともち、述べることのできる力、相手の話をしっかりと聞く力、お互いの考えを整合させてまとめていく力などが要求されることが明白になった。

（阿部直哉／あべ・なおや）

トピック 2

マンガで知る司法修習生の実態

荘司雅彦著・松野時緒漫画
『知りたかった！裁判の舞台裏』
（PHP研究所、2009年）

1.『知りたかった！裁判の舞台裏』の概要

　本書は、司法試験に合格して、正式に、裁判官、検察官、弁護士などの法律実務家になるために通らなければならない関門である「司法修習」を受けている司法修習生たちが主人公である。主に、司法修習生たちの日常を通して話が展開されていて、マンガのストーリー展開を楽しみながら実際の法律実務も理解できるような工夫がなされている。また、本書は弁護士であり、元SBI大学院大学教授の荘司雅彦が著した本であるため、リアルな裁判の実態や裁判の裏側、司法修習生時代の裏話などが克明に描かれている。

　主人公は、弁護士を目指す「茶髪にバスケットシューズの風雲児」若井武蔵、検察官を志す「カリスマ弁護士を父にもつサラブレッド」朝倉小次郎、そして裁判長になりたい紅一点「萌え系美少女」大貫小町の3人である。

　本書は「法曹の卵」（修習生）である若井武蔵と朝倉小次郎の性格の反する2人の対立からストーリーが展開されており、実務修習の場が舞台になっている。実務修習には検察修習、裁判修習、弁護修習があり、主人公たちはそれぞれの研修の場において事件やライバルと意見をぶつけ合いながら成長していく。3人の「法曹の卵」の成長過程を追いながらマンガを楽しんでいるうちに、いつの間にか日本における裁判の実態を理解できてしまう点が本書の最大の「売り」だろう。そして裁判を行う裁判官、検察官、弁護士はどのような過程を通り法曹家になっていったのか、私たちが普段生活していて関わりが薄い司法修習生の実態を見ることができる。

　今日世間を賑わせている裁判員制度の是非や心構えについて考える前に、裁判のリアルな様子を見つめることができるマンガになっている。

2.『知りたかった！裁判の舞台裏』の構成

　本書は「第1章・裁判は勝ち負けじゃありません」「第2章・裁判所は真実のみでできています」「第3章・裁判所は反則を決して許しません」「第4章・真実という秤の上で心の重さを量るのが裁判所です」「第5章・無罪推定原則って何ですか？」「第6章・真実は確かに1つだけれど……」の6章構成になっており、それぞれの章の終わりには解説として章に関係のあった法律用語が書かれている。解説は「弁護契約、侮辱罪偽証罪について」「取調べについて」「『真実追究』と『人権の保護』のバランス」「弁護士の仕事について」「現在の刑事司法はおかしなことだらけ」「弁護士、検事、裁判官について」など取り扱っている。どれも司法修習生が司法修習中に関わった事案を元に著者である荘司氏が解説を加えたものである。また、解説は本文とは違い、マンガでは構成せず、文章のみで構成されている点が本書をより難しくしている。しかし、著者の司法修習生時代の逸話などが書かれているので、今まで知らなかった司法修習生の新たな一面を見ることができ、私自身とても興味をもって読み進めることができた。

3. 司法修習の実態

(1) 司法修習生の実態

　司法修習は従来、座学中心の前期修習と実務修習である後期修習から構成されていたが、現在は法科大学院（ロースクール）ができたこともあって、前期修習の役割は法科大学院に委ねられ、旧司法試験合格者を除き、司法修習はいきなり実務修習から始まることになっている。そして、マンガではこの実務修習がメインである。実務修習では、検察修習、裁判修習、弁護修習など3分野で実務に即した勉強を行っていく。次項では3分野のうち検察修習と弁護修習に焦点を当てて論じていく。

　武蔵の襟には弁護士や検事のように身分を証明するバッジが司法修習生にも与えられている。このバッジは三つ葉の形（juristの頭文字Jをデザインしたもので裁判官・検察官・弁護士を表す青・赤・白で色分けされている）をしていて、司法修習生が「裁判官」「検察官」「弁護士」の3つの道へ進んでいく「法曹の卵」であること表している。

　この記章からもわかるとおり、司法修習生は修習期間中に自分の進路を決めることができる（しかし、定員のある裁判官や検察官の場合、志願してもなれないケースがある）。

(2) 検察修習の実態

　検察修習において、修習生が配属されるのは「地方検察庁」である。修習生が地方検察庁に配属される理由は、刑事裁判では第一審が極めて重要なことと、高等検察庁が全国の各ブロックに1つしかないということが理由である（東京ブロックでは東京高裁、名古屋ブロックでは名古屋高裁のように）。その地方検察庁に配属されると修習生の指導担当の検察官が修習生たちに1人張り付き指導を行っていくことになる。

　検察修習のハイライトとなる「取り調べ修習」では、武蔵と小町が二人一組となって被疑者に対して取調べを行っている。二人一組というのは、取調べを担当するのが検察官役で取調べ調書を書くのが検察事務官役のためで、検察官役と検察事務官役は交代しすべての司法修習生が検察官役と検察事務官役を担当する。そして、この取調べをもとに検面調書を作成し公判資料を作成していくことになる。この検面調書は被告人の公判での供述が検面調書と食い違う場合には、検面調書を、弁護人の不同意であっても証拠として提出することができる特権を持っている。

(3) 弁護修習の実態

　弁護修習は最初、修習地にある弁護士会（北海道、東京などを除いて、各府県に1つある）に、司法修習生が委ねられる。そして、各弁護士会は、修習担当の弁護士を決め各修習担当弁護士に司法修習生を割り振ることになる。割り振られた司法修習生は、修習担当弁護士の事務所に出勤し、そこで修習担当弁護士の指示の下、弁護士の作成する書面の起案や修習担当弁護士の法廷に一緒についていき、弁護士の隣に座って法廷を傍聴するなど弁護士の仕事や心構えなどを学んで行くことになる。まさに司法修習生は修習担当弁護士に弟子入りして弁護士の「いろは」を勉強していくのである。しかし、司法修習生は弁護士ではないので法廷の場において被告人に尋問することはできない。また、書いた書面（例：内容証明など）がそのまま裁判所に提出されることは絶対になく、修習担当弁護士による厳しいチェックが待っている（9割方手直しされることはざらである）。本書においては弁護修習の一環として武蔵・小次郎・小町の3人が内容証明の作成について悪戦苦闘している場面が出てくる。このような経験をして司法修習生たちは法曹実務家への階段を上っていくのである。

　弁護修習では、他にも司法修習生が集まって1つのテーマについてその分野を得意とする弁護士が講義を行ったり、みんなでディスカッションしたりする「集合研修」があったり、司法修習生が積極的に「事務所訪問」をして他の弁護士の話を

聞くなど、各弁護士会は司法修習生の研修についてさまざまな工夫を行って司法修習生たちの支援を行っている。

4. 本の批評—ここが売り・欲を言えば—

　本書を読むと裁判を構成する裁判官、検察官、弁護士がどのような過程を通して法廷に臨んでいるのか理解することができる。まさにタイトルにもあるように「裁判の舞台裏」を知ることができる内容構成になっている。また、司法修習生に焦点をあてているところがおもしろい。裁判に関係する著作などを読むとほとんどが法廷にスポットライトがあてられ、法廷で終わるのがほとんどであるのに対して本書は法律実務家ができ上がっていく様子を細かく書いている。今日行われている裁判員制度に参加しなければならない義務を負っている私たちにとって、本書を読むことはとても意義があることである。しかしながら、本書を読んでいるうちに「裁判の舞台裏」というタイトルではあるが、実のところ「司法修習生の舞台裏」のタイトルの方が合っているような印象を強く受けた。裁判については本書を通して10頁ぐらいしか書かれていない。ほとんどが司法修習生の研修内容であった。また、実務修習には検察修習・裁判修習・弁護修習があるのに、本書では検察修習と弁護修習しか取り扱われておらず、裁判修習には一切触れていなかった。この点も本書に追加した方がより司法修習生の実態を把握することができるのではないかと感じた。

　最後に、裁判員制度が施行されてから1年半経過した。その中で本書を読んでみてあらためて裁判を行う大変さを理解することができた。職業裁判官とともに裁判に臨むにあたって私たちは市民の目線から判断する気持ちを忘れずに裁判に臨まなければならない。そこには、職業裁判官とは違った価値観を法廷で出すことが裁判員に求められているように感じる。

（荒川潤／あらかわ・じゅん）

第2章

役割体験学習論に基づく法教育ガイド

裁判員裁判を事例として

第1節
役割体験学習の始まり
ウォーミングアップ

　本章では、役割体験学習論に基づいた法教育をどのように実践すればよいのか、法教育ガイドを行いたい。そこで、秋田大学における筆者の、役割体験学習論に基づく裁判員裁判の学習（講義科目：前期「公民科教育学概論」・後期「公民科内容学」、2008年度）をモデルケースとして紹介しよう。これらの講義科目は、高等学校の公民科の免許状を取得するために必要な教職科目である。この年度は、翌年から裁判員裁判が開始するという社会情勢を見据えて、両科目のテーマを「裁判員裁判」と定め、受講者には裁判員制度に関する知識・理解の上に立って、実際に裁判員模擬裁判を体験する講義内容とした。そのうえで、学生自らが学習体験を活かして、学校で裁判員裁判の授業実践ができるように計画した。

　筆者の紹介する実践は、大学の講義であるから、大学の法学部や法教育関係の講義では時間的余裕さえあれば通年で活用できると考える。小学校から高等学校では、この実践の多様な学習活動の一部を活用すればよいだろう。要は、知識を覚えるだけの学習ではなく、行為・実践が伴う学習を授業にいかに組み込んでいくかということである。

　以下紹介する筆者の実践例は、すでに第１章で提示した役割体験学習に基づく学習展開（次頁表２参照）となっている。筆者の実践を時系列に沿って紹介する。

　社会的実践力を育成するためには、まず、知識を獲得することが欠かせない。裁判のしくみや法律用語など、基礎・基本となることがらを理解する必要がある。また、筆者らの教員養成系学部では、法を学校教育においてどう教えるかという教育の観点からの学習も学生にさせなければならない。そこで筆者は、前期の公民科教育学概論では、まず、法の基礎・基本と公民科の教育方法に関する講義を行った。ここでは、簡単に紹介しておくことにしよう。

1. 公民科の教育方法―社会的実践力を培う公民科教育―

　筆者は、今日の公民科教育が知識伝達や暗記中心の授業に陥っている問題状況を指摘したうえで、こうした問題状況を改善するには、知識と行為の統一を図り生

第1節　役割体験学習の始まり──ウォーミングアップ

表2　1年間の学習過程（問題解決〔課題解決〕型）

日程		学習内容	学習方法
前期（講義）	2008年4月	前期【公民科教育学概論】講義 ◎オリエンテーション（講義の目的と年間計画） ◎文献・資料等による裁判員制度の学習（年度を通しての基本）	講義・文献等による学習
	5月 6月	◎公民科の目的ならびに教育内容と教育方法 ◎弁護士による講義（刑事裁判、裁判員裁判、戦時中の陪審制度）	Bタイプの学習
	7月	◎裁判所で事務官・弁護士・教員（大学）による打合せ ◎刑事裁判傍聴（秋田地方裁判所で数回にわたる傍聴） ◎検察官による講義（刑事裁判の特色と裁判員制度）	Aタイプの学習 Bタイプの学習
	4～7月	学生は2006年に実施した「法曹三者と学生による裁判員制度の模擬裁判」のDVDを視聴したうえで、シナリオの構想を始める。	
夏休み（課外）	8月	課外学習活動 ◎模擬裁判シナリオ作成に関する教員・学生打合せ ◎大学で弁護士と教員との打合せ（模擬裁判シナリオ等打合せ）	Cタイプの学習
	9月	◎附属中学校での裁判員制度に関する授業（教育実習で学生が実施） ◎学生によるネット裁判員模擬裁判（ネット会社よりゲストティーチャー） ◎検察庁で検察官とシナリオに関する討議（検察官・学生・教員）	Aタイプの学習 B・C・D混合タイプの学習 A・C混合タイプの学習
後期（講義）	10月	後期【公民科内容学】講義 ◎大学で弁護士と学生・教員によるシナリオの打合せ（2回実施） ◎学会発表（弁護士と教員の共同発表「ネット裁判員模擬裁判」に関して）	B・C混合タイプの学習
	11月	◎大学で弁護士と学生・教員によるシナリオの打合せ ◎検察庁捜査官と教員との大学での打合せ ◎裁判所・検察庁訪問（教員が模擬裁判シナリオ最終案を届ける）	B・C混合タイプの学習 B・C混合タイプの学習
	12月	◎キャストによる模擬裁判準備とリハーサル（複数回実施） ◎大学で法曹三者と学生による裁判員模擬裁判実施（市民公開） ◎大学で検察官・弁護士・教員・学生による模擬裁判事後討議	B・Cタイプの学習 B・C混合タイプの学習 Bタイプの学習
	4～12月	この期間中には、文献・資料、ウェブサイト等による学習や情報収集を行っている。また、学生個々人が模擬裁判シナリオを提案し、グループによる作成、法曹三者によるシナリオ選考を経て、最終的な模擬裁判シナリオを完成させている。	
	2009年1月 2月	◎模擬裁判に関するまとめ ◎公立学校における「もうすぐ始まる裁判員制度と私たち」に向けた指導案作成 ◎公立学校において学生が「もうすぐ始まる裁判員制度と私たち」を実施 ◎授業反省会実施 ◎1年間の実践のまとめとして報告書を完成	A・B・C混合タイプの学習

39

徒の社会的実践力の育成をしなければ、社会で自己実現を果たし、かつ、よりよい社会を構築していくような社会的実践力の育成につながらないことを学生に伝えた。学生は高等学校における自らの公民科の学習体験を振り返り、あらためて受験一本槍になっていた学習を反省していた。

　筆者は、こうした問題提起の上に立って、公民科教育における役割体験学習論の必要性を指摘し、前述した役割体験学習論について、各類型の実践事例（第1類型「介護等実習」、第2類型「差別の授業」、第3類型「車いす体験」、第4類型「裁判員模擬裁判」）を紹介し、知識とともに実際に体験してみることがいかに重要であるかを学生に理解させた。例えば、役割体験の第2類型として「差別の授業」を紹介した。この授業は、米国のジェーン・エリオット（Jane Eriot）が、1968年4月のキング牧師暗殺事件に憤り、事件の翌日に実践した授業である。白人しかいない地域の白人の子どもたちを青い目と茶色い目に分け、学校生活のあらゆる場面で差別し、差別される体験をさせている。差別をされたことのない児童は、変えようのない肌の色で差別されることがどれほど理不尽でつらいものなのかを痛感している。

　この授業の様子をビデオ視聴した学生は、子どもたちの差別体験の様子を見て「人権尊重」や「差別の撤廃」など言葉だけでは捉えることのできない差別を実感的に理解していた。

　このようにして、学生は役割体験学習論に基づく公民科の教育方法を学んだのである。

2. 法に関する講義と文献講読

　役割体験学習論に基づく公民科の教育方法では、第4類型の実践として2006年に実践した「法曹三者と学生による裁判員制度の模擬裁判」のDVDも学生に視聴させている（詳細は、HP「模擬裁判（2006.11.30）動画」）。このDVDには、裁判員制度に関する解説（第3章にて紹介）や模擬裁判の様子もコンテンツとして入っている。学生には、このDVDを視聴させて、刑事裁判や裁判員裁判のしくみや特色を理解させ、また、裁判員模擬裁判における公判や評議がどのように展開するのかについても理解を図った。さらに、最高裁判所や最高検察庁、日本弁護士連合会から発行されているパンフレットや書籍、加えて、裁判員裁判に関する出版物も各自に配布して、裁判員裁判を推進する立場のみならず、反対する立場の文献や資料も学生に読ませた。特に、以下5点の著書は学生全員が読んだ。

第1節　役割体験学習の始まり――ウォーミングアップ

講義で用いた文献・資料

①日本弁護士連合会監修、毛利甚八原作、幡地英明作画『裁判員になりました―疑惑と真実の間で―』（日本弁護士連合会、2008年）
②同『裁判員になりました―量刑のゆくえ―』（日本弁護士連合会、2008年）
③河津博史＝池永知樹＝鍛治伸明＝宮村啓太『ガイドブック裁判員制度』（法学書院、2006年）
④田中克人『殺人犯を裁けますか？―裁判員制度の問題点―』（駒草出版、2007年）
⑤西野喜一『裁判員制度の正体』（講談社、2007年）

　こうして、学生は、筆者の講義を受講し、講義で紹介された文献による学習などを通して法律や刑事裁判、裁判員制度等に関する知識を身につけ、裁判員制度が成立する過程、裁判員制度の目的やしくみなど、基本的な部分を学習した。そのうえで、裁判員制度を推進する賛成の立場のみならず、反対の立場についても学習し理解した。双方の主張については、学生は文献を読んで、この制度に関する問題点についても理解した。この他にも、シナリオ作成や模擬裁判、裁判員裁判に関する授業実践に関して、学生はその都度、各種文献を参照するとともに、インターネット上の情報検索なども頻繁に行い学習した。

筆者と学生は、講義や文献・資料講読、インターネット検索など、知識の獲得をベースにしたうえで、役割体験学習論に基づいて多様な体験的学習活動を展開した。以下、その展開をほぼ時系列に沿って紹介しようと思う。ただし、学習内容の特徴やまとまりにも配慮し、若干、前後する部分もあるのでご了承いただきたい。

3. 刑事裁判の傍聴

　講義や文献・資料等による学習は、いわゆる座学である。座学は決して否定すべきものではなく、ある事象やことがらの理解を図り、知識を獲得するうえでは欠くことのできない学習方法である。しかし、社会的実践力や法的実践力は座学だけでは育たない。そこで学生は、実

刑事裁判の傍聴

際に裁判所（現場）に出かけ、刑事裁判の傍聴を行っている*1。学生は、本物の法廷に「傍聴人」として参加し、生の刑事裁判とはどのようなものなのかを実体験して理解する。すなわち、Ａタイプの現場学習であり、役割体験の第１類型に基づく学習である。

（１）傍聴した刑事裁判の内容

　筆者らは、2008年６月20日および27日の両日、２つの刑事裁判を傍聴した。まずはこれらの内容の概略を紹介する。

①「窃盗罪と住居等侵入罪」に関する公判

　６月20日に傍聴した裁判は、被告人が、深夜、被害者の住居に忍び込んで現金約11万円を盗んだうえに、不審に思って出てきた被害者の目の前で、さらにバッグも盗んで逃走し、その後逮捕されたという事件で、被告人は窃盗罪、住居等侵入罪に問われた裁判である。被告人はすでに前科があり、山形刑務所を出所後、数日で所持金を使い果たし、出所して20日程度で今回の犯行に及んだというものであった。しかも、この被害者宅には以前にも盗みに入ったという前科がある。被告人は若い頃から傷害などの犯罪歴が多く、彼を取り巻く人間環境に問題があるとの一面もみられた。一方、被害者は教師をしており、生徒の成績など個人情報が入ったUSBメモリを盗まれたことで教育委員会や保護者等、周囲から咎められ、今回

の事件により、精神的苦痛を受けたとのことであった。被害者は被告人に対する処罰感情が強く、検察官はこれまでの被告人の前科・前歴、暴力団員との付き合いもあることから、懲役3年を求刑した。これに対して弁護人は、被告人は出所したものの真に頼れる親族がなく、金もなくなり野宿をした果てに、やむにやまれず犯行に及んだと弁護した。被害者宅に靴を脱いで入っていること、被害者を見てすぐに逃げ出したこと、刑務所での作業奉仕金を被害額に充てると誓っていること、これまでの人生を反省し将来は飲食業の仕事への就業意欲をみせていることなどから、情状酌量を訴えた。被告人は最終陳述で、被害者には謝っても謝りきれない、ひたすら償いをしたいと謝罪して、公判は終了した。

②「道路交通法違反罪」に関する公判の傍聴

6月27日に傍聴した裁判は、「道路交通法違反」の公判を2つ傍聴した。1件は暴走行為に関するもの、もう1件は酒気帯び運転に関するものだった。ここでは、後者について紹介する。

この案件は、被告人(20代)が酒気帯び運転ならびに本人所有の自動車が無車検・無保険であったことから、道路交通法違反として起訴された裁判である。本件は、被告人が自宅で酒を飲みながらDVDを鑑賞した後、その返却期限（時間）が迫っていることに気づき、それを返却しようと酒気帯び状態で運転したところ、警察に見つかり現行犯逮捕されたという事件である。裁判長から酒気帯びの状態で運転した理由を聞かれると、被告人は「レンタルDVDの延滞料金を払いたくないから」と述べていた。証人として、被告人の両親がおのおの法廷に立ったが、母親は泣き崩れてしまって法廷から去って行った。また、父親は、被告人の今後については、親としてしっかり指導していきたいとの発言をしていた。

③現場で「傍聴人」の役割体験をした学生の感想

この時、初めて公判を傍聴した学生の坂本真道は「傍聴席から被告人席までの距離も、想像よりかなり距離が近いように感じ、また、検察官と弁護人が証拠を提示したり、被告人に対して質問をしたりする場面に入ると、まさに法廷全体が緊張感に包まれたようだった」と、本物の裁判を間近に見た驚きを語っていた（秋田大学の学生・大学院生に対する敬称は略させていただく）。そのうえで、窃盗と住居侵入に関する公判については、暴力団との関係があり、同種の前科も多い被告人に対して「被告人には犯行をしているという自覚がないような気がしてならない。ましてや、出所後わずか2週間で犯行に及ぶとなると、酌量の余地なしと言うしかない」と感想を述べている。

また、学生の福地峻太郎も被告人に対しては罪の意識の低さを指摘しつつ、来るべき裁判員裁判に関して「自分が裁判員という立場で法廷に立っている姿を考えてみました。裁判員というのは一般人でもできるといっていますが、難しいことだと思います。前もって法廷の雰囲気というのは経験すべきであり、精神的に人に刑を科すというのは酷なことだと思います」と感想を述べ、司法や裁判がなかなか身近に感じられなかった彼自身にとって「人生の良い経験になった」と述べていた。

　また、公判で判決文を聞いた学生・石山比美希は、「一般の人が聴いてもイメージができるように、専門用語をわかりやすくしていく必要があると感じた。実際に裁判員として一般国民が判決に立ち会ったときに、専門用語ばかり並べられては、自分たちが出した判決の理由が理解できないと思う」と、問題点も指摘していた。

　これら２つの裁判とも、被告人の様子を見る限り、反省や謝罪の言葉を述べてはいるものの、心底反省しているとは思えなかった。前者については犯罪傾向が強いこと、被害者宅に２度も侵入し盗みをしていること、出所後の監督者が見当たらないことなどからしても、将来どうなるのかと傍聴人として不安を抱いた次第である。また、後者については、被告人が「酒が残っているのはわかっていたが延滞料金を払いたくないから」と述べていたが、たった240円の延滞料金のために法を平気で破ってしまう浅はかさには筆者も正直閉口した。私たち教育に関わる者として、遵法精神や優先すべき価値やルールを学ばせる教育の必要性を痛感した。

（２）刑事裁判傍聴と学生の学び

　学生にとっては、刑事裁判の傍聴は初めての経験であった。学生たちは、裁判の公判が公開されてることを知ってはいたが、敢えて裁判所に足を運んで裁判を傍聴することまではしていなかった。学生のみならず、多くの一般市民にとって、自らが法的な紛争や訴訟等に巻き込まれでもしない限り、ドラマでは見るものの、司法や裁判をリアルな感覚をもって身近に感じることはできないと言えよう。特に、刑事裁判はその傾向が強いと言えるのではないだろうか。

　それゆえ、公民科の教職科目の講義としては、学生をまず実際に裁判所に行かせて、現実にある「傍聴人」という役割を担わせる第１類型の役割体験を通して、彼らが裁判を実感し、裁判や法、司法制度等について切実に考えるきっかけを作ったのである。学生は「傍聴人」という司法現場での役割体験を通して、法廷における裁判官、検察官、弁護人、被告人、証人等のおのおのの役割行為を間近で見ながら、法廷の様子や法廷における役割やその関係性を理解していく。さらには、公判で争

われている案件についても、何が問題であるのかを理解しながら、被告人はいかなる罪を犯したとして訴訟されているのか、被告人や弁護人は罪のどこまでを認め、どこを争点としているのかなどを理解する。ある学生はいくつかの裁判の傍聴を通して「裁判員として考えた場合の難しさや被告人の自覚のなさを感じた」と述べていた。

　また、学生たちは単に刑事裁判を傍聴して、その理解にのみ努めていたわけではない。国民の司法参加の実現といわれる裁判員裁判を念頭に置き、裁判が理解しやすい言葉で語られているのかどうかについても、批判的に傍聴していた。先に紹介したように、石山は、裁判官による判決文だけでなく、証拠に基づき罪を立証しようとする検察官も、また、その立証を崩そうとする弁護人も、互いに専門用語を多用しながら戦っていることを指摘し、もっと一般市民にもわかりやすい専門用語の言い換えを進めてほしいと述べている。

　いずれにしても、学生は、裁判を傍聴するのは初めてのことであったが、実際に現場に行って、刑事裁判の公判を傍聴する、すなわち「傍聴人」という役割に置かれることで、本物の裁判を体験し、そのシリアスな現場を体感し、法や裁判員裁判等についてしっかりと考えることができたと評価できる。加えて、学生は、12月に実施を予定している「法曹三者と学生による裁判員模擬裁判」のシナリオ作りや模擬裁判を行ううえで意義のある学びをしたのである。

　なお、筆者らは刑事裁判傍聴後に、大学に戻り事後討議を行っているので、その討議内容については、HP「法曹三者と学生による裁判員模擬裁判2008報告書PDF」を参照していただきたい。

4．弁護士・検察官を招いた授業

　公民科の教育内容は、科目でいうならば、現代社会、政治経済、倫理とあり、その範囲は極めて広い。それだけに教師が何でもかんでも知っているなどということは不可能で、時には、専門分野の方を招いて授業を行い、教師はその授業のコーディネーター役を務めることが肝要である。現場で専門的に研究し実践しているその道のエキスパートをゲストティーチャーとして招き生徒に学習させることは、かけがえのない体験の場となり意義のある学習となる。

　大学の講義でも同様で、筆者は今回の裁判員裁判の学習では、特に、法曹三者（秋田地方裁判所、秋田地方検察庁、秋田弁護士会）の協力を得た。刑事裁判の傍聴と並行する形で、法曹三者の中から特に弁護士と検察官をゲストティーチャーとし

て大学にお招きした。いずれの学習も、学生にとっては、それまでの経験で直接交流したことのない方々（職業・役割）である。すなわち、弁護士や検察官の方々との交流は、学生に法曹三者という新たな役割との交流体験をさせるという意味では、役割体験の第1類型に該当する体験を創出すると言ってよかろう。

ここでは、「弁護士を招いた授業」と「検察官を招いた授業」について紹介する。

（1）弁護士を招いた授業

秋田弁護士会から、刑事裁判の経験が豊富な伊勢昌弘弁護士が派遣され、大学の講義を担当してくださった（6月11日）。すでに、講義型の授業で述べたが、学生は公民科教育方法や裁判員裁判に関する講義を受講し、いくつかの文献・資料等を読んだうえでこの講義に参加した。学生が読んだ文献の主要なものはすでに紹介したが、これらの著書については、事前に伊勢弁護士にも読んでいただき、学生からの質問に応えていただくという形式にした。講義は、伊勢弁護士による裁判員裁判に関する話、次に、質疑応答という展開である。

①伊勢弁護士による講義

伊勢弁護士は、最初に、裁判員制度をめぐるさまざまな立場からの議論があることに触れ、この制度は実際に始まってみなければわからないが、市民の常識や力を心配することはなく、信じてよいのではないかと述べた。その根拠として、戦前から戦時中の一時期（1928〜1943年）に日本でも施行されていた陪審法や陪審制度を事例として取り上げ*2、その当時、秋田県では20件の陪審員による裁判が実施されたが、市民による良識のある裁判が行われていた、と伊勢弁護士は評価した。伊勢弁護士は、当時の裁判の記録や秋田魁新報社の新聞記事などの調査結果に基づき、放火事件の審理について事例を具体的に述べながら、その審理過程を紹介した。話を聞いている学生や筆者自身、審理が証拠に基づいて合理的に行われていたことを確認した。秋田では20件のうち8件に無罪判決が出されたということだった。こうした市民による裁判について、当時の裁判官の一人は「最初は心配だったが、実際にやってみると細かい事実認定や合理的判断ができており、プロだけの裁判と何ら遜色がない」という趣旨の発言をしたという。伊勢弁護士は、陪審制度が日本人の国民性に合わないといった主張をする人もいたが、

伊勢昌弘弁護士の講義

初めは乗り気でなかった国民がいったん陪審員として参加してみたら審理にのめり込んでいたという話や、陪審員経験者の中には、またやってみたいと発言をした人もいたことから、裁判員裁判も日本になじまないとは言えない、と述べた。

次に、伊勢弁護士は、学生たちが読んだ本の中で、特に裁判員裁判に反対する2冊の文献（西野喜一著『裁判員制度の正体』、田中克人著『殺人犯を裁けますか？―裁判員制度の問題点―』）に書かれている見解の中から、この制度が「裁判官の職権行使の独立」（憲法76条）に違反するという見解に対しては全く的外れである、と指摘した。そして、裁判員を国民の義務にすることが憲法の「思想・良心の自由」（憲法19条）に反するのであれば、同じ論理で「納税の義務」（憲法30条）を拒むことも可能になる、と指摘したうえで、裁判員制度は憲法違反とは言えない、と反論した。

一方で、刑事事件の重罪を市民が裁く裁判員制度は、国民には過度な負担を強いるおそれがあると懸念し、また、控訴審で素人が参加した第一審の判決を覆すようなことがたびたび起これば、逆に、「国民はやる気をなくしてしまう」と述べた。

この後、伊勢弁護士は刑事裁判の大まかな流れと、刑事訴訟における原則（証拠主義、無罪推定等）について説明し、これから学生が実施する模擬裁判でも、これらの大原則を守らなければならない、とアドバイスをしてくださった。

②伊勢弁護士に対する質疑と学生の感想

伊勢弁護士による講義の後には、学生から伊勢弁護士に質問を行う時間を設けた。学生と伊勢弁護士の質疑応答の要旨を以下に紹介しよう。

質問1 　刑事訴訟のルールは体で覚えなければ難しいというが、裁判員に選ばれた国民は法律を知らないので、フォローする必要があると思う。どのような取組みがあるのか？
回答1 　裁判員は詳しく知る必要はない。わからなければ刑事訴訟のルールなどは裁判官がその都度説明する。
質問2 　学校教育において裁判員制度の模擬的部分を導入すべきと思うが、事前にルールも知らせるべきでは？
回答2 　裁判員制度を学校教育でやる必要はあるが、基本的なルールはプロの裁判官が説明するので、特にやる必要はない。
質問3 　今後、裁判員裁判を行うにあたって、無罪判決が増えるという可能性はあるのか？

> **回答3** 戦前のようにはならないが、少しは増えるであろう。無罪の可能性が強い場合は起訴しない。本当に悪い人が無罪になってしまう懸念があるとともに、本当に無罪である人が無罪になるという可能性ももっている。
> **質問4** 裁判員制度を知れば知るほど、世論調査などで「やりたくない」という意見が増えているが、それをどのように考えているか？
> **回答4** やりたくない人が多いのは当たり前で、むしろ健全ではないだろうか。実際にやってみた人からどうだったのかというのを聞かないと、この制度は浸透しないと思う。

　自分たちで模擬裁判のシナリオを作成し、裁判員模擬裁判を実施することになっている学生たちは真剣そのものだった。また、伊勢弁護士は学生に対して明快に回答を示された。

　この講義を受け、質問も行った学生・須磨薫は、「専門家であり、現場で活躍されている方の話はとても説得力のあるものであった。私たちがわかりやすいように言葉を選びながら説明してくれ、理解しやすくとても有意義なものとなった」と述べ、かつて日本に陪審制度があったことを知って驚きを示した。また、大学院生・三森朋恵は、「陪審法が施行された当時の感想にみられるように、最初は裁判員制度に対して消極的でも、裁判員として参加することで制度に対する考えが変わるということは十分に考えられる。また裁判員として参加した人が今後増えていけば、制度そのものの理解や関心はより一層高まっていくのではないかと考察できた」と述べている。

　12月に法曹三者との裁判員模擬裁判を予定している学生たちにとっては、今回の伊勢弁護士を招いた直接交流授業は、非常に有意義な学習となった。

（2）検察官を招いた授業

　伊勢弁護士による講義に続き、秋田地方検察庁から、飽津史隆検事をゲストティーチャーとしてお招きした（7月23日）。飽津検事には、検察官という立場から裁判員制度についての講義をしていただき、加えて、すでに学生が作成を開始した模擬裁判シナリオについてのコメントをいただいた。

①飽津検事による講義

　まず、飽津検事は検察庁や最高裁判所の出している裁判員制度の広報資料（「検察庁」「裁判員裁判―より多くの方に、参加していただくために―」「裁判員制度―

私の視点、私の感覚、私の言葉で参加します—」)を配付した後、裁判員制度が導入されることになった背景について説明した。つまり、裁判員制度の導入は、これまでの裁判には時間がかかり過ぎていたことや、裁判官の判決が必ずしも国民の意思を反映しなかった面もあったことなどから、改善を図るためのものだ、と語った。

飽津検事の講義

次に、飽津検事は、裁判員制度の概要を話した。裁判員制度の対象となる事件は、刑事事件の重大犯罪（殺人や強盗、放火等）として起訴された裁判であり、こうした裁判に国民が参加し、迅速に行わなければならないため、公判前に法曹三者による「公判前整理手続」を行い*3、あらかじめ争点を明確化して、裁判ではそれらの争点のみで判断することになる、と述べた。また、これまでは、検察側がかなり膨大な調書を裁判所に提出し、裁判官はその調書を法廷外で読んで心証を築き法廷で審理するという形であった（いわゆる調書主義）。しかし、裁判員制度の下では、検察庁としては、そのねらいを踏まえて、法廷で直接かつ口頭でわかりやすく説明したり、ビジュアル化を図り、あるいは、証拠の数を精選してスリム化し、核心部分のみを提示するように力を注ぐことになる、と述べ（直接主義、口頭主義という）、裁判がわかりやすく速やかに進められるように、検察官として日々努力している、と語った。この点については、裁判所も制度開始に向けての取組みがなされ、公判を連続して実施し、短期間で決着するなどの運営方法を検討していることを付け添えた。

続いて、飽津検事は、裁判員制度下における学校教育への要望や期待を述べた。飽津氏が中学生の頃には、三権分立や三審制といった用語の理解程度でしかなかったが、今後の学校教育では、社会人として社会生活を営むための一般的な素養として裁判の意味合い、裁判の進行等についての知識を身につけさせ、司法や裁判への理解を図る教育が求められている、と訴えた。民事・刑事を問わず、生徒が将来円滑な社会生活を営んでいくためには、教育の場

受講する学生

で体系化された法教育を展開して基本的な素養を培う必要がある、とも語った。裁判員制度に対しては国民の中には不安の声もあるが、教育というところから充実させ浸透させていけば、この制度は日本に定着するだろうと加え、教師をめざしている学生たちへの強い期待を示した。

②飽津検事に対する質疑と学生の感想

飽津検事の講義に続いて、学生から裁判員制度や検察官という職業に対する質問が行われた。まずは、質疑応答の様子を紹介しよう。

> **学生**　裁判に行ったが、はっきり言って（飽津：難しい！）もあるし、（飽津：よくわかんない!!）もあるんですけど、早く終わりすぎて見ていてちょっと語弊があるかも知れませんけど、面白くない。
> **飽津**　要するに興味深さがないと言うことなのかな？
> **学生**　興味深いというところまで行く前に、次、じゃあ、あと1ヶ月後とかなっちゃったり、それはちょっとずっと腑に落ちない感じで……。
> **飽津**　それは確かにね、今までの反省点なんですよ。要は柵がありますね、法廷は。傍聴人とわれわれがいるところを区切る。裁判って、今まである意味、その柵の中だけの話だった。ある意味、傍聴人というのはただ見ている人。あれは確かに憲法上公開の法廷でやっているよっていうような意識だったのかもしれない。みんなに見てもらって、みんなに理解してもらえる裁判を運営していくっていう意識が低かった。だけども今後については、さっきも言いましたけれども、直接主義、口頭主義を徹底しなければいけないことになりますから、証拠の写真か何かを出す時にも、裁判員・裁判官9人の前でこうやって（配る動作をしながら）証拠を回していくわけにはいかないわけですよ。そういう時には、プロジェクターなり何なりを使ってですね、傍聴席にも見えるような形で、証拠を実際に映して、この証拠の内容はこういうものですと出して、調書もこれまでは要点をポンポンポンと読んでいただけですけれども、全部朗読する、全部いっぺんに内容をさらけ出す。みんなに見てもらうことになると思うので、今の裁判はそういうスタンスになりつつありますから、今後の裁判ではだいぶ変わってくるだろうと思います。特に裁判員裁判の対象事件については、ほとんどの裁判でそういう立証方法がとられると考えられます。今度見れば、ああなるほどね、と納得できるような裁判になっていると思います。

第1節　役割体験学習の始まり——ウォーミングアップ

　学生が傍聴した裁判は、道路交通法違反の裁判であったが、淡々と進んで短時間で終了してしまった。予想とは違った展開のしかたに、初めて傍聴したこの学生はその体験を踏まえての発言だった。しかし、飽津検事はこの発言を受けて、従来の裁判の問題点を示しつつ今後の裁判員制度で対象事件の裁判がどのように変化していくのかを丁寧に説明された。この話を聞いて質問をした学生も納得している様子だった。

　この他にも、学生からはたくさんの質問がなされたので、以下、列挙しておく。

質問1　公判前整理手続の後では新しい争点を出さないとしているが、もしその後に出てきた場合はどうするのか。
回答1　手続をした以上は、基本的には行わない。新しい主張をすることに制限がかかる。ただし、やむを得ない事由があれば、極めて例外的には認める。
質問2　証拠の数を減らすことでどうなるのか。
回答2　従来は、何でも出せば裁判官が拾ってくれるという意識があり、反省点であった。これからは、この中で判断してくださいということしかできず、徹底的に戦略を練らなければならない。重要な部分を残したうえで証拠を厳選して明確化し、それらをしっかり見てどこまで立証できるか考える。
質問3　検察官の勤務時間はどうなっているのか。
回答3　個々の検察官が手持ちを最後まで責任を持って仕上げるというのが原則。終わらなければ土日もやる。通常は朝9時前頃に行って、夜7～8時くらいには帰れる（また、これに関連して検察官が1人で抱える件数を筆者が質問したが、秋田県では年間30件程度で1人当たり数件を担当するということだった）。
質問4　検察官という仕事のやりがいは何か。
回答4　事実がよくわからない難しい事件について、一つの歴史的事実を解明できるという喜び。被害者が、しっかりやってくれたので鬱々としていた気持ちが晴れたと思ってくれる時。また、検察官は全国で1600人程度しかいないので、仕事としての希少性や重大な責任を負った仕事だという意識がある。
質問5　捜査段階での可視化についてどう考えているか。
回答5　日弁連（日本弁護士連合会）は、取調べの可視化を主張しているが、検察としては、調書が適正に作成されたということを証明するための一手段。

任意性を主張するための一手段として考えている。

　飽津検事の明快な話を拝聴した学生たちはさまざまな感想を寄せた。佐野彰紀は「今までは膨大で必要以上に存在した証拠や調書などを、できるだけ少なくスリムにすることにより、裁判をできるだけ簡潔にしようという動きがあることを知り驚いた」と感想を述べ、「スリムにすることで、争点も明確になり、傍聴している人たちにもわかりやすい裁判になるのではないかと思った」と記した。また、佐藤良は「飽津検事が自分たちに対して、とても親切であった点である。自分は、今まで検事という職業の方と話をする機会がなく、検事という職業に対して、堅苦しいイメージがあった。しかし、今回の講義の中で飽津検事が非常に親切に話をしてくれたことで、検事という仕事のイメージが変わり、仕事内容についても興味をもつことができた」と感想を記している。

　今回、飽津検事は、裁判員制度が導入されるに至った背景を簡潔に語る中で、学校教育への並々ならぬ期待を述べられたが、学生の感想には、これからの公民科教育や法教育を一層充実させたいとする決意を記す者が多かった。なお、飽津検事には、質疑応答後に各グループで作成した裁判員模擬裁判シナリオについてコメントをいただいたが、これについては、次節で紹介する。

＊1　秋田地方裁判所における刑事裁判の傍聴は、2008年6月20日と27日に実施した。
＊2　この点については、伊勢昌弘「秋田における陪審裁判」『秋田弁護士会史 第5号』（秋田弁護士会、1993年）382〜397頁を参照のこと。なお、陪審員は、2年以上同一市町村に居住し、かつ直接国税年額3円以上を納めた30歳以上の男子という制限があった。
＊3　公判前整理手続は、刑事裁判で公判前に法曹三者で争点を絞り込む手続のことをいい、刑事訴訟法316条の2以下に定めがある。2005（平成17）年11月の改正刑事訴訟法で定められた。この手続には被告人が参加することもできる。

第2節 模擬裁判シナリオ作り
エクササイズ

　第2節では、裁判員模擬裁判のシナリオ作りについて、2008年の「法曹三者と学生による裁判員模擬裁判2008」の実践を取り上げ紹介したい。筆者は2006年に「法曹三者と学生による裁判員制度の模擬裁判」を実施している。この模擬裁判では、秋田地方裁判所が作成したシナリオ「甲野はじめに対する強盗致傷被告事件」に、筆者ら大学側の意見も加えて、最終的なシナリオを完成させて実施したものであった。

　しかし、2回目（2008年）の実践では、学生自身に模擬裁判シナリオを作成させて実施することにした。

　学生は、伊勢弁護士による講義を受けた頃から、模擬裁判に向けた準備を開始した。6月末頃までに刑事裁判の傍聴を終了すると、模擬裁判のシナリオ作りを開始した。法学部ならまだしも、教員養成系の学生がシナリオ作成を行うことは困難も予想されたが、シナリオ作成は教育活動における教材作成に当たるものである。将来、教師となった際に法教育を行ううえで必要とされるため、筆者は思い切って学生に模擬裁判シナリオ作成に挑戦させたのである。

　では、法曹三者からの協力を得ながら実施したシナリオ作りについて、時系列に沿って主な活動を取り上げて紹介する。

1．全体計画と学生によるシナリオ原案作成（2008年6月）

　筆者は、模擬裁判のシナリオ作成にあたっては、法曹三者の専門的知見から随時指導を得て完成させようと構想した。そこで、それまでにも法教育に関してご協力いただいていた秋田弁護士会の三浦広久弁護士と5月頃から全体計画を打合せ、そのうえで、6月20日に秋田地方裁判所、同月25日に秋田地方検察庁を訪問した。まず20日には、三浦弁護士とともに秋田地裁を訪問し事務担当者と面会して、筆者らの計画への協力を依頼し了承していただいた。また、25日には、筆者が秋田地方検察庁を訪問し、すでに紹介した飽津史隆検事と面会した。飽津検事に私たちの裁判員模擬裁判の計画をお話したところ、検察庁で作成し実施した模擬裁判シナ

リオを見本として送付していただくことや、学生のシナリオ作成に関する指導もお引き受けいただけることになった。このようにして、法曹三者全てから協力・支援を受けられる体制が整い、学生の模擬裁判シナリオ作りも6月下旬から7月初旬にかけて始まった。

　シナリオ作りは最初の段階では、受講者が個々にシナリオ案を作成し、全体の場で発表し合った。7月中旬には、先に紹介した「甲野はじめに対する強盗致傷被告事件」の模擬裁判シナリオや、秋田地方検察庁から送付された模擬裁判シナリオ「ある強盗致傷事件の模擬裁判」(全36頁)等を参考にしつつ、シナリオ案の類似した者同士でグループを編成し、グループごとに模擬裁判シナリオを作成していった。

　学生たちがグループとなって作成したシナリオは、最終的には、「危険運転致死傷事件」「保護責任者遺棄致死事件」「殺人未遂事件」の3つのシナリオ案となった。各グループは、おのおのシナリオについて、事件のあらまし、起訴状の説明、公判における争点、冒頭陳述での検察側の主張、弁護側の主張など、シナリオの概要について発表し合った。最終的には、3つのシナリオの中から1つを選んで、それを法曹三者と学生による裁判員模擬裁判のシナリオとして用いることにした。しばらくの間は、3つのグループが自分たちのテーマとする事件のシナリオを追究することで学習を進めていった。

2. 検察官によるシナリオ作成指導(同年7月)

　先に紹介した飽津検事による講義(7月23日)の時には、学生が作成している3つのシナリオのうち、「保護責任者遺棄致死事件」「危険運転致死傷事件」の2つのシナリオについてコメントをいただいた。もう1件の「殺人未遂事件」のシナリオは1人で作成しており、この時、作成者が欠席したために発表できなかった。

　まず、「保護責任者遺棄致死事件シナリオ」について、グループの代表者(須磨薫)がシナリオの概要を説明した。この事件のあらすじは、パチンコ店駐車場に停めた車の車内に生後2ヶ月の女児を放置して熱射病で死に至らしめた罪で、女児の母親が保護責任者遺棄致死罪で起訴されたというものである。裁判では検察側が「保護責任者遺棄致死罪(刑法218条〔保護責任者遺棄等〕、219条〔遺棄等致死傷〕)」を主張し、弁護側が「重過失致死(刑法211条後段)」で争うという設定である。このシナリオは実際に愛知県の豊中市で起こった事件を参考にして作成されている。

　飽津検事からは、事件の経緯や状況をしっかり設定するようにとのコメントが

あった。「午前中からパチンコをし、気温が上がった午後まで戻らず」といった記述はあるが、例えば、何時から何時まで放置したのか、駐車場に停めた車の位置、女児の生年月日と年齢、発見者の発見時刻、死亡時刻と死因、女児が運ばれた病院名等をしっかり記述する必要があるとのコメントがされた。飽津検事は、事件の経緯や事件における被害者と被告人との関係を詳らかにすることで、事件の社会的・歴史的事実が明らかになり、適用すべき法律も自ずと定まってくる、とコメントした。

筆者が具体的に必要な書類や資料を確認したところ、飽津検事は、検面調書、発見者の供述調書、解剖の鑑定書、実況見分調書（車の状況、実験報告等）などを準備する必要がある、と回答した。

次に、「危険運転致死傷事件シナリオ」について、グループの代表者（坂本真道）がシナリオの概要を説明した。当事件のあらすじは、自動車で帰宅途中だった夫婦が、交差点で青信号を進行中に、高速度で走行してきた自動車と衝突した。妻は軽傷で済んだものの運転していた夫は即死した。衝突した相手の自動車の男は逃走したが、しばらくして現場に戻ってきたところを逮捕された。男は酒に酔っており、飲酒運転による事故であることがわかったというものである。裁判における争点は、被告人の運転が「危険運転」であるかどうか、そして被告人の「回避能力の有無」である。該当する刑法は「刑法208条2項（危険運転致死傷罪）」と「刑法211条2項（自動車運転過失致死傷罪）」で、検察側は前者を弁護側は後者を主張するという設定である。学生からはこの案件で必要な書類や証拠の扱い方、証人の人数、死亡診断書等についての質問があり、飽津検事は、まず、この事故がスピードの出し過ぎによる事故なのか、それとも飲酒によるものなのか、両方を原因とするのかを確定する必要がある、と指摘した。特に、被告人がいつどこでどの程度飲んだのか、また、その量は普段と比較するとどうなのか、呼気1リットル中の濃度などについて記述し、さらには、事故に至るまでの経緯、例えば、道路の縁石にゴツゴツとぶつけた跡があったとかブレーキ痕などについての書き込みをしてシナリオの内容を具体化する必要がある、とコメントした。この他にも検察官ならではの具体的なコメントをいた

現場付近見取図

だくことができた*4。

　なお、この時、発表できなかった佐藤友理作成の「殺人未遂事件シナリオ」も、後日、飽津検事にお送りして、コメントを受けた。この他にも、飽津検事には随時ファックスや郵送で学生のシナリオに対するコメントをいただいた。

3. 弁護士によるシナリオ作成指導（同年8～9月）

　学生のシナリオ作りについては、特に、弁護士の方々に6月の構想段階からご協力いただき、12月4日の模擬裁判の直前まで、学生に指導していただいた。特に、シナリオの最終的なチェックは弁護士の方々（8月後半には、山本尚子弁護士が加わった）を主軸にして展開し、完成に至っている。学生指導の他に、筆者と弁護士の方々とのシナリオに関するやりとりも頻繁に行われたが、例えば、双方で交わしたメールだけでも優に200通を超えている。

　ここでは、弁護士の方々と学生たちとのシナリオ作成について、その主要なもののみ紹介したい。

（1）弁護士による3つのシナリオへのコメント

　学生たちは、7月末の講義最終日までに一通り体裁を整えたシナリオを作成し、その内容を発表し合った。学生同士のシナリオに対する討議や筆者からのコメントを踏まえて、8月の中旬までに修正をした。そのうえで、同月18日に集合して3つのシナリオを検討し、こうして作成したシナリオを三浦弁護士に送付した。そして、三浦弁護士からは表3に示すようなコメントがなされた。

（2）「殺人未遂事件シナリオ」の決定

　三浦弁護士の3つのシナリオ案へのコメントを受けて、さらに学生はグループごとにシナリオ案の作成を続け、8月下旬には、体裁も整えた3つのシナリオ案を完成させた。それらを法曹三者に送付し、模擬裁判のシナリオとしてどれがふさわしいのか、選考をしていただいた。そして、9月中旬以降に法曹三者から次々と選考の結果が届けられ、最終的に法曹三者が一致して推した「殺人未遂事件」のシナリオ（佐藤友理作成）が選ばれた。

　模擬裁判は、実際の裁判とは異なり、限られた時間である程度の決着がつけられなければならない。そのためには争点を明確にでき、その争点をめぐって、公判では検察側と弁護側が証拠書類や証拠物、証言・供述等に基づきながら、せめぎ合え

表3　三浦弁護士からの3つのシナリオに対するコメント

【保護責任者遺棄致死事件シナリオへのコメント】
1　本件は過失の有無は争点とならない
理由　保護責任者遺棄致死は身分犯の結果加重犯
　　①保護責任者であることの認識と、②放置の認識があれば、結果である死と②の間に相当因果関係があれば成立
　　判例は、相当因果関係について、行為者が認識しまたは一般人が認識し得た事実を基礎として、一般人が予見し得たと言えれば、相当因果関係ありとする。
2　本件は因果関係が争点となると思われる
　　放置したら死んでしまう状況であったか。
　　幼児の年齢、車内の状況（温湿度）、周囲の状況（人通り、時間帯等）
　　　↓
　　必要な書類
　　　1　捜査報告書　当日の現場の気温、天候等が記載されたもの等
　　　2　実況見分調書　事件時の車内状況の再現等
　　　3　死亡診断書
　　　4　鑑定書

【危険運転致死傷事件シナリオへのコメント】
　※　危険運転過失致死傷か自動車運転過失致死か
　　条文上明確に要件が分けられているから、構成要件該当性の判断となる。
　　　↓
1　酒酔い運転だとすれば、酩酊度が高く、加えて、結果として衝突回避ができなかったのであれば、危険運転になってしまうのではないか。
　　→酩酊度をしめす証拠として、「鑑識カード」「捜査報告書」等が必要
2　ブレーキ痕等により、衝突当時のスピードは客観的に判明するので、目撃の証言よりも先に捜査資料としてあるはず。スピード違反の程度が著しければ、危険運転になる。
　　→スピードを明らかにする証拠として「捜査報告書」、「実況見分調書」

【殺人未遂事件シナリオへのコメント】
1　争点
　①殺意の有無と②責任能力
2　必要書類
　①についての必要証拠
　殺意の有無の証拠
　否認のとき
　客観的資料から殺意を認定する。
　　(1) 事件前後の状況　目撃証言、被害者の証言
　　(2) 凶器の形状
　　(3) 凶器所持の理由
　　(4) 傷の深さ、傷の形状（深いと故意あり、長いと斬りつけ感があり故意を認定する方向か）
　　(5) 傷の位置→体幹部分だと殺意が認められやすい。
　　(6) 事件後の被告人の行動
　②についての必要書類
　酩酊度、複雑酩酊といえるか否か→「鑑識カード」「簡易鑑定」等
　もともとの精神疾患の有無→「通院歴」等

るものがふさわしい。また、評議でも、裁判官や裁判員が、証拠や法廷での証言・供述を審理しながら、事実認定や刑の量定において、議論できるものが望ましい。加えて、模擬裁判でのパフォーマンスを考えると、参観者が公判や評議のやりとりに興味・関心を示せるものが求められる。これらの条件を踏まえると、「殺人未遂事件シナリオ」が最も条件を充たしていたのである。他のシナリオも力作ではあったが、先の条件からすると、模擬裁判シナリオとしては難しい面があった。

　例えば、危険運転致死傷事件のシナリオでは、本人が酩酊状態であったかどうか、飲食店での飲酒量や呼気中のアルコール濃度の程度、事故までの自動車の走行状態・経路（蛇行運転、ブレーキ痕、信号無視の有無）、走行スピードなど、客観的な証拠に基づき公判が展開するため、このような事件の場合には、模擬裁判としては見せ場が作りにくいとのことであった。「保護責任者遺棄致死事件」のシナリオについても、同じような指摘ができるとのことだった。

　さて、佐藤友理は、秋田地方裁判所の馬場純夫裁判官や飽津検事、三浦弁護士からのシナリオに対するコメントを受けて、「殺人未遂事件シナリオ」の修正案を提示した（表4）。このシナリオは、事件に関する登場人物を被告人（十野一二三）、被害者（五十嵐四郎）、証人（目撃者）の3人にし、人物像や人物同士の関係を具体的に設定して、事件の切っ掛けとなった口論や事件の状況を膨らませたものとなっている。ただ、被告人の十野がナイフを購入した経緯には不自然さがあり、店を出た五十嵐がなぜ狭い道路で十野の進行を遮るように立っていたのか、その割には十野に「どいてくれ」と言われた五十嵐が「まだ何か用があるのか」と喧嘩腰な物言いをするというのも、話の運びとしては若干の無理がある。

　とはいえ、被告人と被害者双方の文脈や思惑などを書き込み、しかも、裁判としての争点を組み込んで、双方がせめぎ合うようなシナリオにするというのは、そうやすいものではない。法曹三者のコメントを受けて、佐藤が短期間にここまで仕上げたのは大変な努力であり、事件の状況設定のみならず、シナリオの展開（表5）を2つ示した点は大いに評価できる。

　シナリオ展開のパターン①は、弁護側に有利な話の展開であり、脅してやろうとナイフを持っていた十野が、掴みかかってきた五十嵐の手を振り払おうとして、相手を切ってしまったというものである。十野が、順手で持っていたことや、その場に立ちすくんだということからも殺意を認定するのは難しいストーリーである。被害者が投手であり大事にしていた左腕だと主張し、首を切られていたら大変なことになったと言ったにしても、ある部位を明確に狙っていたとは言いがたいス

表4　佐藤友理作成「殺人未遂事件シナリオ」(2008.9.22)

【登場人物】
被告人　十野一二三　身長：182ｃｍ
　　　　被害者とは大学で同じ野球部に所属していた。真面目な正確。
被害者　五十嵐四郎　身長：175ｃｍ
　　　　被告人とは大学で同じ野球部にいた。社交的だが、言動がきついことがある。
証人（目撃者）
　　　　コンビニの店員。事件の起きた場所（飲食店前）から斜め向かいにあるコンビニに勤めている正社員。避難してきた被害者のために警察や救急車を呼んだ。

【あらすじ】
　被告人は会社を退社後、前から気に入っていた飲食店Ａ店に向かう。Ａ店に向かう途中、家で使用していた果物ナイフが古くなっていたのを思い出し、近くのスーパーで市販の果物ナイフを購入した。
　Ａ店に着くと、偶然大学時代同じ野球部であった被害者に会う。被害者は１時間ほど前に１人で来店し、すでに酒を飲んでいた。
　２人で隣り合って近況や大学時代の部活のことを話しているうちに口論となり、被告人は店の外で被害者をナイフで刺してしまう。

【店での口論の内容】
　被害者は、「自分は勤めている会社の野球チームに所属しており、近々試合で、大学時代の時と同じ投手を務めることになった」と被告人に話す。被告人と被害者は大学時代どちらも投手のポジションを狙っていたが、最終的にレギュラーになったのは被害者であった。しかし当時、真面目に練習をこなし、人目につかないところで懸命にトレーニングしていた被告人はそれを快く思っておらず、被害者がレギュラーになったのは「単に投手として重宝されがちな両利きであったから」だと考え、納得していなかった。
　被害者が今も野球をしていることを聞いて、被告人は、「自分も今会社で野球チームに入っている」と告げたところ、被害者から「大学の頃一度もレギュラーになれなかったのに、まだ続けているのか」と言われ、そのことに逆上。大学時代の頃、本来レギュラーをとっていたのは自分だったはずだと主張する。一方で被害者は、今現在の野球チームで投手として活躍しているから、それは負け惜しみだとし、話は次第に口喧嘩になっていった。
　その後、険悪な雰囲気はおさまらず、被害者、被告人の順で店を出た。

【事件内容】
　店を出ると、ちょうど被告人が帰る方向の歩道に被害者が立っていた。小雨の降る夜であり、街灯がないのでよく見えなかったが、被害者は被告人の方に体を向けて立っており、被告人には、被害者の表情が自分を睨んでいるように見えた。
　歩道は細い道であり、被害者を無理に避けて通り過ぎていくのも嫌だったので、被告人は「どいてくれ」と言った。しかしそれでも動かず、聞こえなかったのかわざと無視したのか、何も言ってこなかった。被告人は店に来る前に買った果物ナイフを思い出し、少しばかり脅してやろうという気持ちでそれを取り出した（このとき、ナイフのキャップはつけていたが）。
　そうして被害者に近づいたところ、被害者は「まだ何か用があるのか」と喧嘩腰に言ってきたので、被告人はここでナイフについていたキャップをとり、ナイフをつき出して見せた。

【事件発生時の周囲状況】
　小雨の降る夜（深夜）／被告人たちがいた飲食店の他は、向かい側にあるコンビニのみが営業していた／飲食店前の歩道は狭く、街灯が少ない（もしくはなかった）／夜だったので車通り、人通りもなかった／証人の勤めているコンビニからは事件現場をよく見通せる。

トーリーである。

シナリオ展開のパターン②は、被害者である五十嵐が、ナイフを持っている十野に気づいて動揺し、十野を力任せに押した。押された十野は、歩道のブロックに足がぶつかりバランスを崩し、前のめりになって逆手に持っていたナイフを五十嵐の肩に深く刺す。そして十野はすぐにナイフを抜いてその場に立ちすくむという

表5　佐藤友理による殺人未遂事件シナリオの2つの展開案

パターン① 弁護士さんのコメントを受けての修正	パターン② 検事さんのコメントを受けての修正
「帰るからそこをどけと言っているんだ」と言うと、被害者はカッとなったのか「なんだと」と言って被告人の服の襟に両手で軽く掴みかかってこようとした。被告人はとっさにそれを払おうとして、思わずナイフを持っていた方の手を振ったら、被害者の腕に長い切り傷がついた。 　ナイフは順手で持っていたため、「深く刺さる」ということはなかったが、勢いがついていたので普通の切り傷より少々ナイフが食い込んでしまった。その手は被害者が野球の投手として大事にしていた左腕であった。被告人は動揺してナイフを落とした。 　被害者はその時初めて被告人がナイフを持っていたことを知り、近くのコンビニへ逃げる。被告人はどうしたらいいかわからず、その場に立ちすくんだままであった。 争点：被告人は意図的に被害者の左腕を狙って斬りつけたのか？ 被告人の主張：確かに脅してやろうと思ってナイフを出し、被害者に近づいた。しかし、傷つけるつもりはなく、相手がいきなり掴みかかってきたので、その手を振り払おうとして結果的に斬りつけてしまったような事態になった。 被害者の主張：ナイフが被告人の手に握られていることは、斬りつけられて初めてわかった。斬られたのは自分が野球で大事にしていた左腕である。事前の口論といい、意図的に左腕を狙ってきたのではないか。また、腕だったからよかったものの、かなり至近距離だったので、防がなければ首筋などを斬られていたかもしれない。（※結論としては、傷害罪を考えている）	「帰るからそこをどけと言っているんだ」と言うと、被害者は被告人の手にナイフが握られているのに気づき、「何をするつもりだ」と動揺して被告人を力任せに狭い歩道の端へ押した。 　すると、被告人は押された拍子に歩道のブロックに足がぶつかりバランスを崩し、その勢いでかえって被害者に近づいた状態になった。そして前のめりになった瞬間に、体勢を安定させるために前方に上げていた手に持っていたナイフが被害者の肩に刺さってしまった。 　ナイフは逆手に持っていたため、深く刺さった。被告人はナイフをすぐさま抜いた。被害者は近くのコンビニへ助けを求めに走った。被告人はどうしたらいいかわからず、その場に立ちすくんだままであった。 争点：被告人は殺意があって肩を刺したのか？偶然に刺さってしまったのか？ 被告人の主張：ナイフを逆手に持っていたのは、その持ち方の方が、より強く相手を脅せると思ったからである。刺さってしまったのは、もとを辿ると被害者が押したのが原因である。ナイフは垂直に刺さらず、被害者の肩にやや斜めに入った。これは偶然に刺さったことの証拠になるのでは。 被害者：押したといっても軽くついた程度。被告人は明らかにナイフを振り上げ、力任せに刺してきた。斜めとはいえ、深く刺さった。軽く脅す方法なら、実際にナイフを出さなくてもやり方はたくさんある。百歩譲っても順手で十分ではないか。（結論は未定）

筋書きである。

　十野は、ナイフを逆手に持ったのは相手により脅威を与えるため、刺さってしまったのは相手（被害者）が押したことが原因だと主張する。これに対して、五十嵐は被告人を軽く突いた程度とし、十野がナイフを振り上げ、力任せに刺したと主張する。パターン②の方が①よりも殺意の認定ができそうであり、ナイフで刺した行為をめぐってそれぞれの主張も対立するので、裁判のストーリーとして使える可能性はある。

4. 検察庁におけるシナリオ打合せ（同年9月）

　佐藤が提案した「殺人未遂事件」のシナリオで、元野球部のチームメート同士による殺人未遂事件という方向性が定まった。しかし、そのシナリオ作成にあたっては、各種調書も押さえて作成しなければならない。筆者らは取調べ段階でいかなる書類が作成され、作成された書類や証拠物等がどのようにして法廷の場に出されてくるのか、こうした点について理解しなければならなかった。

　そこで、夏休みの最終日（9月30日）に秋田地検の飽津検事を訪問した。特に、今回の訪問では、起訴状、証拠書類や証拠物を提出する立場にある検察官から、筆者らの構想している「殺人未遂事件シナリオ」で、実際にどのような書類が必要なのかを教えていただくとともに、シナリオの構想に対する意見も伺おうとした。

　飽津検事は、私たちのシナリオで関係する刑法に関してコピーを準備して、「第26章殺人の罪」や「第27章傷害の罪」[5]あるいは銃砲刀剣類所持等取締法の「第22条刃体の長さが6センチメートルをこえる刃物の携帯の禁止」[6]等について丁寧に説明をしてくださった。このシナリオでは「殺意」の有無を争点にするが、その場合には、被告人がナイフで相手を刺した行為が焦点化される。被告人が所持していたナイフの形態やその刃体をどう設定するかで、銃刀法違反にも該当し、そのナイフをどのような意図で所持していたか、さらには被害者の身体のどの部位にナイフが刺さったのかによっても殺意の認定が変わってくることなどを説明していただいた。学生たちからはいくつもの質問が出され、話し合いは熱気を帯び

検察庁でのシナリオ検討

た。

　飽津検事との話し合いで公判における検察・弁護双方のせめぎ合いがあることや、評議における審理を活発化させるようにするために、検察側・弁護側のどちらにも偏らないようなシナリオを作成することが必要であるという結論に至った。

飽津検事との記念撮影

　筆者は、飽津検事から詳細にご教示いただいた内容を表6にまとめた。この表には、今回のシナリオ構想を踏まえて、検察側と弁護側の双方が準備したり必要としたりする調書や証拠等が挙げられている。これらの書類は公判前整理手続で「不同意」（証拠として裁判では採用されない）とされるものも含まれているが、筆者らは実際に現場で作成され提出される書類が確認でき、学ぶことの多い検察庁訪問だった。

　翌10月に入り、検察庁で飽津検事からの指導やコメントを受けて、筆者は佐藤のシナリオ案に修正を加えた。被告人や被害者などの事件関係者については、秋田の地名や秋田に所縁のある名前に変更して秋田色を打ち出した（例えば、被告人は田沢太郎とし、被害者は十和田一郎とした）。また、被告人の人物設定は、被害者に対して、場合によっては負い目を感じたり、反感や嫉妬を抱き得る要素を設定した。すなわち、被害者より低い身長、高卒の学歴、パート社員、独身等の要素である（登場人物の氏名は作成過程で変更しているが、その他の要素の設定もたびたび変更している）。特に、高校時代に野球部のマドンナとして「本荘小町」という人物を新たに設定して、その本荘を被害者の妻としたのである。被害者の性格や日頃の物言いと絡めて、被告人が事件を起こしうるストーリーにした。また、目撃者は佐藤案では居酒屋の向かいのコンビニ店員という設定だったが、証人として登場させることを考えれば、むしろ居酒屋の店員とし、店内での被告人と被害者の様子についても証言できるようにした方が望ましいので、変更を加えた。

　こうして筆者が修正したシナリオ案は三浦弁護士と山本弁護士にもメールで送信して10月6日に行われる打合せでコメントをいただくことにした。

表6 「殺人未遂事件シナリオ」で裁判をするうえでの必要書類等（2008.9.30、秋田地検にて）

【シナリオの争点　「殺意」の有無】
Ⅰ　弁護側
　1．弁護人の主張
　　「殺人未遂罪」ではなく「傷害罪」＋「銃刀法違反」を主張
　　①冒頭陳述
　　②証人尋問（被害者、目撃者）
　　③被告人質問
　　④最終弁論
　2．被告人の主張
　　「殺意」を否定する
　　①弁護人の質問に対する回答
　　②検察官の質問に対する回答
　　③裁判官・裁判員の尋問に対する回答
　3．証拠資料
　　乙1号証〜乙3号証
　　①乙1号証　員面調書
　　　秋田中央警察署　司法警察員　警部補　八幡平太郎
　　　出身地、前科・前歴の有無、履歴（学歴、職歴）、家族関係（婚姻の有無、実家の家族）
　　②乙2号証　検面調書
　　　被害者との関係、事件当日のこと（被害者との距離や動作など、様子が目に浮かぶように書く）、経緯と現行犯逮捕
　　③乙3号証　被告人戸籍
　　　被告人の戸籍
Ⅱ　検察側
　1．検察官の主張
　　「傷害罪」ではなく「殺人未遂罪」＋「銃刀法違反」を主張　懲役8年の実刑
　　①起訴状（殺人未遂罪）
　　②冒頭陳述
　　③論告・求刑
　2．被害者の主張
　　「殺人未遂」
　　①検察官の尋問に対する回答
　　②弁護人の尋問に対する回答
　　③裁判官・裁判員の尋問に対する回答
　3．目撃者の主張　（2人がいた居酒屋の店員で注視していたという設定）
　　①検察官の尋問に対する回答
　　②弁護人の尋問に対する回答
　　③裁判官・裁判員の尋問に対する回答
　4．証拠資料
　　甲1号証〜甲6号証
　　①甲1号証　被害者供述調書（検面調書）　弁護側不同意
　　②甲2号証　診断書（図面入り、部位〈腹部〉）
　　③甲3号証　目撃者供述調書（検面調書）　弁護側不同意
　　④甲4号証　実況見分調書（現場見取り図、写真等）
　　⑤甲5号証　写真撮影報告書（ナイフの現物と定規を添えて撮る、刃体6cm以上）
　　⑥甲6号証　犯行供用物件（犯行に使われたナイフそのもの。没収される）

注
　被害者に大げさな表現もしくは嘘を言わせると、刑事訴訟法321条1項2号「検察官と法廷……」に関係し、模擬裁判が複雑になる。→被告人に大げさな表現もしくは嘘を言わせた方が争点がはっきりする。「過失傷害」というものが入ってこないようにする工夫も必要。検察側は、甲1号証と甲3号証については、撤回する。

5. 弁護士と学生によるシナリオ共同作成（同年10〜11月）

　佐藤が9月22日段階で作成したシナリオは、すでに弁護士のお二方にも目を通していただいていた。また、筆者らは秋田地検訪問後、22日段階のシナリオに修正を加えた（表7）。10月に入ると私たちは弁護士の方々と共同してシナリオ完成に向けた製作活動を開始し、11月いっぱいかけてシナリオを完成させた。ここでは、いくつかのポイントに絞って紹介する。

（1）弁護士からのシナリオ修正案の提示

　10月6日に、三浦弁護士と山本弁護士のお2人に来校いただき、まず、先に紹介した「検察庁訪問後のシナリオ修正案」（表7）についてコメントをいただいた。

　両氏によれば、このシナリオ修正案は、読んでみても殺人未遂罪として検察官から請求されるほどの殺意が感じられないことや、公判や評議においてせめぎ合いや議論が活発になされるような要素が薄いということであった。例えば、シナリオでは、被告人と被害者は当日偶然出会ったとされるが、それでは殺意を認定するには弱く、その日、2人が会う約束をしていたということでなければ犯行に及ぶ準備の有無が争点とはならない。また、凶器のナイフについても、以前から持っていたものなのか、新規購入したものなのかという点も重要な指標となる。これらは殺意の認定に関わるところなので詳細に設定する必要がある、との指摘を受けた。

　この他にも、殺人未遂被告事件の動機は、恋敵の女性に関わるところに焦点を合わせるべきで、被害者は被告人が好意を寄せていた女性と交際したものの、彼女を捨ててしまったという設定にして、その女性は傷心で引きこもりになっているといったシナリオに変えてはどうか、と山本弁護士から提案された。この他、刺創の部位も殺意認定に大きく関わることから、検討中のシナリオのように胸部であるとすれば、強い殺意があったとみなされるため、変更の余地があり、同様に、凶器のナイフの刃体も一考を要する、との指摘もされた。また、今回のシナリオ案での被告人がナイフを手に持ち、被害者ともみ合いになるシーンの動きについては、実

シナリオ検討会

表7　検察庁訪問後のシナリオ修正案
「殺人未遂事件シナリオ」（原案佐藤友理＋井門加除修正）＋飽津検事指導（9月段階）

【登場人物】
被告人　　　　十野一二三→田沢四郎。28歳。独身。家電量販店パート社員。本荘海陵高校卒。
　　　　　　　身長：182cm→170cm。＊被害者よりも小さくする。
　　　　　　　現住所：秋田市広面大沼新田字朝寝25-32
　　　　　　　被害者とは高校で同じ野球部に所属していた。生真面目な性格。だがレギュラーになれ
　　　　　　　なかったという引け目があり、野球は好きだが複雑な感情を併せ持っている。被害者は
　　　　　　　野球部のマネージャー本荘小町を争った高校時代の恋敵でもあった。
被害者（証人）　五十嵐四郎→十和田一二三。日本海銀行行員。妻と2人暮らし。本荘海陵高校、東和学
　　　　　　　院大学卒。
　　　　　　　身長：175ｃｍ→182ｃｍ。＊むしろ被害者の体格を良くする。
　　　　　　　現住所：秋田市中通3丁目125-20-505号
　　　　　　　被告人とは高校で同じ野球部にいた。屈託がなく社交的だが、その分言葉に気を遣わず
　　　　　　　相手を傷つけることもある。言動がきついといわれる。被告人の恋敵で、今はかつての
　　　　　　　野球部マドンナ本荘小町と結婚している。仙台から秋田に転勤になったばかりである。
目撃者（証人）　船木陽子。21歳。コンビニの店員→居酒屋店員
　　　　　　　事件の起きた居酒屋に勤めている正社員。2人の険悪な様子を心配していたところ、外
　　　　　　　で大声が聞こえた。出てみると、喧嘩の最中であった。被害者が刺された場面を見てい
　　　　　　　る。避難してきた被害者を救助して、警察や救急車を呼んだ。

【模擬裁判のあらすじ】
　平成21年12月×日、秋田地方裁判所の1号法廷では、ある裁判が行われようとしています。被告人席
に座っているのは、田沢四郎という青年。検察官と弁護人、黒い服を着た書記官の姿も見えます。事件
が起こったのは、6月20日の夜。山王の居酒屋前の駐車場で、十和田一二三さんが、高校時代の同級生
である田沢四郎にナイフで左上腕部を刺され重傷を負いました。田沢四郎は通報で駆けつけた警察官
に現行犯で逮捕されました。引き続き捜査が行われ、今日、この事件についての裁判が開かれることに
なりました。傍聴人も集まっています。まもなく、裁判が始まります。＊6月20日の事件で、12月の裁
判でよいのか。

【事件の背景】
　十和田と田沢は、山王にある居酒屋「のんだくれ」でばったり会った。ここは田沢のなじみの店だが、
転勤して秋田に戻ってきたばかりの十和田がたまたま立ち寄ったところ、田沢と再会したのだった。2
人は、懐かしさのあまり一緒に飲むことになった。高校卒業後は音信のなかった2人だったので、卒業
後の話を互いにして楽しく飲んでいて、十和田も田沢もいつになく酒を飲んだ。
　1時間もしで卒業後の話を互いに語り終えると、今度は高校時代の話になった。2人で野球部の話を
語り合っているうちに、十和田は当時のマネージャー本荘小町と結婚していることを田沢に伝えた。田
沢もほのかな思いを寄せていた小町が、十和田と結婚したことを知って驚くとともに、内心、「俺は、野
球でポジション争いで十和田に負け、小町まで奪われてしまった」となんともいえない気持ちになった。
小町との結婚生活を嬉しそうに語る十和田を羨ましく思うとともに、自分が彼女もいない独身でいるだ
けに、卑屈になるような気持ちにもなった。
　相変わらず、意気揚々と語る十和田に、田沢は何か自慢がしたくなり、田沢が地元の草野球チームで、
ショートのポジションで結構活躍している話をした。初めのうちは、うんうんと頷きながら聞いていた
十和田が、「俺もそのチームに入ろうかな」「でも、お前のポジションを取ったら悪いな」と意地悪っぽ
い目でぽつりと言った。田沢は黙ってしまった。2人の間で沈黙が続いた。気まずさに気づいた十和田
が「おっ、遅くなった。そろそろ帰ろうか」「小町も待ってるし……」と言った。田沢も同意して店を出
ることになった。
　田沢が用を足して戻って来ると、十和田が会計を済ませていた。田沢が「割り勘にしようぜ」と言うと、
十和田は「お前は家電量販店とはいえパートだろ。俺は銀行マンだ。任せておけ！」と勢いよく言って、
レジでお金を払ってしまった。店員は、ちょっと険悪な様子にどう声をかけてよいか戸惑っていた。
　2人は店を出た。田沢にはやるせない惨めな気持ちだけ残っていた。そして、思い切って「お前、さっ
き、ショートのポジションを奪っちゃうとか言ったが、その言葉はあんまりじゃないか。言っていい
ことにもほどがある」と言った。十和田は「でも、俺だって時々野球をやってるんだぜ。お前には今だって
負けない自信がある」と言い返した。田沢はその一言で切れた。「お前はどこまで自信過剰なんだ」「謝
れ！　訂正しろ！」と十和田の肩を掴んで詰め寄った。十和田は「男のいったん言ったことを撤回など
するか。お前、俺と勝負できるのか？」と顎をしゃくって両手で押し返してきた。
　田沢は、バックに入っていた果物ナイフを取り出した。思わずナイフを握りしめながら、「謝れ！　お
前はどこまで図に乗っているんだ」「謝らないと、承知しないぞ！　一突きだ‼」と叫んだ。十和田は「何
を言っているんだ。お前より体格のいいこの俺を殺すとでもいうのか」と挑発して立ち向かってきた。
2人はもみ合った。気がつくと、十和田の左腕に田沢のナイフが刺さっていた。血がしたたり落ちてい
る。十和田が叫んだ。「人殺しー。誰か助けてくれぇっ」悲鳴を聞きつけた居酒屋の店員が駆けつけ、
十和田を助け、救急車と警察を呼んだ。田沢は呆然と立っていた。

演して、被害者の刺傷がそのとおりになるのかどうか、という検証も行った。

　翌日7日には、三浦弁護士からシナリオ修正案が届けられた（表8）。その修正案には三浦氏からの「補充及び変更点」が添えられていた。三浦氏によれば、今回の模擬裁判では公判後の評議で裁判員役が台詞のない自由な討議を行うので、裁判員役に充実した評議を体験させることが重要になるとして、「殺人（未遂）の動機となる事実・経緯」と「凶器準備の有無の争点化」の2点が提示された。前者については、検察官が動機とし

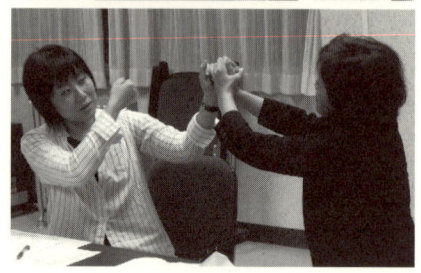

動きの再現

て充分に主張しうる経緯をエピソードとして挿入し、弁護側がこの検察側の主張に対して争うという形にすること、後者については、被告人が犯行現場にナイフを持ってきた場合、被告人にこれを積極的に用いる意図があったのか、すなわち、検察側にあらかじめ凶器を準備して犯行現場に臨んだと主張するに足るエピソードを入れて、これに対して弁護側が争うというシナリオにする必要がある、と書かれていた。

　三浦弁護士は、筆者が社会人として設定していた田沢と十和田を、大学生に変更することで、「恋敵」の要素を事件とより深く関連させようとしている。さらに、十和田がいったん婚約までした小町と別れ、そのことで小町が引きこもりがちになっているという話を噂として組み込んでいる。この他にも、殴ってやろうとした田沢が逆に十和田に殴られたといったエピソードも入れて、事件へと発展する筋書きにしている。また、球納めの飲み会にナイフを持って参加していた経緯も書き込んで、検察側からは「殺意の認定」を、逆に、弁護側からは「殺意の否定」をおのおのの主張する要素として設定した。同時に、評議で裁判員が事実認定を行う時に、見解が分かれて議論になるようにも設定されており、公判や評議でせめぎ合うことのできるシナリオ案となっている。また量刑における酌量減軽の要素も設定されていると言える。三浦弁護士のシナリオ案には被告人と被害者の供述が食い違うなど、いくつか争点が組み込まれ、検察側・弁護側双方の主張に一理あると思わせるようなシナリオになっている。

表8　井門修正案に対する三浦弁護士の「補充と変更」案

1．**平成21年10月、十和田と田沢は、A大学教育学部の4年生である。**
  被害者「十和田」と加害者「田沢」は同大学の野球部に所属している。もっとも、平成20年8月、つまり大学3年の「夏の大会」の予選敗退をもって現役を引退している。以後、両者は連絡を取り合っていなかったが、今年の10月31日、4年生の「球納め」の飲み会があるということで、参加の案内が来た。十和田、田沢各々参加することにした。＊A大学は、伝統として3年生で部活動を終える。

2．**現役時代、十和田はレギュラー、田沢は補欠だった。**
(1) 十和田は、運動神経抜群であった。普段の練習には「たまに顔を出す程度」であったが、「夏の大会」が近くなると練習に参加し、バッティング・守備とも他の者が真似できないような才能を発揮する。このようにして、弱小チームにあって、1年生からレギュラーの座を欲しいままにしていた。
(2) これに対し、田沢は「根性、勤勉、まじめ」が取り柄であり、雨の日も風の日も毎日練習に参加していたが、才能は今ひとつであった。それゆえ、3年間、レギュラーになれず、試合にも出番がなかった。球拾いやスコアなど、チームの影として支えてきた。

3．**田沢は3年間小町が好きだった。十和田は小町を強引にものにした。これが原因で、田沢は十和田に殴りかかり、逆に手ひどく殴り返された。**
(1) 野球部のマネージャーでマドンナ的存在の「小町」がいた。田沢は密かに心を寄せていた。
(2) しかし、最後の大会終了後の飲み会で、十和田が小町の唇を強引に奪ったのだった。
(3) 小町が嫌がっていると考えた田沢からいつもの温厚さが一瞬にして消え、他のチームメイトが見守る前で逆上し、十和田に殴りかかった。しかし、結果は十和田に一方的に打ちのめされて終わった。
(4) その後、十和田と小町はつきあい始め婚約もしたと聞いたが、部活の現役引退と同時に、それっきり、田沢は、十和田にも小町にも会わないようになった。

4．**田沢は、平成21年8月ころ、十和田と小町が別れたとの噂を聞き、田沢は真相を知りたいと思っていた。**
(1) それから10か月ほど経った4年生8月ころ、田沢は十和田と小町が別れたという噂を聞いた。
(2) それは「小町が捨てられた」という噂であり、「人間不信に陥った小町は、引きこもりがちになって就職活動もしていない」という話だった。

5．**球納めの2次会が終了すると、田沢は、十和田に対し、しきりに「2人で飲みに行こう」と誘った。**
(1) 田沢も、4年生の4月から付き合い始めた女性がいた。半年付き合ったが、将来を約束するまでには至っていない。卒業後のことはうやむやだった。
(2) 田沢は、十和田と小町がなぜ別れたのか、十和田が一方的に捨てたのか、どうして小町は傷ついたのかなど、気にかかる日が多かった。野球部3年間思いを寄せていた小町のことに未練があったのかも知れない。そこで、球納めの案内が届いた時、「十和田が来るなら、どうして別れたのかを本人の口から聞かなければならない。もし小町に酷いことをしたのなら、今度こそパンチをお見舞いしてやる」と決意していた。
(3) それで、2次会終了後、田沢は十和田に「2人で飲みに行こう」としきりに誘ったのであった。

6．**田沢は球納めの当日、果物ナイフをカバンにいれて待っていた。**
(1) 田沢のこの点に関する供述は捜査段階と公判を通じて一貫している。すなわち、球納めの3日前、実家から送られてきた「ナシ」がアパートに配達されたが、果物ナイフがなかった。それで、球納めの飲み会に参加するため駅前に出てきた機会に果物ナイフを買ったのだ。
(2) もっとも、ナイフを買った証拠になるレシートはない。田沢が言うには、駅に「行商人風の金物屋」がいて、その人から買ったとのことであった。この点について、駅事務室によれば、「被告人が言う駅のその場所は、毎日、行商人が入れ替わり立ち替わり商いをしている。当日、どのような者が商いをしていたかまでは確認できない」とのことであった。ちなみに、田沢はどうしてその行商人から買ったかについて、「スーパーより安く、物が良さそうに見えたから」と答えている。
(3) 確かに、警察が確認したところ、田沢のアパートにはナシが12個入る箱があり、その2個がなくなっていた。田沢の両親に確認したところ、田沢の言うとおりであった。田沢が言うには、2個のナシは皮ごと食べて芯は捨てた、とのことであった。

7．**警察、検察の疑い**
(1) しかし、警察・検察はつぎのとおり疑っている。事件当日、田沢が所持していた果物ナイフは、田沢がもともと持っていたものであり、田沢が当日買ったというのは嘘である。その証拠にナシが2個なくなっており、自分で食べた事実は認めている。ナシを皮ごと食べるわけがない。
(2) そして、野球のレギュラーの座を巡り、十和田に理不尽な思いを味わっていた田沢は、自分が思いを寄せていた小町に十和田が酷いことをしたと思い込み、十和田の言うことによってはこれを一刺しにしようと考え、飲み会の当日ナイフを持参した。そして、深夜、2人だけになるよう仕向けたのだ。

（2）被告人と被害者グループに分かれたシナリオ作成とその完成

　10月6日の弁護士の方々によるシナリオ指導後には、筆者ら大学側は、殺人未遂事件のシナリオ骨子については、専門家である弁護士の方々に一任した。学生たちは被告人グループ（石栗みづき、坂本真道、鈴木正紀、坪野谷和樹、福地峻太郎、三森朋恵）と被害者グループ（石山比美希、佐藤友理、佐藤良、佐野彰紀、須磨薫、米澤春菜）とに分かれて、弁護士の方々から提案されたシナリオ骨子案の肉付け作業を行うこととした。すなわち、裁判における争点に対して、検察側・弁護側双方からの主張を考え、裁判で必要となる書類や証拠を作成することにしたのである。

　10月7日には先にも紹介した三浦弁護士からのシナリオ修正案が届き、メインストーリーがほぼ確定した。同日、三浦氏からは、さらに、被告人の田沢と被害者の十和田の行動と、事件の発生直前に2人が立ち寄った居酒屋での「口論ストーリー」、ならびに、学生がグループごとに行うべきシナリオ作成作業手順についての文書が筆者のもとへ送付されてきた。前者は表9、後者については表10として筆者がその要旨をまとめた。

　まず、「口論ストーリー」では、事件当日の田沢と十和田の足取りが示されている。一次会の野球部球納め会から2次会を経て、事件現場ともなった居酒屋「のんだくれ」までの経過について「場所と時間」「参加者」「宴会の様子」という観点から書かれている。1次会では、十和田の発言から彼の自信家ぶりが伺え、新たな女性との交際を公言していることがストーリーの展開のポイントになっている。これに対して田沢の挨拶は華やかではないが、彼の部活への直向きな姿勢そのものが表れた挨拶となっている。

　三浦弁護士は、特に事件直前の「のんだくれ」での口論場面については、双方の記憶（主張）に齟齬が生じるように仕組んでいる。被告人の田沢にしてみれば、十和田の発言部分から、十和田が婚約をしている本荘小町に対して理不尽な扱いをしたうえに、別な女性と簡単に付き合っている酷い人間像が、そして、仲間を平気で侮辱する人間といった人物像が浮かび上がってくる。逆に、十和田の発言部分からは、本荘とは婚約をしておらず、本荘が秋田に残ることにこだわったために気持ちが離れたと語られ、田沢に対しても侮蔑するというより、本荘と結婚したいのなら県内就職をしなければならないと助言する友達像が浮かび上がってくる。

　学生たちはグループごとに、三浦弁護士から示された「口論ストーリー」をベースにしながら、シナリオ作成を進めることになるが、三浦弁護士はそのシナリオ作成手順も具体的に学生たちに示している。表10をご覧いただきたい。

表9　三浦弁護士からの「口論ストーリー」の提案（10.7）　＊井門要約

【事件当日の被告人（田沢）と被害者（十和田）の行動と居酒屋のんだくれ口論の様子】

①1次会
場所と時間　秋田市駅前の大手居酒屋チェーン店、午後6時から宴会開始し8時半まで
参加者　　　3年生以下10人と4年生5人（田沢と十和田は参加、小町不参加）
宴会の様子　4年生一人ひとりが挨拶
　　　　　　十和田「チームは弱かった。しかし、自分がいたのが救いだ。自分の手柄でそこそこの成績を収められたのだ。県外の銀行に就職が決まっている。面接担当者から気に入られ、内定祝賀会をしてもらった。そこで知り合った一つ上の女性と交際している」
　　　　　　田沢「3年間楽しかった。レギュラーになれなかったことは悔しい感じもするが、チームのために頑張ったという充実感がある。卒業後の進路は、まだ決まっていない」

②2次会
場所と時間　秋田市広面の居酒屋、午後9時から11時半すぎまで
参加者　　　4年生5人
宴会の様子　前半は思い出話で後半は進路に関する話題が中心。その後、田沢と十和田の殴り合いの話が話題になると仲間の一人が仲介して仲直りさせる。田沢と十和田は互いに譲り合う。店の外で円陣を組んでエールを交換し解散する。
　　　　　　田沢は十和田を3次会へ誘う。十和田は渋るが田沢も食い下がって30分だけ飲むことにする。

③3次会
場所と時間　秋田市広面の居酒屋「のんだくれ」　午前0時から事件発生まで
参加者　　　田沢と十和田
宴会に様子　田沢は焼酎のお湯割り、十和田はウーロン茶をそれぞれ注文して飲む。
2人の会話　田沢と十和田のおのおのの記憶

①田沢の記憶	②十和田の記憶
田　沢：小町と別れたのか。 十和田：そうだ。 田　沢：どうしてなんだ？ 十和田：俺は県外の銀行に就職が決まったが、小町は秋田に残りたいと言うから。そんな時、就職先の銀行の○○さんから付き合いたいと言われた。 田　沢：婚約していたんだろ。それなのに別の彼女ができたから捨てたのか！ 十和田：しょうがないよ。小町は秋田に残りたいと言うし、それなら結婚するのは難しいじゃないか。 田　沢：俺なら小町と結婚する。そして小町を幸せにしてやる。 十和田：それなら小町に告白してみれば。でもお前は就職も決まっていないんだろう。女にうつつを抜かしている場合じゃない。就職活動しろよ。それに、お前は彼女の趣味じゃないよ。 〈その後、田沢も十和田もむっつりと飲んでいた〉 「ここはオレがもつよ」と言って十和田が席を立った。十和田がレジで支払いをしている時、田沢が先に店を出て行った。	田　沢：小町と別れたのか。 十和田：そうだ。でも、どうしてそんなこと聞くんだ。答える義務があるのか？ 田　沢：どうしてなんだ？ 十和田：俺は県外の銀行に就職が決まったが、小町は秋田に残りたいと言うから。それで、気持ちが離れていった。 田　沢：婚約していたんだろ。 十和田：いや、正式にはしていない。 田　沢：就職先の銀行の女性と付き合うことになったから、小町を捨てたのではないか。 十和田：それは違う。 田　沢：俺は小町が好きだった。お前よりももっと。小町と結婚したいと思っていた。 十和田：小町にそう言ってみたらどうか。しかし、就職先は秋田に決めないといけないぞ。秋田は就職厳しいよ。 〈その後、田沢も十和田もむっつりと飲んでいた〉 田沢は不意に「就職が決まってよかったな。ここはお前が払ってくれ」と言い捨てて外に出た。

表10　学生のシナリオ作成部分に関する弁護士からのコメント（10.8）　井門要約

```
シナリオ作成作業展開とそのポイント
 ＊三浦弁護士によるシナリオ骨子となる経緯・ストーリー（「口論ストーリー」）をベースにする
1．修羅場（田沢が十和田を刺す場面）の作り込みを行う。
 ＊被害者の供述をまず作成し、被告人の陳述や目撃の証言にズレや食い違いを作るようにする。
 （1）被害者グループの作業
  ①被害者の「供述」を確定する。
  「被害者と被告人の動作の具体的状況」「動作と発言内容のタイミング」「ナイフの刺さり方と傷を負った場所」「その後の各人の動き」
  ②被害者の供述と関連させた「現場見取図」を作成する。
  「関係者（被告人、被害者、目撃者）の位置関係」
  ③目撃者の証言内容を作成する。
  「現場見取り図に基づいた証言内容」「被告人が刺した」「証言における曖昧な要素の投入」
 （2）被告人グループの作業
  ①被告人の「陳述」を作成する。
  「殺意の否認」「その日行商から購入」「ナイフは脅しのつもり」「被害者が動いたので刺さった」
2．模擬裁判で必要とされる書類
 ①実況見分調書、②ナイフの捜査報告書、③診断書
```

　以上のような方針と作業手順に基づいて、10月中旬から11月いっぱい、筆者と学生と弁護士の方々とが中心になってシナリオ作成活動を続けていった。

　まず、「口論ストーリー」に基づいて、学生は特に事件発生前の居酒屋「のんだくれ」での十和田のストーリーに肉付けをしながら、このストーリーとは食い違いを見せるような田沢のストーリーを作成した。例えば、田沢の酔いについては、十和田が「田沢はなまはげの赤鬼のような顔になってかなり酔っていた」と語り、田沢は「それほど酔っていなかった。酒を飲むと顔がすぐ赤くなるが、むしろ青ざめた時の方が酔いが酷い」と語る。また、十和田と本荘の関係についても、十和田が「振ったのではなく、互いに気持ちが冷めてしまったので別れた」と語り、田沢は「婚約をしていた本荘を別な女性ができたからと捨ててしまった」と語る。このように2人の語りに食い違いをもたせた2つのストーリーを作成した。

　その次に、学生たちは事件の状況についても十和田と田沢のおのおのの文脈から作成した。割り勘で支払いを済ませて居酒屋から先に出たのが田沢だったという話は2人とも同じだが、その後の展開では、2人の供述は食い違いを見せる。特に、十和田は田沢が本荘のことで意見したので、「俺のことだ。お前には関係ないだろ」と返答したところ、田沢が持っていたリュックからナイフを取り出したと語らせる。これに対して、田沢には、彼が「小町はどうしているだろう」と呟いたところ、十和田がいらついた様子で「小町はお前なんか相手にしない」などと罵詈雑言を浴びせた揚げ句に突いてきたため、自分のリュックの中身が散乱して出てきたナイフをたまたま手に取ったと語らせる。このようにストーリーに食い違いを

検面調書（作成中）　　　　　　　実況見分調書（作成中）

もたせる作業を進めた。

この後は、被害者グループは、「起訴状」「検察官冒頭陳述」「実況見分調書」「診断書」等の作成を担当し、被告人グループは、「弁護人冒頭陳述」「員面調書」「検面調書」等の作成を担当して、学生おのおのが仕事を分担して進めていった。上の調書は学生たちが作成したものである。

こうして学生たちによって作られたシナリオは、その後も繰り返し繰り返し修正された。10月30日の打合せでは、学生も相当な修正を加えたシナリオを提出したが、三浦弁護士からは歯に衣着せぬ指摘（表11）がなされた。

しかし、翌日には、山本弁護士から、三浦氏の厳しい指摘をフォローするかのように、シナリオにおける十和田（被害者）と田沢（被告人）のおのおのストーリ

表11　三浦弁護士によるシナリオ作成コメント

◎傍聴者が聞いた際、事件の概要と検察側と弁護側の相違点がわかるよう、明確に具体的なものにする。
◎５Ｗ１Ｈを徹底する。「両手で」「右手で」という表現は不十分である。また「右手」から「両手」といったように変わった際は、なぜ両手で引っ張り合うことになったのか、という説明をかならず行う。
◎被害者がナイフを見たとき、なぜ逃げなかったのか、ということの理由づけが必要である。例えば、背後に塀があって逃げられなかった等、動作を裏づける理由に注意深くあらねばならない。
◎尋問が漠然としており、文章量が少ない。時間幅を狭く、具体的に細かく質問していく。
◎被害者に事件の概要（被告人との距離、方向、様子等）を詳しく語らせる。場合によっては裁判で証人（被害者and/or目撃者）に見分調書と照らし合わせて図示させる。

ーの要点と目撃者の尋問事項についてが筆者に送付されてきた。表12をご覧いただきたい。弁護士お二方の絶妙の指導に筆者は感心した。

山本弁護士には、この他、起訴状や冒頭陳述の要旨についても学生を支援していただき、証拠書類については、学生が作成したものを最終的に山本氏が監修して仕上げた。いずれも甲号証で「被害届」「診断書」「実況見分調書」「写真撮影報告書」

表12 山本弁護士からのシナリオコメント（10.31）

	被害者・十和田のストーリー	被告人・田沢のストーリー
暴行態様の具体化の必要性	田沢がやおらリュックから果物ナイフを取り出し、右手で取り出し両手で順手に持ち、腹部前で刃先を十和田に向けて構え、突き出しながら、「小町に謝れ！ 謝らないと……」と言いつつ勢いよく近づいてきた。十和田は突然のことと田沢の鬼のような形相から、自分が殺されると思い、後ろは行き止まりで逃げ場もないことから、田沢からナイフを取り上げようと「うわ〜」と叫び声を上げながら、両手でバッドを持つような具合に田沢の両手首を掴んだ。田沢は取られまいと腕を前後左右に強く振ったが、自分も必死で取り上げようとした。取り上げようとした時は自分の身体から離れるように自分の身体の左上や左下方向に田沢の両手を引いた。よくわからないが、数秒後、いきなり、田沢が強い力でナイフを自分の腹前に突き出したため、勢いよく、ナイフが自分の左腹脇に刺さった。田沢はナイフから手を離した。 自分は、刺さったナイフを右手で抜いたところ、血がどくどくとあふれ出てきた。このままでは死んでしまうと思い、助けてを求めようと必死で「助けてくれ〜人殺しだ〜」と叫び、田沢を捕まえようとしたが、身体に力が入らず、だんだん意識が遠のき、その場に倒れてしまった。	被害者から突き飛ばされたとき、リュックの中から、慰労会に出る途中で買った果物ナイフが飛び出した。とっさに、これを突きつけても十和田に謝らせようと思い、右手で拾い上げ立ち上がり、ナイフを両手で持ち刃先を被害者に向けて自分の腹前あたりに構えた。被害者は怖がることもなく、逆におちゃらけた口調で「何ナイフもってんだよ。殺すつもりか？」と言いながら、被害者は自分から近づいて来て、自分の両腕を両手でバットを持つように握りしめ、すごい力で自分からナイフを取り上げようとした。自分は、ナイフを取られまいと満身の力を込めてナイフを前後左右に振った。数秒間くらい取り合いをしたが、ふいに被害者が「お前も小町も大切な友達だ……」とつぶやいたため、それを聞いて力が抜けてしまった。しかし、被害者はなおも自分からナイフを取り上げるために被害者の方に力を込めて自分の腕を引き寄せていたので、ナイフが刺さってしまった。 自分は突然のことでびっくりしてしまい、ナイフから手を離しその場に座り込んでしまったが、早く救急車を呼ばなくてはと思い「誰か救急車を呼んでくれ」と言った。しばらくして救急車が到着した。
	※このような暴行態様の具体的な様子が尋問で出るように尋問シナリオを作る。	
目撃者の尋問事項について	※検察が要求した証人であれば、検察に有利（殺意の立証）な事項を証言させる必要がある。 具体的には、 ①被害者、被告人はどんなセリフを言いながら喧嘩をしていたのか（謝らないと殺すぞ等）。 ②被害者が刺された後、何か言ったか（人殺し〜助けてくれ）。 ③被告人は救急車を呼んでくれというようなことを言っていたのか（聞いていない） ④目撃者が現場を離れて戻ってくるまでの時間は（短時間）。 ⑤戻ってきたとき、被告人はいなかったのですね。 ⑥そのときの被害者の様子はどうでしたか（血がたくさん出て、意識を失っていた）。 ⑦被害者、被告人との無関係性の確認。 ⑧目撃者が居酒屋店員であれば、居酒屋内での被害者と被告人のやりとりを聞いていたか等。	

などが完成された。学生たちは、「領置調書（甲）」（警察が被告人からナイフを領置したという書類）なども見て、シナリオが本物のように仕上がっていくことに驚いていた。

この後、12月1日にも三浦弁護士は大学を訪問し、学生からの模擬裁判運営上の疑問に答えている。そして、再度、学生に対して刑事裁判の原則と模擬裁判に臨むキャストの心構えなどが三浦弁護士から伝えられた。

	差出人住居氏名
	秋田市広面町3-6-203 田沢太郎

平成20年9月5日

秋田県　秋田警察署

司法巡査　鈴木一郎　印

被疑者田沢太郎に対する殺人未遂被疑事件につき、本職は平成20年9月5日、秋田警察署において、差出人が任意に提出した下記目録の物件を領置した。

押収品目録

符号	番号	品目	数量	所有者の住居、氏名	備考
1	1	ナイフ	1本	秋田市広面町3-6-203 田沢太郎	

領置調書（甲）

最終的に、筆者が学生と修正箇所を併せて、シナリオ最終版を完成させたのは、12月2日版となっていた。同月4日の模擬裁判直前まで修正を続けていた。これまでの修正と創作活動は並大抵ではなかった。

この過程に模擬裁判のスタッフとして関わり、自らも被告人役で模擬裁判に参加した大学院生・坪野谷和樹の感想は、シナリオ制作過程の悪戦苦闘を如実に物語っている。彼は、法学部でもない自分たちがどうしてここまでやらなければならないのか、専門家でもない自分たちにできるわけがないじゃないかと、シナリオ作りに疑問を抱きながら関わっていた。しかし、10月30日の打合せの時、これまでと同じように手厳しいコメントをしていた三浦弁護士が、打合せ後、「私が法学部時代の頃にやれと言われてもこんなことはできなかったですよ」とポロッと語ったことが彼の取組みを一変させた、という。坪野谷にとっては、三浦弁護士のこの一言がなによりの励みになった。この時、彼は「最後まで絶対頑張ってみせる」という気持ちになり、その後も繰り返す修正や訂正は、シナリオが一歩一歩レベルアップしていくという喜びに変化したのである。坪野谷は、その時のことを「三浦弁護士の目には熱く込み上げるものがうっすら漲っていた。それを見た私は、なぜかフッと力が抜けて、私まで熱いものが込み上げてしまうぐらい、心に大きな衝撃を受けた」と語り、「私は心から三浦さんと出会えてよかった」とも語っている。

坪野谷と同様に、学生たちは同じような苦闘を繰り返していたが、12月2日、ついに私たちは、殺人未遂事件のシナリオの完成をみたのである。

これまで紹介した学習活動以外にも、シナリオ作成過程では、法曹三者の方々とは郵送、ファックス、メール、訪問等、多様な形で頻繁に関わっていただいた。こ

うしたやりとりの中で学生も教員も学び、シナリオも推敲され完成したのである。このシナリオの完成版については、HP「法教育実践コンテンツ」☞をご参照いただければと思う(完成したシナリオは、登場人物名や状況設定等が変更されている)。

＊4　なお、筆者は飽津検事に調書や証拠関係書類を具体的に作成する方法について伺ったところ、そうした関係の書籍が出版されていると検事から教えていただいた。後日、筆者が購入した書籍を以下に示す。①捜査実務研究会編著『新版供述調書記載要領』(立花書房、2003年)、②捜査実務研究会編『最新捜査報告書記載要領』(立花書房、2003年)、③捜査実務研究会編著『新版実況見分調書記載要領―被害届記載例付―』(立花書房、2003年)、④地域実務研究会編著『地域警察官のための被害届・実況見分調書作成の手引き』(立花書房、2005年)、⑤捜査実務研究会編著『最新刑法犯・特別法犯 犯罪事実記載要領〔改訂版〕』(立花書房、2007年)、⑥捜査実務研究会編著『新版事件送致書類作成要領――一件書類記載例中心―』(立花書房、2007年)。学生はこれらの書籍をシナリオ作りの参考にしている。

＊5　刑法の第26章殺人の罪では、199条の殺人、201条の予備、202条の自殺関与および同意殺人の規定がある。201条は尊属殺重罰規定だが、1995年に削除されている。また、同法第27章傷害の罪では、204条の傷害、205条の傷害致死、206条の現場助勢、207条の同時傷害の特例、208条の暴行、208条の2の凶器準備集合および結集の規定がある。殺人や傷害に関してこうしたいくつかの条文があることも、学生たちは当然のことながら知らなかった。

＊6　この法令は「何人も、業務その他正当な理由による場合を除いては、内閣府令で定めるところにより計った刃体の長さが六センチメートルをこえる刃物を携帯してはならない。ただし、内閣府令で定めるところにより計った刃体の長さが八センチメートル以下のはさみ若しくは折りたたみ式のナイフ又はこれらの刃物以外の刃物で、政令で定める種類又は形状のものについては、この限りでない」と定められている。

第3節 模擬裁判への挑戦
ヒートアップ

　本節では、学生が法曹三者の支援を受け、格闘しながら完成させたシナリオによる模擬裁判を紹介する。学生たちの模擬裁判に向けた準備や練習、模擬裁判本番、体験の共有化等について、具体的に述べたい。

1. 模擬裁判の役割担当者決定と事前練習

　模擬裁判シナリオの役柄が確定した10月初旬には、学生たちの希望をとり、役割が確定した。設定した役柄の中でも、裁判員役については、審理における議論を活性化させるため、特に、評議開始時の立場を事前に決めさせた。評議の間に立場を変更することは自由である。また、裁判員は審理においておのおのの経験や履歴をベースに発言することもあり得るので、年齢や職業、家族構成なども裁判員担当者間で相談し、設定させている。

　秋田大学側の各役割担当者（キャスト）は、すでに紹介したように、被告人グループ、被害者グループを構成して、それぞれにシナリオの作成や模擬裁判に必要な書類や資料を作成するとともに、実際の模擬裁判をどのように展開するのか、グループ内で話し合った。また、2006年に実施した「法曹三者と学生による裁判員制度の模擬裁判」のDVDを何度も視聴して、公判や評議の展開のしかたを確認したり、その審理内容を捉えたりした。

（1）キャストによる模擬裁判準備とリハーサル

　そしていよいよ、キャストは、12月4日の模擬裁判本番に向けてシナリオの展開と役柄の理解等を図るための練習過程へ移行し、学生による全体練習会を3回にわたって実施した。

　まず、11月26日、初回の全体練習を公判グループと評議グループの2つのグループに分けて行った。公判グループでは、その役割体験はシナリオに基づいて行うため、台詞の暗記を徹底するという特徴がある。主に、裁判官、書記官、刑務官、証人、被告人、ナレーターは、シナリオの台詞の読み合わせ、動作や表現練習を行

表13 模擬裁判シナリオ「田沢太郎に対する殺人未遂被告事件」に関する役割（役柄）設定

役割（役柄）	担当者（所属）	立場	年齢	職業	家族構成
裁判長	馬場純夫（秋田地方裁判所）				
右陪席裁判官	石山比美希（教育文化学部）				
左陪席裁判官	三森朋恵（教育学研究科）				
書記官	久野雄平（教育文化学部）				
裁判員A	石栗みづき（教育文化学部）	傷害罪	63歳	主婦	夫と息子、息子の嫁、孫2人
裁判員B	坂本真道（教育文化学部）	傷害罪	29歳	歯科医	父、母、妻、息子5ヶ月
裁判員C	佐藤良（教育文化学部）	殺人未遂罪	21歳	大学生	父、母、妹
裁判員D	佐野彰紀（教育文化学部）	殺人未遂罪	30歳	会社員	妻、娘、息子
裁判員E	福地峻太郎（教育文化学部）	傷害罪	45歳	美容師	妻、娘、息子
裁判員F	米澤春菜（教育文化学部）	殺人未遂罪	52歳	幼稚園長	夫、娘、息子
検察官	村田邦行（秋田地方検察庁）	殺人未遂罪			
刑務官1	秋元圭（教育文化学部）				
刑務官2	和田充玄（教育文化学部）				
証人1（被害者）	須磨薫（教育文化学部）	殺人未遂罪			
証人2（目撃者）	佐藤友理（教育文化学部）	殺人未遂罪			
弁護人1	三浦広久（秋田弁護士会）	傷害罪			
弁護人2	山本尚子（秋田弁護士会）	傷害罪			
被告人	坪野谷和樹（教育学研究科）	傷害罪			
ナレーター	鈴木正紀（教育文化学部）				

ったが、その中で気づいた点、シナリオの問題点や疑問点についても話し合った。刑務官は台詞自体はないが、別個に、手錠や縄紐のかけ方と外し方、法廷における出入り、被告人の移動に伴う刑務官の移動と配置などを念入りに確かめた。台詞がなくても裁判のリアリティを醸成するには、それぞれの何気ない仕草が熟練を感じさせなければならないのである。また、もう1つの評議グループは、裁判官と裁判員であるが、裁判長以外の役割（役柄）は台詞がごくわずかである。裁判員役は、公判後の評議での自由討議で創造的な発言を行わなければならない。評議のポイントは「事実認定」「法の適用」（量刑は今回の模擬裁判では時間の都合上実施しない）である。評議ではこのポイントを押さえて発言しなければならないところに評議グループの特色がある。主に裁判員役6名のキャストは、表13に示したとおり、個々の立場、職業、年齢、家族構成等の設定に基づき、全体としてどのように評議を展開したらよいのか、そのうえで各自がどのような発言や振る舞いをなすべきなのかを考えていった。そのために裁判員役の6名は先に紹介した模擬裁判のDVDを参考にしてどのようなストーリー展開になっても対応可能な事前準備を

行った。評議グループでは、いくつかの評議の展開を想定していたものの、学生だけで審理の方向性を決めてしまうことはできないので、最終的には当日、裁判長の馬場裁判官と打合せをしたうえで評議を展開することとした。

本番前日のリハーサルの様子

　模擬裁判本番２日前の12月２日に２回目の全体練習を行った。この時には三浦弁護士と山本弁護士にお越しいただき、秋田大学側と打合せを行い、公判グループと評議グループは模擬裁判シナリオ最終版で一通りの流れを確認し合った。公判グループは公判の台詞を徹底的にマスターした。評議グループは弁護士の方とともに公判での争点を確認したうえで、弁護士の方からの評議での事実認定に関するコメントを踏まえながら、それぞれ自分で決めた役柄の立場に基づいて練習を展開した。

　さらに、第３回目のリハーサルを本番前日の12月３日にも行った。このリハーサルは、模擬裁判が行われる本番会場で実施し、公判についてはキャストが台本を最初から最後まで一通り行い、さらに、公判で使用する大道具や小道具などを確認し、その配置場所なども相談して確定しながら、キャストの動作を確かめた。次に、評議での大道具、小道具の配置も確認し、２つのグループごとの最終的な打合せも行って、本番への準備を完了した。この日は、会場係や撮影スタッフも加わってかなり大がかりなリハーサルと会場のセッティングとなった。加えて、秋田大学のホームページ上でも、インターネットで模擬裁判を公開し、また、模擬裁判を含めた筆者らの法教育実践をDVDにするために、これらの関係業者も会場でのマイクの配置、インターネットへの接続準備などを行っていた。

　以上、模擬裁判本番に向けての事前練習や準備について紹介したが、要は、キャスト個々人によるおのおのの役柄の人物像の身体化やそれぞれの立場や文脈からのストーリーの構築、台詞の暗記であった。一例として被告人役・坪野谷の板書を提示するが、この板書は、彼

被告人役の板書

が、本番前日に公判でのやりとりをイメージしながら書き込んだものである。このように文章や図で表現することを通して、自身の役作りや公判の展開を身体化していったと言える。

(2) 迫真に迫る小道具の演出

また、模擬法廷においても迫真の演技をするために、秋田地方検察庁の久保市賢主任捜査官（広報担当）に大学までお越しいただき、手錠の実物を見せていただいたり、法廷における刑務官の所作等についても話を伺った（2008年11月20日）。本物の手錠を模擬裁判で用いることはできないので、筆者は本物に似た雰囲気の手錠を探して購入し、これに紐などもそれらしく取り付けて模擬裁判に臨んだ。また、裁判員裁判では無罪推定の原則や被告人の人権尊重等から、被告人の服装もスーツを着用でき、スリッパも革靴に見えるものを履くことができると聞いていたので、筆者がホームセンターめぐりをして購入した。

この他に、裁判で焦点化される凶器の果物ナイフについても、飽津検事や弁護士の方々に銃刀法との関連で、形状や刃体の長さなどを勘案し、果物ナイフということで、刃体部分に皮むきが付いているものをホームセンターで探して購入し、筆者が絵の具で血糊を表現して小道具とした。このナイフは検察官がナイロン袋に入れて証拠として公判で使用している。

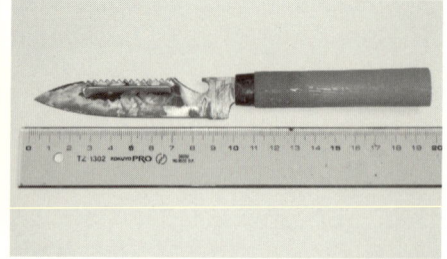

小道具の手錠とサンダル　　　凶器のナイフ

2. 裁判員模擬裁判の実践—「田沢太郎に対する殺人未遂被告事件」—

学生が法曹三者の協力を得て約半年間をかけて作成してきた殺人未遂事件の模擬裁判は2008年12月4日に秋田大学の公開行事として学内外からの延べ300名を超える参加者を得て実施された。会場は翌年から実施される裁判員裁判への関心から熱気に満ちていた。

第3節　模擬裁判への挑戦──ヒートアップ

　ここでは、公判と評議に分けて、それぞれの審理を抜粋し紹介する。

図2　公判の配置図

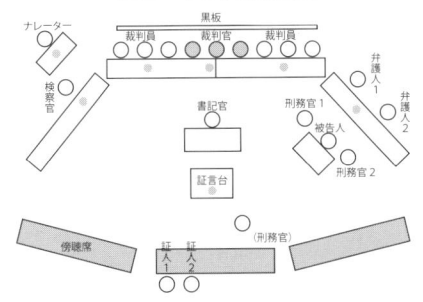

（1）公判の様子

　被告人がナイフを手にする過程・その意思（殺してやろうと思ってナイフを手にしたのかどうか）について、証人尋問や被告人質問をしているシーンである。

1）証人尋問（被害者）

検察官　証人は、自分の左肩を指して、右の掌を突き出すような動作をしましたが、今言ったような動作をして、（被告人を）小突いたということでよろしいですか？

被害者　はい、そのとおりです。

公判の様子

検察官　それに対し被告人はどうしましたか？

被害者　被告人は……少しよろけたような感じになりました。その後、被告人は屈んで地面に置いてあったリュックサックからナイフを取り出してきて、それを正面に構えて「謝れ」と言ってきたんです。

検察官　被告人がその時構えた手や姿勢を詳しく教えてください。

被害者　姿勢は、足を肩幅くらいに開いて背を丸めるようにして、両手を伸ばしてナイフを構えました。右手でナイフを持ってて、左手を右手に添えているような感じになっていました。

※　検察官に替わって、弁護士からの尋問になる。

弁護士　被告人は屈みこむような姿勢でナイフを取り出したと先ほどおっしゃいましたね。

被害者　はい。

弁護士　すると、その時リュックはもう地面に置いてあったんですか？

79

被害者　　……覚えていません。
弁護士　　あなたは被告人がリュックを地面に置くのを見ましたか？
被害者　　……いえ、置くところは見てません。

証人の宣誓

2) 証人尋問（目撃者）
※　被害者と入れ替わって、次に証人として居酒屋の店員が目撃者として登場する。

弁護人　　あなたが店を出て2人を見た時、被告人はすでに屈んだ状態だったんですか？
目撃者　　はい。
弁護人　　その姿勢について、詳しくお話ししてください。
目撃者　　膝を曲げてしゃがみ込むという姿勢です。
弁護人　　被告人はどちらの方を向いていましたか？
目撃者　　私の方に向いてました。
弁護人　　あなたがしゃがんでいる被告人を見てから被告人が立ち上がるまでの時間は？
目撃者　　しゃがんでいるのを見たのは一瞬でした。次の瞬間には立ち上がりました。
弁護人　　では、被告人を見ている間に、被告人がリュックの中に手を入れて探るっていう場面は見ましたか？
目撃者　　はっきりとは見ていませんが、リュックは彼の足もとにありました。立ち上がった時には、ナイフをすでに手に持っていました。

3) 被告人質問
弁護人　　（被害者に）押されたあなたはどうなりましたか？
被告人　　押された勢いで地面に尻もちをつきました。
弁護人　　転んでしまったんですね。
被告人　　はい。
弁護人　　その時あなたはリュックは持っていましたか？
被告人　　はい、持っていました。右の肩に……右の肩にかけていました。

第3節　模擬裁判への挑戦──ヒートアップ

弁護人　転んだ瞬間、リュックはどうなりましたか？
被告人　その押された勢いで、リュックが落ちてしまいました。
弁護人　地面に落ちたんですね。リュックの中身はどうなりましたか？
被告人　リュックの中身もその勢いで全部落ちてしまいました。
弁護人　地面に落ちた。
被告人　はい。
弁護人　リュックは開いていたということですか？
被告人　はい、会計の時にリュックの上の部分のところを開けて財布を出したので、その、閉め忘れです。
弁護人　あなたが下を見た時、リュックから飛び出してきたのは、目に入ったのは何ですか？
被告人　目に入ったものは……ナイフです。
※　弁護人に替わって検察官による被告人質問となる。

検察官　……あなたの話だと、あなたがナイフを構えた格好は被害者の証言と同じだということですね。ナイフの柄を右手で持ち、それに左手を添え、正面の腹の高さに構え、背は多少前屈みになっていたということでよろしいですか？
被告人　そのとおりです。

検察官による被告人質問

（2）評議

評議部分では、公判での被告人がナイフを持ったきっかけについて、裁判官と裁判員たちが審理しているシーンを取り上げる。

図3　評議の配置図

裁判員B　要するに、被告人は被害者である十和田さんでしたっけ。その人から突き飛ばされてリュックから物が出たと。それで、最終的には、被告人は

酒が入っていたということもあって、本当に、偶然ナイフが目に留まって、偶然脅してやろうっていう、本当にとっさの行動だったと思うので、殺意を持ってナイフを持ったとまでは言えないと思います。

裁判員F　んー……。裁判の中の証言だと、肩を小突かれて尻もちをついた拍子に出たっていう話だったんですが、証人の二人はひざを曲げてしゃがんで、リュックから取ったって言ってましたよね。そこの食い違いがすごく気になります。

裁判長　取ろうとして取ったのだと思うということですね？

裁判員F　はい。

裁判人E　でも証人（目撃者）の話では、近くの街灯の明かりが消えていたらしいし、ということは、そこまではっきりとは見えてなかったと思うので、証人の証言を全部信用することはできないと思います。

裁判員C　押された拍子にリュックからナイフが飛び出したのでナイフを取った、という話でしたが、被告人はナイフを買った時にそれを袋に入れてホチキスで止めてもらった、ということを話していました。リュックから飛び出した時に、刃ごと飛び出すということは考えにくいので、自分の手で取り出したのではないかと考えます。

裁判長　Fさんと同じ考えということですね？

裁判員C　はい。

裁判員D　疑問に思ったのですが、リュックの中にはナイフのほかにもたくさんの物が入っていたんですよね？　ナイフ以外の物も飛び出すはずだと思うんです。そうすると、転んだ時に、ナイフだけ偶然見つけられるんですかね……。

裁判長　なるほど。どう思いますか。

裁判員D　あたりは街灯が消えていて足もとも暗くて見づらいわけですから、ナイフは意図的に取るしかできないと思うんです。

裁判員B　でも逆にいえば、その被告人が自分で取ったっていう行動自体も、もしかしたら暗くて見えづらいんじゃないかなというふうに思うんですが。

裁判長　なるほど。Eさんと同じ指摘ですね？　しゃがんで取ろうとしたという証言は、暗かったのであればそんなに信用できないんじゃないか、ということですね？

裁判員B　そうですね。

裁判員F 目撃者のちょっと離れた位置からは、もしかしたら細かいことは見えなかったかもしれないですね。でも、2人で向かい合っていた被告人と被害者なら見えたのではと思うのですが……。

裁判員C 真夜中で物が見えづらい中、ナイフを取ったということは、あくまでナイフだけを取る意思があったということだと思います。

裁判員A 尻もちをついたと被告人は言っていたので、私はその時に偶然ナイフが目に入ってしまったということもあると思いますが。

裁判長 それじゃあ、たまたま目に入ったっていう可能性を否定しきれないという方はどれくらいいますか……。（裁判長を含め5人が手を挙げる）5名ですね。では、他の4人の方々は、やはりナイフを取ろうとして取ったのだという考えなのですね？

※ この後は、次の争点に移っている。詳細は、HP「模擬裁判（2008.12.4）動画」参照）。

3. 裁判員模擬裁判後の体験の共有化

体験学習は、体験の共有化が重要である。そこで、模擬裁判が終わると、すぐにキャストが感想を述べ、また、質疑応答の時間も設けて体験の共有化を図った。ここでは、その一部を紹介する（詳細は、HP「模擬裁判（2008.12.4）動画」参照）。

(1) キャストの感想

まず、裁判官役（左陪席）を担当した三森は、実際に本物の刑事裁判を傍聴した時とは違って、法曹三者の方が日常的な言葉で話すよう意識している感じだった、と指摘している。そして、裁判に市民の「常識」を取り入れるといわれているが、どこまでが「常識」とするのか気になる、と述べた。また、同じく、裁判官役（右陪席）を担当した石山は、公判と評議に参加してみて、時間が長いと感じたが、実際の裁判に参加する市民は長時間集中して審理できるのか心配になった、と述べ、石山自身は耐えられないのではないかと自信をなくした、とも語っている。

裁判員役では、審理の難しさを指摘する感想がみられた。例えば、坂本は、模擬裁判であっても、人を裁くことに緊張を感じていたが、裁くことの難しさを実感した、と述べている。また、米澤は、評議に臨む際に、自分の立場を決めていたが、話し合っていくうちに、「言われてみればそうだな」ということがたくさんあり、自

分自身の考えや立場が揺らいでしまった、と述べている。石栗も、模擬裁判では事前に公判部分のシナリオを押さえて評議にも臨んでいるが、実際の裁判では、資料を受け取って読み、深く考えることができるのかどうか疑問だ、と語っている。

　以上、裁判官と裁判員の感想を紹介したが、彼らは、模擬裁判であるにもかかわらず、人を裁くという状況を切実に捉え、審理に臨んでいたことが確認できる。

　では、次に、被告人や被害者、証人の役柄を担当した学生の感想を紹介する。被告人役の坪野谷は「僕なんかは刺しちゃった人間で、田沢って言う男は不器用なんだけど熱くて……」と語り、熱演をした彼はまだ役柄の余韻を残していた。坪野谷は、被告人は人を刺したというマイナスの状況にあったが、その役柄を演じていく中でいろいろな視点から物事を見ることができた、と述べた。被告人と対立する立場にある被害者を演じた須磨は、公判では、法廷で発言する他の人たちのその内容をいかに頭の中で整理するかが重要だと思った、と述べている。実際の裁判では、被害者が証人として法廷に立つ場合に、特に、対立し争う立場にある弁護人からの尋問をしっかりと捉えて応えなければならない。須磨の感想はそういう重みを実感したものと捉えることができる。この他、証人（目撃者）役を担った佐藤（友）も、評議の中で話したことの一つひとつが証拠となり審理の対象となるので、証言の重さを実感した、と語っている。すでに、模擬裁判のシナリオで自分の台詞や他の役柄の台詞も暗記していたはずだが、実際に模擬裁判を行い公判を再現する中で、佐藤は言葉の重みを実感したと言える。

　この他にも、学生は、書記官、刑務官、ナレーターなどの役割を演じた感想を述べた。これらの役柄は、決してメインな役柄ではなかったが、後に検察官の方が評価するように、それぞれの演技が模擬裁判をシリアスなものに作り上げていた。

　では、法曹三者の方々による感想も紹介しよう。まず、裁判官役を担当した馬場裁判官は、学生が法曹三者の協力を得て作成したシナリオについて「比較的確信性に充ちたものができた」と評価し、「証人の方、被告人の方も非常に訓練されていて、実際に証言しているように見えるというか、素晴らしい演技だった」と賞賛した。さらに、積極的に発言し、評議の内容についても論理的な順番に組み立ててできた、と評価した。限られた時間内で実施するという制約があり、消化不良な点や量刑についての評議ができなかった点はあるが、非常に有意義な模擬裁判であった、との見解を示した。

　次に、飽津検事の勤務の都合により急遽交代して参加した検察官役の村田邦行検事は、刑務官役が被告人の動きに合わせて一緒に動いていた点にリアリティが

あった、とし、「すごいなと感じた」と語った。また、被告人役の坪野谷の発言に触れて、いろいろな観点から見るという点で、今回の模擬裁判が学生にとってよい経験になったのではないか、と述べ、検察官が法曹三者の一人として学生と協力し合えたことを評価した。

　最後に、弁護人役を担当した弁護士の方々の感想を紹介する。まず、三浦弁護士は、学生が専門外の法律の勉強をし、リサーチし、シナリオを作成したこと、そのうえで模擬裁判を実演したことに教育的価値を認めた。そして、その実演はリアリティに溢れていた、と語った。法曹三者といえども、まだ経験していない裁判員裁判であるから、評議が現実と比べてどうかなどという議論は無意味であって、むしろ、この模擬裁判（公判や評議）から何が今後の課題となるのかを見出すことではないか、と指摘した。続いて、山本弁護士は、本物の裁判ではこれほど多くの人が傍聴することはないので緊張した、と述べ、そのうえで、これまでの学生のシナリオ作りの長く困難な道程を振り返り、「普段法律を勉強したことのない学生が、これまでやれたというのは、みなさんの熱意の賜物です」、と語った。

　お二人の弁護士には、最初から最後まで密接に関わりご指導いただいた。それだけに、弁護士のお二人からは学生に勝る熱き思いが感じられた。

（2）質疑応答

　限られた質疑応答時間であったが、フロアからの質問は3件あった。

　1件目は、市民の小玉忠憲氏から裁判員裁判に対する反対意見が提起された。小玉氏は、法律の素人である一般市民が死刑や無期懲役などの重い刑罰を対象とする裁判に強制動員されること、特別な理由がなく拒否した場合には罰金刑が科せられること、裁判員での守秘義務違反には懲役刑もあることなどを指摘して、裁判員裁判制度そのものを否定する見解を示した。さらに、勾留されている人間は自分の無実を晴らすための自由が抑圧されている点にも触れて、冤罪事件が発生しやすい制度上の問題も指摘した。元国労の小玉氏は、国鉄労働者の不当解雇撤回の闘いを続けている国労秋田闘争団の方であり、こうした闘いを続けてきたことからも日本の司法制度そのものに不信感を持っている、と感じられた。小玉氏は模擬裁判行事の開会前に筆者のところを訪れて、反対のチラシの配布許可を求めていたので、筆者としては、当制度が大いに議論すべき国民的課題であることから、受付のテーブルにチラシを置くことを許可した。小玉氏は、長時間、会場で模擬裁判の一部始終を傍聴したうえで自身の主張を行ったので、筆者はこうした発言が市民

の方から提示されたことは、意義のあることと捉えた。

　この小玉氏の見解に対して法曹三者に回答や意見を求めたが、回答はなかった。しかし、学生の小河和道は、彼自身は裁判員制度には賛成の立場であることを示し、裁判では市民であるからこそ出せる意見もある、と主張し、法曹三者に責任を転嫁するような形ではなく、市民が参加して司法においても責任をもつことが重要ではないか、と発言した。

　この他には、秋田大教員の近藤智彦氏が、評議における裁判官と学生とのやりとりの中で、多少裁判長が教え諭すような雰囲気が見られた、として、実際の裁判で専門家から見て不適切な考え方をする方がいた場合に、どのような対応をするのか、という点について質問をした。馬場裁判官は、裁判を行う前に、裁判（公判や評議）についての説明を行い、また、刑事裁判の原則を理解してもらったうえで宣誓をしてもらうので、あまりそうした心配はしていない、と回答し、裁判になれば、裁判員は社会経験のある人たちなので、しっかりした審理ができるだろう、と述べた。

第4節 アンケート調査と事後討議
クールダウン

　第4節では、模擬裁判に関するアンケート調査と事後討議とを取り上げて、私たちの実践した模擬裁判について考察し、本章のまとめとする。

1．アンケート調査から

　この模擬裁判では、傍聴・参観した方々に対してアンケートを実施した。そのデータの詳細は筆者らのホームページでご覧いただきたい。ここでは、表14に示した函館地方検察庁の方々の回答を紹介したい。函館から私たちの模擬裁判を参観するためにはるばるお越しいただいた。模擬裁判の内容については、秋田の地域性を活かしたシナリオのオリジナリティや迫真性のあるキャストの演技が称賛された。反面、評議における事実認定に若干の甘さがあったことや、裁判員が役柄に徹し切れず、学生の立場で審理していた、との指摘もなされた。

　私たちとしては、函館地検の方々の他にも、市民、大学教職員、学生や院生の方々からアンケートに対する回答を寄せていただいているので、今後のシナリオ修正や公判・評議の展開の仕方などに関わる修正を行いたいと考える（HP「法曹三者と学生による裁判員模擬裁判2008報告書PDF」参照）。

2．事後討議

　12月25日、裁判員模擬裁判についての事後討議を秋田大学で行った。実地体験にしろ、擬似や模擬体験にしろ、体験の共有化が重要である。12月4日の模擬裁判実施直後にキャストはおのおのの感想を述べたが、模擬裁判の内容について議論をしてはいないので、あらためて時間を設けて事後討議を行うことにしたのである。法曹三者としては、秋田地検から村田検事と事務官の方、秋田弁護士会からは山本弁護士が参加してくださった。秋田地裁の馬場裁判官は都合により欠席された。大学側は筆者の他、キャストであった大学院生や学生が全員参加した。

　模擬裁判には、公判と評議の2つの場面があったので、事後討議では、この2つの場面について討議を行った。

表14　函館地方検察庁の方々の回答

1．この模擬裁判の内容に関してご意見・ご感想をお書き下さい。
①裁判長が裁判員に対し、方向性をコントロールするのを避けるためだと思うが、あまりアドバイスをしなかったため、証言の信憑性を吟味することなく全て真実が語られているとの前提で評議が進められ事実認定に焦点が当てられてなかった気がする。
②教育文化学部主催の模擬裁判ということで、どこまで突っ込んだ内容になるだろうと思いつつ参観させていただきましたが、想像以上の出来栄えに驚きました。
③秋田の風土を活かした独自のシナリオでオリジナリティーを感じました。弁護側の、もみ合いの中でナイフが刺さってしまったというのは無理があると思いました。短時間で被告人に殺意があるかどうかを認定するには難しい内容だったのかなと思います。

2．この模擬裁判の役割演技や場面設定、進行等についてのご意見・ご感想をお書き下さい。
①公判：演技者の演技が上手で迫真性が高かった。評議：事実認定上の問題点があまり議論されず、総合的なイメージで有罪無罪の意見陳述がなされたように感じられた。
②公判の流れ（場面設定や進行等）は良かったと思います。ただ参観者に対し、事実全体像を十分理解させるのには時間が足りなかったように感じました。評議：裁判員6名は、初期の役割設定の枠を越え、ほとんどが学生という立場で評議していたことが残念でした。
③公判については、綿密に練られた台本に沿って練習され、本番を迎えたのだと感じました。法曹三者よりも学生の皆さんの方が、迫真の演技をされていて感心しました。評議については、時間も限られていたこともあり、凶器に関して等の話に終始してしまっていたと思います。被疑者の動機等にも話が及ぶとよりよい評議になったと思います。

3．この裁判の企画全体に対してのご意見・ご感想をお書き下さい。
①一般の方が裁判員に選ばれた場合、どのように裁判が進行していくかを知る上で非常に有意義である。
②裁判員制度の広報をしている検察の立場としては、大学生自らがこのような企画をすることは大変意義のあることと評価したい。
③教員向けの講義として、学生が自らシナリオを考え実演することは大変学ぶことも多く自発性を促すためには良い企画であると感じました。他学部を交えて教養講義としてあっても良いと思います。私が学生の時にこのような講義があったら是非受講したいです。

4．模擬裁判のシナリオについてのご意見・ご感想をお書き下さい。
①非常に良く作られたシナリオであります。事実認定上の問題や動機の認定上の問題など普通の感覚で十分議論できるシナリオだったと思います。
②殺意の認定上重要となる証拠等に関する部分の顕出が十分でなく、実際の裁判において検察は、あらゆる証拠を検討し十分な証拠を提出しているはずですが、短時間での模擬裁判なので止むを得なかったなと思いました。
③決定的な証拠に欠けていて、短時間の評議で事実認定するには難しいのかなと思いました。

5．今回の模擬裁判での量刑はどの程度になるかお書き下さい。
①殺意は認められ、未遂であるも計画性が認められることから懲役5年程度が相当と思われます。
②殺人未遂罪を認定し、懲役3年、5年間執行猶予が相当と考えます。被告人質問の内容を認定したとしても傷害罪ではなく、ナイフの奪い合い等の状況から過失傷害罪と考えます。
③殺人未遂が妥当で懲役3年で執行猶予付きになるのではないでしょうか。

　まず、公判部分については、裁判員役だった福地が、村田検事に対して、実際に裁判員裁判が始まると、検察官の立ち振る舞いに変化があるのか、という質問をした。彼は役柄を通して、検察側が提示する証拠やその説明、証人に対する質問の仕方などに関心を抱いたようである。この質問に対して村田検事は、裁判員裁判は、プロ同士の世界とは異なり、一般市民が参加するので、今回の模擬裁判で提示され

た被害届や診断書などはパソコンのプレゼンソフトを使って、わかりやすく説明することが求められている、とし、検察官もそして弁護士もプレゼンテーション能力の向上を図る必要があり、また、そのよい機会だと考える、と回答した。

事後討議の様子

この点に関連して、筆者は、山本弁護士に対して、検察官側がプレゼンテーションをビジュアル化するなどの工夫を凝らすと、弁護側としてもその対応がたいへんになるという話を聞くが、どのように考えているか、と質問した。これに対して、山本弁護士は、組織として準備する検察側と異なり、一般的に弁護人は個人なので、検察側への対応は物理的に敵わないところがある、とし、弁護士会として検察側に対抗しうるプレゼンテーション能力を高めるために、日々研鑽を積んでいる、と回答した。

これらの質疑応答から、検察・弁護双方が市民参加の裁判員裁判を想定して、公判での立ち振る舞い、すなわち、証拠の提示の仕方、その説明や立証・反証の仕方などが大きく変化しようとしていることが確認できた。事実、今日実施されている裁判員裁判の報道からは、ビジュアル化や平易な説明の仕方などの変化が見て取れるので、この時の検察・弁護双方が語った方向へと変貌していると言える。

次に、評議についての討議を行った。特に、学生が関心をもっていたのは、今回の模擬裁判では時間の制約で実施できなかった刑の量定についてだった。この件については、検察側として村田検事は、模擬裁判で「殺人未遂罪」として「懲役8年」を求刑したが、実際の裁判と照らし合わせても妥当な求刑だ、と述べた。検察官は評議にはタッチできないが、量刑では、被告人について、「居住場所の有無」「監督者の有無」「再犯のおそれ」「前科・前歴等の考慮」等を、踏まえることになるだろう、と語った。

さらにこの量刑に関して、学生から、模擬裁判では「傷害罪」となったが、執行猶予が付けられるのかどうか、村田検事に質問がなされた。検事は、3年以下の懲役刑とされれば、執行猶予が付けられる、と回答した。そのうえで、量刑は被告人の人生を決めるものなので、さらに深く、慎重に審理しなければならない、と付け加えた。

この他にも、学生からは、量刑に関して、裁判員裁判が始まると厳罰化が避けられる傾向になるとの声もあるが、その点について村田検事に質問がされた。村田検

事は、「厳罰」という用語が多義的であることを指摘し、まずはこの言葉の定義をする必要がある、と述べた。そして、殺人罪だから厳罰で、傷害罪だから軽いという単純なものではなく、殺人罪でも懲役3年、傷害罪でも懲役5年という判例がある、と述べた。裁判員制度施行後に厳罰回避傾向になると一概に言えないし、あらためて「厳罰」とは何かを定義する必要がある、と語った。

　今回の模擬裁判では、評議における量刑部分や判決宣告まで、実施できなかったので、学生の関心はこの量刑に集中したが、他にもさまざまな内容が議論された。特に、裁判官役を担当した三森は、一般市民の常識というものを実務家の方たちはどのように捉えているのか、という質問を行った。三森は、模擬裁後の感想でもこの「市民の常識」にこだわりをもっていたが、あらためて確認したかったのである。この点に関して村田検事からは、特に、模擬裁判での評議部分を参観して、さまざまな意見が出てきたことが非常に参考になった、とし、裁判員裁判を導入し市民が参加することで、実務家が気づかない新たな視点を提供してくれると思う、と回答した。

トピック❸ 日本初の裁判員裁判ボードゲーム

荒川歩・久保山力也作
『裁判員裁判ゲーム Version2.0（中高生版）』
(http://www.k2.dion.ne.jp/~kokoro/mivurix/)

1．ゲーム概要

　本ゲームは、裁判員制度のプロセスの理解（特に評議の方法と意義）、合意形成様式の確認や多様な価値観・他者性の承認、対話の価値の理解と尊重を目的とした教材用のゲームである。中等教育段階は、生徒が明確に社会との接点を意識する段階にあたり、実生活上、さまざまな社会現象、法現象に触れることを通じて多様な価値観を獲得するなど、「法教育」が直接、即座に重要な意味をもたらす時期であるという設定・教材観から作成されている。また、外部講師を招くなどといったことを中心として展開されてきたこれまでの「法教育」ないし「司法教育」に比較し、この「裁判員裁判ゲーム」は、具体的な刑事事件を考えていくことで裁判員制度へ比較的容易に接することを可能とし、かつ生徒の自発性を尊重しつつ、さまざまな価値観の獲得をめざす教材である。

　ゲームの中身は、架空の刑事事件を想定し、実際の裁判員裁判の評議に即してテーマごとに被告人の罪について話し合い、最終的に殺人未遂罪か傷害罪かの決定をするといった流れである。その実施にあたっては、「評議において誰もが発言・参加できるようにする」「実際の裁判員裁判とゲームとの差異を明瞭に示す」「（プレイヤーには）制度のみではなく、背景にある価値観や到達目標に気付かせる」「ゲームを離れたところでの模倣の防止に留意する」といった4つの留意点がある。

　なお、このゲームには別途に「小学生版」があり、そちらは、より事件を単純化し児童にも事件性の思考がしやすいようさらに工夫が施された教材となっている。内容も「遊びながら学ぶ」という要素が濃いと言える。

2．遊びと学び

　このゲームでは、ただ殺人未遂事件について傷害罪か殺人未遂罪か議論するだけではないところに醍醐味があるといえる。自分の目標（自分の意見について得た

確かに（客観的・中立的）								
そうそう！！（共感できる）								
な〜るほど！（気づかなかった着眼点）								
へえ、そう考えるんだ（自分と違う考え方）								

いと思う他人の評価）を具体的に決め「目標カード」に書き込む。話し合いを行う中で他人から「ほめシート」による評価を受け、これが最初の自分の目標カードに記したとおりになったら「あがり」になるというユニークな要素をもっている。さらに、裁判員になりきって事件について主観的に考えるかたわら、目標を立てることにより、実際に他人から評価を得る前に自身の考えを客観的に観察することができるしくみとなっている。「裁判員になったつもりで事件を判断する」といった本来の目的のみを堅苦しく追求するのではなく、その過程において「いかに自分の思うとおりに他人から評価を得るか、そのためにはどのような説得力が必要か」という、ある種の推理戦のようなゲーム要素が含まれている。またゲームの中においてはあまり重要性をもたないものの、サイコロを使ってストーリーの骨格を決定したり、カードをシャッフルする、一枚引くといった動作はボードゲームやトランプのような感覚であるなど、細かな「遊び」が組み込まれている。

　さらに、ゲームに慣れてくると、他人の意見を聞いた際に、自然と目標カードやほめシートの観点である４つの言葉を使った評価ができるようになる。議論においての肩の力を適度に抜く効果があると同時に、「自分の発言がどのように受け止められているか」「発言に対して、自分はどんな受け止め方をしたのか」が明確になり、常に自分自身が議論の中でどのような立ち場にいるのかや、その時々の状況を整理できる手段となりうる。

3. ゲーム構成

　基本となるストーリーは、ある架空の駅で殺人未遂事件が起きたというものである。被害者は腹部を10cmの深さで刺されており、約１ヶ月の入院を要する大ケガである。また刺された際に転倒し頭を打ったために事件前後の記憶がない。医師の診断では、刺したところがもう少しずれていたら死んでいたという。被告人は逃亡したが現場から約100m離れたところで警察に捕まった。

このようなストーリーのもと、被害者や被告人などの細かな設定はプレイヤーの出すサイコロの数や引いたカードにより決定される。詳しいゲームの流れ・やり方は以下のとおりである。

①事前準備

　まず4人の班を作り（3人や5人以上でもよい）、必要なカードやシートを用意する。目標カードとほめシートは各自1枚所持し、話し合うテーマについて書かれたトピックカードは、裏返しにして机の中央にまとめておく。

②ストーリーの決定

　設定されたストーリーを代表者が読み上げる。その後で、代表者の右隣の人がサイコロを振り、出た目の番号である「被告人のシナリオのカード」を持つ。さらにその右隣の人がサイコロを振り、同様に「事件の概要」を決定する。さらにその隣の人がサイコロを2回振り、「凶器」「被害者」を決定する。それぞれのカードを、順番に読み上げていく。

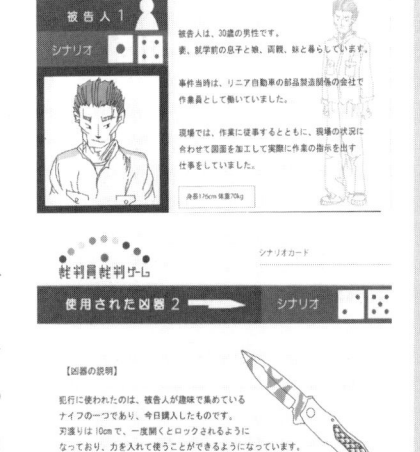

③目標の決定

　ストーリーと決定したカードから事件について自分の考えをまとめる。ここで、目標カードに基づいて自分自身の目標を決める。カードには「確かに（客観的・中立的）」「そうそう！！（共感できる）」「な～るほど！（気づかなかった着眼点）」「へえ、そう考えるんだ（自分と違う考え方）」の4項目がある。それぞれの項目について、自分が他人からどのくらいその評価をもらいたいかを決め、合計8つになるようにマークをする。目標は他人に知られないようにし、カードは見えないように裏返しにしておく。

④トピックごとの話し合いと評価

　トピックカードにより議論のテーマを決め、これに基づいて被告人の罪について一つひとつ考えていく。トピックカードは「被告人の'動機'から殺意があると

いえるか」「被告人が刺した'深さ'から殺意があるといえるか」「被告人が刺した'位置'から殺意があるといえるか」「使用した'凶器の種類'から殺意があるといえるか」の4つがある。カードを裏返しのままよくシャッフルし、そこから1枚引いて話し合うテーマを決定する。全員が意見を出し合い、できるだけ班全体で1つの意見になるように議論する。

　教師の合図により議論が終了したら、他者の発言の評価に移る。「ほめシート」を使用し、それぞれの発言に一番ふさわしいと思う項目に1つしるしをつける。

　これをトピックカードが最後の1つになるまで、繰り返し行う（目標カードとほめシートを照らし合わせ、あがった人がいた場合、その順番を記録しておく）。

⑤罪状の決定

　最後のトピックカードの議論では、トピックカードの議論の内容とともに、事件における被告人の罪状が殺人未遂なのか、傷害罪なのか、それまでのトピックカードの議論や、議論されていない内容も含めて最終的な判断をする。

　ちなみに公式HPである「mivurix!!」では、コンテンツの「裁判員裁判ゲーム（中高生版）」(http://www.k2.dion.ne.jp/~kokoro/mivurix/saiban_in_junior.html) の中において、動画で詳しいゲームの遊び方を説明している（動画自体のURLはhttp://www.youtube.com/watch?v=8_t_jRs6u5M)。

4．ゲーム批評

　本ボードゲームはゲーム史上初の裁判員裁判ボードゲームであり、日本シミュレーション＆ゲーミング学会の論文賞を受賞した作品でもあることから、現在注目されている。このゲームがゲーム教材として優れていると思われる点を、特に4つ挙げたい。

　まずはそのゲーム性である。ただ単に架空の刑事事件について思考をめぐらせるだけではなく、その中で「いかに自分の理想とする評価を他人からもらうことができるか」という隠れたミッションが存在し、それが達成できれば「あがり」という、本来の学習達成とは別途の要素が入っている。このゲーム性は、実際の他者の意見を聞く前に自分自身で他者の目線を想定し、自分の形成した意見を、自ら客観的に問い直すことができるといえる。

　2つ目に、この教材が本来目的としている他者との「共有」が、プレイヤーにとって極めて図りやすい構成となっていることにも注目したい。班の一人ひとりが事件の概要、被害者、被告人、凶器を選定しストーリーの中身を即興で作る方法は

斬新であり、全員でこれから事件を考えていくという姿勢が自然にできる。またトピックカードにより議論するテーマがあらかじめ明確に示されているため、「何を考えるべきか」が理解しやすい、議論の軸がずれにくいというメリットがある。

　3つ目として、子どもが飽きない作りになっていることを挙げたい。一般的に「刑事事件」と聞くと、大多数の人は縁遠く近寄りがたいものとして認識するだろう。しかし裁判員制度が始まった現在、このような認識ばかりが蔓延するのは問題である。その点、本ゲームはその問題を実にうまく解決しているといえる。多数のイラストを交えた明確で簡潔な文章説明、ボードゲームならではの醍醐味であるサイコロの使用など、子どもが学習するうえで飽きない要素を多彩に取り入れ、これから事件を思考することにおいて過度に構えることのないよう配慮が成されている。

　最後に、本ゲームが（その狙いでも示しているとおり）「合意形成様式の確認」「価値観の多様性の承認、他者の承認」の貴重な方法を確立していることである。上述の「2. 遊びと学び」でも少し示したとおり、評価カードの4つの言葉「確かに」「そうそう‼」「な〜るほど！」「へえ、そう考えるんだ」は相手の意見に対する自らの率直な意見を明確に表せるため、ゲームを進めるうちに自然とその言葉が第一に出るようになり、議論が非常に進めやすい。複雑な刑事事件に対する議論をしなければならない時、この方法が与えるスムーズさは極めて貴重である。またこれは、当然ながらこのゲームの中のみのメリットではない。あらゆる種類の話し合いや合意形成に適用できるという点でも大きな価値をもっている。

　以上、本ゲームはさまざまな点で優れているが、欲を言えば、この面白さをさらに裁判員制度の学習として発展させるために、「裁判員制度において国民が関わらない部分」を学習できるボードゲームというものがあるとさらに面白いのではないだろうか。実際の裁判員制度では、選任手続というものがある。ここには国民は関わらないが、裁判員制度を学ぶという目的の下では見過ごせない部分である。国民が関わらない裁判員制度の部分もこのようなゲーム教材にしてみると、さらに充実した学習が可能となるのではと思う。

（佐藤友理／さとう・ゆり）

トピック 4

裁判員制度は広報用ビデオで楽しく学ぼう！

『総務部総務課山口六平太 裁判員プロジェクトはじめます！』（法務省、約23分）
『僕らの裁判員物語』（最高裁判所、約22分）
『評議』（最高裁判所、約63分）

1. 広報用ビデオ（コンテンツ）が面白い

　法務省や最高裁判所では裁判員制度の周知と理解を目的として、ホームページ上でさまざまな情報提供を行っている。中でも広報用ビデオがおすすめである。人気マンガをアレンジしたり、おなじみの俳優が演じるドラマ形式であったりと、広報用といっても見ていておもしろい作品に仕上がっている。また、裁判員制度のポイントもわかりやすく解説されており、中高生向け学習教材としても使いやすいのではないかと思う。ここでは3つの作品を紹介する。1つ目の『総務部総務課山口六平太 裁判員プロジェクトはじめます！』は法務省のホームページで閲覧できる他、全国のビデオレンタル店からも無料で貸し出しされている。2つ目の『僕らの裁判員物語』と3つ目の『評議』は最高裁判所のホームページで公開されており、また、地方裁判所の総務課からもDVDとして借りることもできる。
　では、以上の3つの広報用ビデオ（コンテンツ）についてそれぞれ紹介しよう。

2.『総務部総務課山口六平太 裁判員プロジェクトはじめます！』

　本作品は2007年に法務省より裁判員制度の広報用アニメとして制作されたものである。原作である『総務部総務課山口六平太』（作：林律雄、画：高井研一郎）は小学館より発行の青年向け雑誌「ビックコミック」に連載されているマンガである。原作では大日自動車（架空の自動車メーカー）の総務部総務課に勤める"スーパー総務マン"山口六平太とその同僚がさまざまなトラブルを解決していく姿が描かれている。サラリーマンを主役にしたマンガでありながら、かわいらしいキャラクターが印象的で、読者をほのぼのとした気持ちにさせてくれる物語になっている。
　そんな山口六平太が裁判員制度に挑戦する。ある日、六平太の上司である有馬係長のもとに裁判所から裁判員候補者になった旨の通知が届く。知らせを受けた有馬係長は裁判や法律などとは無縁のサラリーマンであり、仕事が忙しいのに裁判

員などできない、と当惑してしまう。一方、大日自動車では有馬係長以外にも候補者となった社員がいることがわかった。そこで総務課は裁判員に選ばれた社員をサポートするため、「裁判員プロジェクト」の立ち上げを社長から命じられる。まず、六平太たちは勉強会を開き裁判員制度の概要を学ぶことにした。ここでは、裁判員裁判と陪審裁判との違いや、裁判員の選ばれ方など一般人の素朴な疑問を六平太がわかりやすく解説してくれている。特に選任手続の進め方などは、実際に選ばれたら参考になると思われる実用的な内容が主となっている。

さて、会社の全面的なバックアップにもかかわらず、裁判員裁判への不安がなかなか拭いきれない有馬係長も六平太の計らいによる社長の激励によって徐々に裁判員としての自覚をもつようになってくる。くじ運だけは強い（？）有馬係長は見事裁判員の一人に選ばれる。そこで担当した事件はたび重なる上司の叱責に部下が怒り、包丁を持ち出してケガをさせたというものであった。争点は加害者に殺意があったかどうかという点である。刃渡り20センチの包丁で被害者の胸を刺した点などから被告人に殺意があったとする検察側に対して、弁護側は殺意はなく脅すつもりだったと主張する。さて、普段から総務課の部下である村木をいじめている有馬係長は、事件の内容が自分と村木の関係と重なるところがあったことから動揺する。はじめは上司が部下を叱るのは当たり前だと被告人を擁護する意見をもつが、被告人の供述を聞くうちに次第に考え方が変わり、普段の自分の行動を反省するきっかけにもなったようであった。評議の結果は全員一致で殺人未遂罪となり、有馬係長と大日自動車にとって初の裁判員裁判を無事に終えることができた。

物語は裁判員の選任から公判手続まで一通りの内容が網羅的にユーモアたっぷりに紹介されている。また、裁判員候補者の辞退の条件などややこしいところではキャプションを交えながらの解説があり、視聴者が制度について理解しやすいような配慮がされている。全体としては、サラリーマンが主人公のストーリーであり、実際に裁判員に選ばれたらどうすればよいかというハウツー的な要素が大部分を占める大人向けの内容であるように感じた。しかし、かわいいアニメのキャラクターの効果もあって中高生にも無理なく視聴できるので、法教育の導入教材として利用してもよいのではないかと思った。

3.『僕らの裁判員物語』

本作品は高校生の恋愛をストーリーの軸にしたアニメーションである。裁判員

の資格がまだない高校生の視点から描かれているので、裁判員裁判の細かい流れよりも裁判員制度全体を俯瞰するように紹介されている。また、ポイントや用語が吹き出しで解説されており、裁判員制度に関する基礎的な知識が学べるようになっている。

　物語の主人公は別所翔太、そして翔太が恋する栗原茜は将来裁判官になりたいと思っている高校生である。翔太は栗原の気を引こうと裁判について調べていく。まずは、基本的なところから裁判とは何か、何のためにするのか、そして刑事裁判と民事裁判の違いなどについて学ぶ。さらに先生から借りたDVDをもとに裁判員裁判についても学んでいく。ここでは裁判の様子や法廷に登場する人物の役割などを紹介する。また、裁判員に選ばれた人のインタビューを通して裁判員制度の意義についても紹介されている。評議の場面からは栗原も加わって刑事裁判のルールについて学ぶ。さて、翔太の恋の行方の方はといえば、今回の調査をきっかけに2人で実際の裁判を傍聴しに行く約束をすることができたようだ。最後に裁判員制度と陪審制度、参審制度についてわかりやすく比較解説されている。

　ストーリーは終始少しおっちょこちょいな主人公とその仲間が楽しく裁判について学んでいく、といった内容になっている。これは視聴者が法律や裁判といった言葉が持つ堅苦しいイメージをもたないように配慮されたものと思われる。また、前にも述べたとおり、この作品では裁判員としての具体的な手続より、司法制度全体の基本を抑えながら、その一部として裁判員制度を概観するという内容になっている。平成20年度版中学校学習指導要領では裁判員制度がなぜ導入されたかを学ぶことが重要であるとしている。つまり、制度の細かい内容はさておき裁判員制度の意義について考えることを重視しているのであり、その点で本作品は学習のきっかけとしては適したものになっていると思う。ぜひ、中高生に見てもらいたい作品である。

4.『評議』

　こちらは中村俊介氏や小林稔侍氏などテレビや映画でもおなじみの俳優が登場する本格的なドラマである。本作品の場合、広報用資料によくある制度のしくみの解説は散見する程度にとどまり、それよりも1つの裁判をテーマにした人間ドラマが軸になっているように感じた。したがって前の2つよりも学習教材的な要素は薄いが、裁判員という仕事の意味ややりがいといったものを考えさせられる内容になっている。

ストーリーは４章構成になっている。第１章では、まず、事件の概要について紹介されている。被告人と被害者は学生時代からの親友である。被告人は自分の婚約者と被害者が関係をもったとして、ナイフでケガを負わせてしまうというものである。検察側は殺人未遂事件であると主張したのに対して、弁護側はナイフはたまたま刺さったもので殺意はなかったと反論した。以後はタイトルどおり評議の場面を中心に法廷の場面も交えながら描かれている。第１章では裁判員として選ばれた市民の裁判員制度に対する素朴な疑問や不安も描かれている。例えば、主人公の大沢は被告人に殺意があったかどうかは被告人の心の中の問題であり、他人が決めることなどできないのではないかという疑問をもつ。しかし、裁判長は被告人の行動を分析することによりある程度推測することができると答える。ここから今回の事件の争点が浮かび上がり、裁判員たちはどのような議論をすればよいかがわかってくる。さらに２日目の審議に入り、被害者の供述や婚約者の証言などをもとに事実関係の整理をする。被害者の供述は弁護人の主張とは食い違い、婚約者の証言も曖昧であることから裁判員たちは次第に混乱してくる。

第２章では３日目の審議に入り、被告人の供述や目撃者の証人尋問が行われる。裁判員たちは「疑わしきは被告人の利益に」と「評議は乗り降り自由」という刑事裁判の原則を学びながら慎重に審議を進める。さらに第３章では、物的証拠や現場の状況などを振り返りながら「殺意があったかどうか」を議論する。その結果、被害者の供述どおり、被告人は被害者を意図的に刺し、激しいものではないが殺意もあったという結論に至る。

第４章では、次第に裁判員としての自覚が高まっていく中で、量刑の検討を行う。検察側は実刑５年の求刑、弁護側は執行猶予の措置を求めたが、過去の似たような事件では実刑も執行猶予も両方あり、今回の事件でも意見が分かれた。最終的には被告人と婚約者が立ち直っていくことを期待し執行猶予で全員一致することになる。

本作品は前の２作品と比べて裁判員裁判の様子がより具体的に描かれている点が特徴的である。裁判員たちがどのように事実認定をしたのか、その過程が細かく描かれているので、これから実際に裁判員として裁判に参加する者にとっては参考になるところが多いと思う。また、教育現場などでは、例えば１章までを見てから、この事件を題材にして模擬裁判を行ってみてもよいと思う。この事件の場合は殺意があったか、執行猶予か実刑かというところも非常にきわどいところであり、参加する人によって結果はまちまちになると考えられる。自分たちが出した結論

と作品の続きとを比べてみることで、裁判員制度の問題点や意義などを考えることにもつながるのではないかと思った。

　さらに、登場人物の人間ドラマも魅力的である。法律のことなど全くわからない普通の市民が裁判員として選ばれ、不安や葛藤と闘いながらもその使命を果たそうとする姿が印象的である。裁判員たちは慣れない議論や人を裁くことの責任の重さなどもあって、はじめは意見がかみ合わず衝突することもあった。しかし、次第にそれが自分たちの使命であると役割を受け入れ、納得できる結論を導こうと力を合わせはじめる。実際に裁判員裁判を経験した方の感想では、「貴重な経験だった」という声も多い。本作品でも裁判員という仕事のやりがいやおもしろさという点についても気づかせてくれるものになっている。

5. 裁判員裁判は、まずは広報用ビデオ・コンテンツから始めてみよう

　意識調査アンケートなどでは、裁判員制度のことがよくわからない、裁判員として責任を果たす自信がないという声もある。そのような不安は制度について学ぶことによって解消が期待できるものと思われる。今回紹介した3つの映像資料では、裁判員制度を概観しながら、一見難しいものと思われがちな裁判という仕事に抵抗感を持たせないように工夫されている。例えば、『総務部総務課〜』や『僕らの〜』ではアニメーション形式で活字に慣れていない人も無理なく学べるようになっている。時間も22〜23分程度で済むので、非常に手軽である。『評議』の場合は63分でやや長めであるが、アニメには抵抗があるという人におすすめである。時間がなく、制度についての大まかな知識があればよいという場合には、第1章（20分）だけでも学べる内容になっている。また、3作品に共通して言えるのはインターネットの接続環境があればいつでもどこでも見ることができる点である。このように手軽に楽しく学べるようになっているので、活用の幅は広いのではないかと思う。

　学校教育においては授業の初めの導入教材として使いやすいのではないかと思う。特に『総務部総務課〜』や『僕らの〜』は子どもが好きなアニメで適度にユーモアも交えたものになっているので、興味をもちやすいのではないだろうか。また、時間的にも短いので授業にも組み込みやすいと思われる。しかし、作品をただ見るだけでは知識の定着の度合いも弱いと思うので、適宜教師の説明や板書などを加えることが必要になると思う。

　作品に対して欲を言えば、なぜ裁判員制度を導入したのか、なぜ参加しなければ

ならないのかという点がいずれの作品でも希薄であるように思う。その点がはっきりとされなければ、参加する側のモチベーションは今一つ上がらない。しかし、国民の側も受け身ではなく、制度の仕組みを理解し、自分自身で裁判員制度の意義を考えていく姿勢が望まれるのではないかと思う。

《参考文献・資料》
文部科学省『中学校学習指導要領解説—社会編—』(日本文教出版、2008年)

(堀川敏樹／ほりかわ・としき)

第3章

法曹三者と学生による裁判員模擬裁判の実際

秋田大学の実践

第1節 裁判員制度のエッセンス

　前章では、役割体験学習論に基づく法教育ガイドを行った。2008年度に筆者らが公民科教育学概論と公民科内容学の受講者を中心にして実践した法教育の事例を具体的に紹介した。ここ第3章では、裁判員模擬裁判そのものがどのように展開されるのか、実際に大学の講義や学校での授業で実践するための具体例を紹介する。

　ところで、現場での授業時間を考えると、第2章で取り上げた「殺人未遂事件」のシナリオによる模擬裁判は、公判部分だけでも優に1時間を超え、評議・評決も含めると3時間近くかかってしまう。大学の法学部ならばまだしも、それ以外の大学や中等教育でこれだけの時間をかけるのはなかなか難しい。そこで、本章では、筆者らが2006年に実施した「法曹三者と学生による裁判員制度の模擬裁判」（「甲野はじめに対する強盗致傷被告事件」）を紹介したい。このシナリオは、公判部分が25分程度で終了するため、評議も事実認定で30〜40分、量刑と評決までなら90分ほどで実施できる。大学なら1時間半の講義1回分、中等教育学校ならば2〜3校時分を使えば実践可能である。

　では、本節で「裁判員制度のエッセンス」[1]と題してこの制度の要点を押さえ、第2節で「法曹三者と学生による裁判員制度の模擬裁判」（2006年）の実践の模擬裁判部分を紹介しよう（詳細は、第1節についてはHP「裁判員裁判の説明」、また、第2節についてはHP「模擬裁判」を参照のこと）。

1．裁判員制度のねらい

　なぜ裁判員制度が始まったのか、そのねらいについては本書の冒頭でも述べている。ここでは、裁判員法にどう書かれているのかを確認しておこう。裁判員法の第1章総則には、1条に「「この法律は、国民の中から選任された裁判員が裁判官と共に刑事訴訟手続に関与することが司法に対する国民の理解の増進とその信頼の向上に資することにかんがみ、裁判員の参加する刑事裁判に関し、裁判所法（昭和22年法律第59号）及び刑事訴訟法（昭和23年法律第131号）の特則その他の必要な

事項を定めるものとする」とその趣旨が記されている。

国際的にみて先進国と称される国々の中では、刑事裁判に国民が直接関わる国が多く、国民の司法参加が司法への理解を深めているといわれる。こうした情勢の中で日本でも国民が裁判員として司法に直接参加し、裁判官と協働する中で裁判員おのおのが経歴や知識を活かした裁判を行うことで、信頼と親近感のある司法を確立しようとしたと言える。

2. 裁判員制度の特色

ところで、裁判員制度は、日本独自の制度である（表15）*2。国民が刑事裁判に参加する制度は、国際的には、主に陪審制と参審制に分けることができる。

陪審制はアメリカやイギリスで採択されている制度である。この制度では、国民は陪審員として刑事裁判に参加し、被告人が有罪か無罪のいずれであるのか、犯罪事実の認定のみを陪審員だけで審理する。そして裁判官が法律問題（法解釈）と刑の量定（量刑）を行う。

一方、参審制は、フランス、イタリア、ドイツなどで採択されている制度で、国民から選ばれた参審員が裁判官とともに犯罪事実の認定と刑の量定、さらに法律問題について審理を行う。陪審員が事件ごとに無作為抽出で選ばれるのとは異なり、参審員は選定委員会の審査によって選出され、任期制という点に特色がある。

では、裁判員制度はといえば、裁判員と裁判官が合議体を形成して審理する点では参審制と共通するが、法律問題すなわち法の解釈は裁判官のみが担当するという点では参審制とは異なっている。また、裁判員が事件ごとに無作為抽出で選出されるという点では陪審制と共通している。

なお、裁判員制度では、裁判官と裁判員が複数で審理に当たる合議体を構成するが、通常は裁判官3名、裁判員6名の計9名で構成される*3。

3. 裁判員裁判の対象となる刑事事件

裁判員制度では、どのような刑事事件を裁くことになるのだろうか。この点については、裁判員法の第1章総則2条で裁判員裁判の対象となる事件が規定されている。そこには、①「死刑又は無期の懲役若しくは禁錮に当たる罪に係る事件」と②「裁判所法第26条第2項第2号に掲げる事件であって、故意の犯罪行為により被害者を死亡させた罪に係るもの（前号に該当するものを除く）」と書かれている*4。②の「裁判所法第26条第2項第2号に掲げる事件」とは、短期1年以上の懲

表15　刑事裁判への市民参加制度の各国比較

	日本（裁判員）	アメリカ（陪審）	フランス（参審）	イタリア（参審）	ドイツ（参審）
対象事件（刑事事件について）	地方裁判所で審理する死刑または無期の懲役もしくは禁固にあたる罪にかかる事件	一定の軽微な犯罪を除き、被告人が否認している事件で陪審裁判を選択した場合	一定の重大犯罪（被告人の認否を問わず、被告人による選択は認めない）	一定の重大犯罪（被告人の認否を問わず、被告人による選択は認めない）	軽微な犯罪を除き、原則としてすべての事件（被告人の認否を問わず、被告人による選択は認めない）
構成	○裁判官3名 ○裁判員6名	○裁判官1名 ○陪審員12名	○裁判官3名 ○参審員9名	○裁判官2名 ○参審員6名	地方裁判所 ○裁判官3名 ○参審員2名 区裁判所 ○裁判官1名 ○参審員2名
選任方法	衆議院議員の選挙人名簿から無作為抽出された候補者の中から、裁判所での選任手続を経て選任される。	選挙人名簿等により無作為抽出された候補者の中から、当事者が質問手続（含、理由なし忌避）により選出。	選挙人名簿に基づき抽選で参審員候補者の開廷期名簿を作成。候補者は開廷期間中の出頭を義務づけられる。具体的な事件の参審員は、事件ごとに、理由なしの忌避手続等を経たうえで、開廷期名簿から抽選で選出される。	各自治体が2年おきに作成する候補者名簿（無作為抽出された者に、少数の希望者を登録）の中から各開廷期ごとに無作為抽出。任期中に開始されるすべての事件の審理に当たる。	市町村が作成した候補者名簿に基づき、区裁判所の選考委員会が選任。
任期	事件ごと	事件ごと	開廷期（数週間）	3ヶ月間	5年間
評決方法	多数決。ただし、裁判官・裁判員のそれぞれ1人以上の賛成が必要。	全員一致が必要。	被告人に不利益な判断をするためには、裁判官と参審員を合わせた3分の2以上の特別多数決。	有罪・無罪については多数決で決する。量刑については過半数になるまで最も重い意見の数を順次軽い意見の数に加えて決める。	被告人に不利益な判断をするためには、裁判官と参審員を合わせた3分の2以上の特別多数決。
評議・権限	裁判官と裁判員は、ともに評議し、有罪・無罪の決定および量刑を行う。	陪審員のみで評議し、有罪・無罪の評決を行う。	裁判官と参審員は、ともに評議し、有罪・無罪の決定および量刑を行う。	裁判官と参審員は、ともに評議し、有罪・無罪の決定および量刑を行う。	裁判官と参審員は、ともに評議し、有罪・無罪の決定および量刑を行う。

役または禁固に当たる罪に関する事件であるから、裁判員裁判が対象とするのは、そのうちの「故意の犯罪行為により被害者を死亡させた罪」となる。この規定からすると、裁判員が審理に当たる主な刑事事件は、以下のような事件が挙げられる。すなわち、殺人、強盗致死（強盗殺人）、強盗致傷、強盗強姦、傷害致死、危険運転

表16　裁判員に選任されない人・辞退できる人

裁判員法	条文の要旨
欠格事由（14条）	義務教育を終了していない人（義務教育終了者と同等以上の学識がある人は除外）、禁固以上の刑に処せられた人、心身の故障のために裁判員の任務を果たすのが困難な人、国家公務員になる資格のない人（国家公務員法38条の規定）は裁判員に選任される資格がない。
就職禁止事由（15条）	国会議員、国務大臣、国の行政機関幹部職員、司法関係者、大学の法律学の教授と准教授、都道府県知事及び市町村長、特別区長、自衛官、禁固刑以上の刑に当たる罪で起訴されて結審していない人、逮捕又は勾留されている人などが該当する。
事件に関連する不適格事由（17条）	審理の対象となる事件の被告人や被害者、あるいはその親族や同居人等、また、当該事件に関して証人や鑑定人、あるいは被告人の代理人、弁護人、補佐人等。検察官や司法警察職員として職務を行った人も当該事件の裁判員になることはできない。
その他不適格事由（18条）	裁判所がこの法律の定めるところにより不公平な裁判をするおそれがあると認めた者は、当該事件について裁判員になることはできない。
辞退理由（16条）	以下のいずれかに該当する人は、裁判員になることについて辞退の申立ができる。 ・70歳以上の人、会期中にある地方公共団体議会議員、学生、生徒（常時通学を必要とする人） ・過去5年以内に裁判員や検察審査委員会等の職務に従事した人 ・過去3年以内に選任予定裁判員に選ばれた人 ・過去1年以内に裁判員候補者として裁判員当選人手続の期日に裁判所に行った人 ・一定のやむをえない理由で、裁判員の職務遂行及び裁判所に行くことが困難な人

致死、現住建造物等放火、身代金目的誘拐、保護責任者遺棄致死、集団強姦致死傷、強姦致死傷、強制わいせつ致死傷、覚せい剤取締法違反、麻薬特例法（略称）違反、銃砲刀剣類所持等取締法違反、爆発物取締罰則違反、偽造通貨行使、通貨偽造等である。

　平成20年度では、全国の地方裁判所における刑事通常事件（第一審）の件数は、93,566件だった。そのうち、裁判員裁判対象事件は2,324件で、全体の2.5%に当たる割合である。

4. 裁判員の選任資格と欠格事由等

　さて、裁判員にはどのような条件の人が選ばれるのだろうか（表16）。裁判員法では、衆議院議員の選挙権を有する者の中から選任されることになっている（裁判員法13条）。ただし、法律の定めるところにより、欠格事由（14条）、就職禁止事由（15条）、事件に関連する不適格事由（17条）、その他の不適格事由裁判員（18条）に該当する場合には選任されない。

　なお、「辞退事由」（16条）で、「一定のやむを得ない理由」としては、重い疾病や傷害、同居している親族の介護や養育、事業上の重要な仕事で本人が処理しないと著しい損害が発生するおそれがある場合、社会生活上の重要な用務（父母の葬儀

等)が該当する。

　ただし、最高裁判所は、裁判員制度の趣旨が特定の職業や立場に偏ることなく、広く国民の参加を求めるものであるから、原則として辞退することはできない、としている。

5. 裁判員の仕事と義務

　裁判員の仕事は、地方裁判所の刑事裁判で裁判官とともに審理を行うことである。この仕事については、次節でじっくりと臨場感を味わっていただければと思う。ここでは、あまり紹介されていない裁判員法での規定について触れておきたい。

　裁判員法では、裁判員の権限として、「事実の認定」「法令の適用」「刑の量定」が示されている（6条）。ただし、裁判における法令の解釈に係る判断や訴訟手続に関する判断（少年法55条の決定を除く）、その他裁判員の関与する判断以外の判断は裁判官が行うことと定められている。

　裁判法では、法律で定められた権限の行使にあたっては「裁判員は、独立してその職権を行う」（8条）とある。何人からも独立して、自己の責任と判断で職務を遂行するということである。なお、裁判員法では9条で裁判員の義務として、法令に従い公平誠実にその職務に従うこと、評議の秘密や職務上知り得た秘密を漏らしてはならない守秘義務、裁判の公正さへの信頼を損なうおそれのある行為、その品位を害するような行為について禁止されている。

　なお、補充裁判員という仕事もある。補充裁判員も裁判員と同様に事件ごとに置かれる。補充裁判員は、裁判所が必要とした場合に裁判員の数を超えない限りで置くことができる（10条）。裁判員と同様に、はじめから審理に立ち会って、裁判の途中で何らかの理由で裁判員に欠員が生じた場合にあらかじめ決められた順で裁判員になる。補充裁判員は、訴訟に関する書類や証拠を見ること、評議を傍聴することなどができ、裁判官から意見を聴かれることもある。しかし、審理で被告人や証人などに直接質問することはできず、裁判官から意見を求められない限り、評議で意見を述べることもできない。また、当然のことながら評決に加わることもできない。

6. 裁判員の選任手続

　これまで、裁判員制度の特色や対象となる刑事事件、裁判員の権限や職務につい

て述べてきたが、一体、どんな手続を経て裁判員が選ばれるのかと疑問をもった読者もいるだろう。そこで、以下に、その選任手続を図4として示す。

図のように、裁判員選任手続は大きく6つのステップに分けられる。

図4　裁判員の選任手続

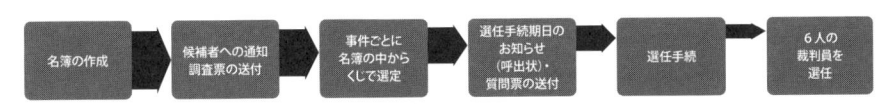

名簿の作成 → 候補者への通知 調査票の送付 → 事件ごとに名簿の中からくじで選定 → 選任手続期日のお知らせ（呼出状）・質問票の送付 → 選任手続 → 6人の裁判員を選任

まず、ある年度の裁判員の選任手続は、前年度の秋頃から始まる。第1のステップは「名簿作成」である。各地方裁判所ごとに、管内の選挙管理委員会が衆議院の有権者の中からくじで選んだ名簿を裁判所に提出する。裁判所はこの名簿を基にして「裁判員候補者名簿」を作成する。

次の第2ステップは11月頃で、裁判所が裁判員候補者に選ばれたことを知らせる通知を出す。その通知とともに調査票が同封され、就職禁止事由や辞退事由（年間を通して裁判員になれない理由やある特定の月の大半にわたって裁判員になれない理由）について確認する。この段階で、就職禁止事由に該当した人や辞退理由が認められる人を名簿から除外する。

次の第3ステップでは、裁判所が事件ごとに、名簿の中からくじで裁判員候補者を選ぶ。一般的には1つの事件で50人から70人を選出するが、辞退者が出ることも想定される。

第4ステップは、裁判所がくじで選んだ候補者に原則6週間前までに選任手続期日の知らせが送付され、裁判の日程が通知される。この中には質問票が同封され、辞退事由について回答をさせる。ここでも辞退理由が認められた人が除外される。

第5ステップは選任手続となる。裁判長は裁判当日に裁判所へ来た裁判員候補者がその他の不適格事由に該当しないかどうか、候補者で辞退事由を回答した人については、それが認められるものかどうかを判断する。

そして、最後の第6ステップで6人の裁判員と必要に応じて補充裁判員が選ばれて、その日からの裁判に当たる。

＊1　詳細については、最高裁判所のホームページを参照していただきたい。
＊2　最高裁判所『裁判員制度ナビゲーション〔改訂版〕』（2009年6月発行）（http://www.saibanin.courts.go.jp/news/navigation.html）の55頁より引用。
＊3　ただし、「公判前整理手続による争点及び証拠の整理において公訴事実について争いがないと認め

られ、事件の内容その他の事情を考慮して適当と認められるものについては、裁判所は、裁判官一人及び裁判員四人から成る合議体を構成して審理及び裁判をする旨の決定をすることができる」(裁判員法2条3項)。

＊4　死刑又は無期若しくは短期1年以上の懲役若しくは禁錮にあたる罪（刑法236条、238条又は239条の罪及びその未遂罪、暴力行為等処罰に関する法律〔大正15年法律第60号〕1条の2第1項若しくは2項又は1条の3の罪並びに盗犯等の防止及び処分に関する法律〔昭和5年法律第9号〕2条又は3条の罪を除く）に係る事件。

模擬裁判2006
「甲野はじめに対する強盗致傷被告事件」

　これから紹介する模擬裁判は、秋田大学において「法曹三者と学生による裁判員制度の模擬裁判」として、2006年11月30日に実施されたものである[*5]。この模擬裁判のシナリオは、秋田地方裁判所がひな形を作成し、これに対して筆者や学生が意見・要望などを述べて、秋田大学版を作成し[*6]、実施した（HP「裁判員模擬裁判2006報告書PDF」または「法教育実践コンテンツ」参照）。

　このシナリオ自体は、公判部分のみが台本として作成されている。それゆえシナリオは、すでに、公判前整理手続が済んで争点が絞られ、裁判員も選任されて、これからまさに公判が始まるという設定になっている。すなわち、この案件は、有罪か無罪を争うものではない。裁判での争点は、検察側の主張する「強盗致傷罪」なのか、それとも弁護側の主張する「窃盗罪」と「傷害罪」の「併合罪」なのかで争うことになる。

　それぞれの罪については、刑法で表17のように定められている。

　検察側の主張する「強盗致傷罪」であれば、「無期又は6年以上の懲役」に基づいて量刑が決められる。弁護側の「窃盗」と「傷害」の「併合罪」となれば、「10年以下の懲役又は50万円以下の罰金」と「15年以下の懲役又は50万円以下の罰金」に基づき、その併合罪として量刑が決められることになる。

表17　「甲野はじめ強盗致傷被告事件」に関連する刑法

刑法	刑法の条文
45条（併合罪）	確定判決を経ていない2個以上の罪を併合罪とする。ある罪について禁固以上の刑に処する確定判決があったときは、その罪とその裁判が確定する前に犯した罪に限り、併合罪とする。
204条（傷害）	人の身体を傷害した者は、15年以下の懲役又は50万円以下の罰金に処する。
235条（窃盗）	他人の財物を窃取した者は、窃盗に罪とし、10年以下の懲役又は50万円以下の罰金に処する。
236条1項（強盗）	暴行又は脅迫を用いて他人の財物を強取した者は、強盗とし、5年以上の有期懲役に処する。
240条（強盗致死傷）	強盗が、人を負傷させたときは無期又は6年以上の懲役に処し、死亡させたときは死刑又は無期懲役に処する。

模擬裁判は「裁判官による裁判の説明と裁判員の宣誓」「公判」「評議・評決」「判決宣告」となっているので、その順番で紹介しよう。

1. 第1場「裁判官による裁判の説明と裁判員の宣誓」

公判が始まる前に、裁判員は、裁判官から裁判員裁判の説明[*7]を受ける。そして一通りの説明が終了すると、裁判員は宣誓を行う。そのうえで、公判に臨むことになる（なお、キーワードを太字にしておく）。

（1）裁判官による裁判の説明

裁判官　秋田地方裁判所刑事部裁判官の若松といいます。今日は開廷に先立ちまして、裁判員のみなさんにこれから裁判員の仕事をやっていただくにあたって、こんなことをやっていただきたい、また刑事裁判の原理・手続の流れなどについて説明していこうと思います。まずこれから法廷が開かれますと、検察官から**起訴状**という書類が朗読されます。起訴状につきましてはみなさんのお手元にすでにお配りさせていただいてます。この起訴状の中身についてはまた説明させていただきます。そしてそのあと**罪状認否**といって、被告人・弁護人から起訴状の内容についての意見を聞く手続が行われます。そのあとで検察官・弁護人からそれぞれ**冒頭陳述**といって、検察官・弁護人がそれぞれ証明しようとする主張が述べられます。この冒頭陳述というのは検察官・弁護人が証明しようとする事実や主張をし合うもので、それ自体は本当のことかどうかはわかりません。その冒頭陳述で述べられた事実が本当に証拠で認定できるかどうかは、これから法廷で行われる証拠調べの結果に基づいて、裁判官と裁判員のみなさんが評議して決めることになります。

そして**公判前整理手続**の結果の開示といいまして、裁判長からこの第1回の公判に先立ちまして、裁判官・検察官が評議して決めた争点と証拠の整理の結果が明らかにされます。そして法廷で証拠の取調べが行われます。検察官から証拠書類の提出などが行われますし、**証人尋問**や**被告人質問**が行われます。そのあと弁論といいまして、検察官からの**論告・求刑**、また弁護人の**弁論**を聞きまして、事件についての検察官、弁護人の意見を聞きます。またここで検察官から求刑といいまして量刑についての意見も述べられます。そして被告人から**最終陳述**を聞きまして、法廷での審議は終わります。

そしてそのあと評議、裁判官と裁判員のみなさんで事件についての議論を行って、結論を決めることになります。裁判員のみなさんにはこれから公判で行われる審理に出席していただきます。そして**評議・評決**に関与していただくことになります。裁判員のみなさんにこれからお願いする仕事は大きく分けて２つになります。１つは**事実の認定**、事件の真実がどうだったか、証拠に基づいて認定するという仕事です。そして事実を認定した結果、被告人が何らかの罪を犯していると、有罪であるという判断になった場合には、その被告人が犯した犯罪に対してどういう刑罰を科すか、たとえば懲役何年とか。そういった**刑の量定（量刑）**を行います。この事実の認定と刑の量定は裁判官と裁判員のみなさんとの評議で決めることになります。裁判員のみなさんの１票は裁判官の１票と同じ価値があります。また法廷での審理では証人尋問などが行われますが、証人や被告人に対して質問をすることができます。

　ここで裁判員のみなさんに一つアドバイスとお願いがあるのですが、**刑事裁判の原則**について説明させていただこうと思います。刑事裁判の原則として、まず一つ**「証拠に基づく裁判」**というのがあります。つまり、裁判は証拠に基づいてやらなければならない。つまり証拠だけを基に事実を認定して有罪・無罪を判断することになります。

　そしてもう一つ、**「疑わしきは被告人の利益に」**という原則（**無罪推定**）があります。これは、被告人が有罪だと認められるためには、合理的な疑いを差し挟む余地がない程度にまで、証拠によって有罪であることが証明されなければならない。曖昧な疑わしいものは有罪にしてはいけないということです。合理的な疑いというのは、単なる憶測・勘繰りじゃなくて、証拠に基づいて何か疑いが残る、そういう場合を言います。被告人が間違いなく有罪であるということが証拠に基づいて判断されたときに有罪となります。

　そしてこの判断は、つまり、事実の認定・量刑の判断は裁判官と裁判員の９人の合議体によって判断します。個々の裁判員のみなさんが何か一人で抱え込んで、不安に思われる必要はありません。評議では疑問を残さないように、何でも気軽に質問や意見を述べていただきたいと思います。また議論をする中で意見の変更、自分の意見が、他の意見が正しいと思う場合には、意見の変更ももちろん自由です。積極的な発言をお願いしたいと思います。

　では起訴状について説明したいと思いますが、この事件は、検察官が今回起訴している事件は、甲野はじめという被告人が帰宅途中の女性からハンドバ

ッグを引ったくり、ケガをさせたというふうな事件になっております。これからみなさんには本当に、こういう帰宅途中の女性からハンドバッグを引ったくってケガをさせたという強盗致傷の事件が本当にあったかどうか、証拠に基づいてご判断していただくことになります。ここまでで裁判員のみなさんから何か質問などはございませんでしょうか？

(2) 裁判員による宣誓

裁判官 では、裁判員のみなさんには裁判員としての職務を行うにあたって宣誓をお願いしたいと思います。すでに宣誓書のほうをお配りさせていただいたので、では、これから声を合わせて宣誓のほうをお願いします。みなさん準備はよろしいでしょうか？　では、お願いします。
裁判員 宣誓書、法令に従い公平・誠実に職務を行うことを誓います。
裁判官 ありがとうございました。では、事前の説明はこのくらいとさせていただきまして、いよいよ開廷したいと思います。

2. 第2場「公判」

公判部分は、シナリオ（台詞）に基づいての役割体験である。

平成21年11月30日、秋田地方裁判所の1号法廷では、ある裁判が行われようとしています。

事件が起こったのは3月11日の夜。友人宅から帰宅する途中だった乙川ふみ子さんが、後ろから歩いてきた男にハンドバッグを奪われ、ケガをしてしまったのです。男は犯行後すぐに現行犯逮捕され、バッグも無事に戻ってきたのですが、引き続き捜査が続けられ、今日、この事件についての裁判が開かれることになりました。検察官と弁護人、黒い服を着た書記官の姿も見えます。傍聴人も集まってきました。間もなく裁判が始まります。

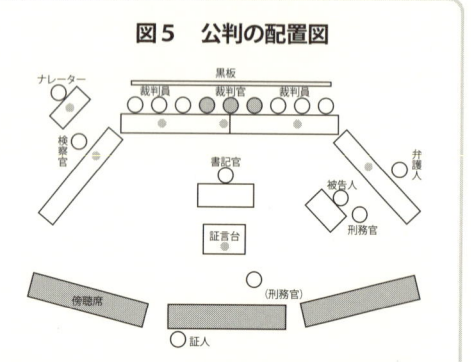

図5　公判の配置図

ナレーター 甲野はじめは、20歳の大学生です。帰宅途中の女性からハンドバッグを引ったくり、ケガをさせたという「強盗致傷」事件の犯人であるとして、裁判所に起訴されてしまいました。
（ナレーションに続いて裁判官入廷。）

（1）冒頭手続―被告人の入廷と裁判の宣言―

裁判長	では、被告人を入廷させてください。
書記官	被告人、甲野はじめに対する強盗致傷被告事件。
裁判長	それでは、開廷します。被告人は前に立ってください。

①人定質問

裁判長	名前は何といいますか？
被告人	甲野はじめです。
裁判長	生年月日はいつですか？
被告人	昭和63年12月1日です。
裁判長	職業は何ですか？
被告人	大学生です。
裁判長	住所を言ってください。
被告人	秋田市山王7丁目1番1号です。
裁判長	本籍地はどこですか？
被告人	住所と同じです。

②起訴状朗読

裁判長 それでは検察官、起訴状を朗読してください。
検察官 公訴事実。被告人は、平成21年3月11日午後8時25分頃、秋田市中通3丁目1番2号の路上において、通行中の乙川ふみ子（当時27年）が右手に所持していたハンドバッグを奪おうと企て、同女の背後から、いきなり右手でそのハンドバッグのひもを強く引っ張り、更に左手で同女の背中を1回突いて同女を転倒させる暴行を加えてその反抗を抑圧したうえ、同女からその

所有にかかる現金10万円および口紅等4点在中のハンドバッグ1個（時価合計約5,700円相当）を奪い、その際、前記暴行により、同人に対し加療約1週間を要する左肘部挫創等の傷害を負わせたものである。罪名および罰条、強盗致傷、刑法第240条前段。

裁判長　これから、今朗読された事実についての審理を行いますが、最初に被告人には注意しておきたいことがあります。この法廷では、黙秘権といって聞かれても答えたくないことは答えない、という権利があります。ずっと黙っていることもできるし、個々の質問ごとに、答えたくない質問だけ答えない、という権利です。ただし、この法廷でいったん述べたことは、被告人の、有利・不利を問わず、証拠として用いられることがありますから、そのつもりで答えてください。わかりましたか？　それでは始めますが、今検察官が朗読した事実について、どこか違うところはありますか？

被告人　ハンドバッグをつかんで引っ張ったら相手の人が転んだので、その隙にバッグを盗って逃げましたが、背中を押したりしたことはありません。

裁判長　弁護人のご意見はいかがでしょうか。

弁護人　被告人と同じであります。被告人の行為は、強盗致傷罪ではなく、窃盗罪および傷害罪にあたると考えます。

ナレーター　ここまでの手続を「冒頭手続」といいます。被告人の言い分と、検察官の言い分とが違っているようです。検察官は、証拠によって被告人の行為が強盗致傷に当たることを証明しなくてはいけません。今から「証拠調べ」の手続に入ります。

会場の様子

(2) 証拠調べ手続
①冒頭陳述

裁判長　それでは証拠調べに入ります。検察官、冒頭陳述を始めてください。

検察官　検察官が証拠によって証明する事実は次のとおりです。

第1　被告人の身上経歴等

　被告人は、岩手県盛岡市で生まれ、高校卒業後、秋田市内にある現在の大学に入学し、アパートで一人暮らしをしております。

第2　本件犯行に至るいきさつなど

　被告人は、公訴事実記載の日時にアルバイト先の飲食店から帰宅する途中、前方路上に乙川ふみ子を認め、同女が右手に提げていたハンドバッグを奪い取ろうと考え、背後から同女に近づき、右手でバッグをつかんで引ったくろうとしましたが、同女が離さなかったことから、とっさに同女を突き倒してバッグを奪おうと決意し、公訴事実記載の犯行に及びました。犯行後、被告人は逃走を試みましたが、近くを通りかかった男性に取り押さえられ、現行犯逮捕されました。なお、被害者は被告人の本件暴行により前屈みに転倒し、加療約1週間を要する左肘部挫創等の傷害を負いました。左肘部挫創等というのは、左肘部の打ち身というような意味であります。なお、当日の天候は晴れであり、路面も除雪された状態にありました。

裁判長　それでは弁護人、冒頭陳述をどうぞ。

弁護人　被告人は、帰宅途中の被害者を認め、ハンドバッグを引ったくろうと考え、その背後から近づいてバッグをつかんで引っ張ったところ、驚いた被害者がバッグを手元に引き寄せようとし、その際、バランスを崩して自ら転倒しました。被告人は、引ったくり行為以外の暴行は加えておりません。以上です。

裁判長　それでは、ここで本件の公判前整理手続の結果について述べておくこととします。裁判所は関係法令の規定に基づいて事件の争点及び証拠を整理するために公判前の整理手

法廷に立つ被告人

続を行うことになっております。この手続は先日行われましたが、検察官、弁護人と協議した結果以下のとおりであります。

　まず争点の整理ですが、本件の争点はただ今検察官および弁護人によって明らかになったとおりであり、被告人が被害者の背中を押して路上に突き倒したか否かであります。

　次に証拠の整理ですが、検察官からは合計20点の証拠が請求されました。このうちで相手方が証拠とすることに全面的に同意したもの、あるいは異議がないとしたものについては、裁判所がその証拠の採用を決定しました。また、相手方が証拠とすることに同意しなかった証拠については、検察官から被害者乙川ふみ子さんの証人申請があり、裁判所はそれを採用しました。そのあと、被告人に対する質問が行われることになりました。

ナレーター　　この後検察官は、採用された証拠の内容を要約して説明します。

検察官　　甲1号証は、被害者作成の被害届であり、起訴状記載の日時および場所において、被害者が犯人からハンドバッグを引っ張られ、抱えるようにすると、犯人に背中を突き飛ばされて転び、そのすきに、現金10万円と化粧品等4点が入ったハンドバッグを奪われたとの記載があります。

　甲2号証は、診断書で、被害者が3月11日に転倒して、約1週間の加療を必要とする左肘部挫創、左膝打撲傷を負ったとの記載があります。

　甲3号証は、被害者が立ち会って作成された実況見分調書でありまして、犯行現場の図面が添付されています。A地点を駅に向かって歩いていたとき、A地点にいた犯人にバッグを引っ張られ、B地点に転んだとの記載がされています。

　甲4号証は、写真撮影報告書等であり、被害品であるハンドバッグおよび当時被害者が履いていた靴の写真が貼付されています。

ナレーター　　続いて、被害者の証人尋問が行われます。

②証人尋問

裁判長　　それでは、証人の方は前に来てください。乙川ふみ子さんですね？

第2節　模擬裁判2006 ――「甲野はじめに対する強盗致傷被告事件」

証　人　　はい。
裁判長　　これから、あなたをこの事件の証人として質問しますが、まず、嘘をつかないという宣誓をしてもらいます。その宣誓書を声に出して読んでください。
証　人　　宣誓、良心に従って知っていることを隠さずに正直に述べることを誓います。証人、乙川ふみ子。

証人尋問

裁判長　　証人は、今宣誓したとおり正直に述べるようにしてください。嘘をつくと罪に問われることがありますので注意してください。
　では、検察官から質問をどうぞ。
検察官　　それでは私から聞きます。聞かれたことだけ前を向いて答えてください。今年の3月11日に、ハンドバッグを盗られたことがありますね？
証　人　　はい。
検察官　　その時、証人は何をしていたのですか？
証　人　　友人の家からの帰宅途中で、駅に向かって1人で歩いていました。
検察官　　右手にはハンドバッグを持っていたんですね？
証　人　　はい。
検察官　　それから何が起こりましたか？
証　人　　人の気配がすると思ったら、いきなりバッグを後ろから引っ張られました。
検察官　　引っ張られてどうしましたか？
証　人　　盗られまいと思って、バッグをお腹の方に引き寄せました。
検察官　　証人はそのとき前に倒れましたね？
証　人　　はい。突き飛ばされたんです。
検察官　　犯人に背中を突かれたのですね？
弁護人　　異議あり！　今の検察官の質問は誘導尋問です。
検察官　　異議は理由がないものと考えます。
裁判長　　（左右の裁判官と相談して）異議は認めます。検察官は質問の方法を変えてください。
検察官　　わかりました。あなたはどうして倒れたのですか？

119

証　人　バッグをつかんで前屈みになっていた時に、犯人に後ろから背中を押されたんです。
検察官　どれくらいの強さで押されましたか？
証　人　転んでしまったくらいですから、かなり強い力だったと思います。
検察官　どのように転びましたか？
証　人　背中を押されて前のめりになったのですが、バッグを両手で抱えていたので、それで左半身のような体勢でうつぶせに倒れました。
検察官　どんな形で倒れたのですか？
証　人　えーと……。
検察官　背中を押されたんですよね。
証　人　はい。
検察官　押されてどのような状態で倒れたのですか？
証　人　左半身のような状態で倒れました。
検察官　どちらの方向へ倒れたのですか？
証　人　前方です。
検察官　前のめりだったんですか？
証　人　後ろから押されたので、前の方へ倒れました。
検察官　その時、左肘をケガしたのですね？
証　人　はい。
検察官　ところで、この時、天気はどうでしたか？
証　人　よく晴れて寒い夜でした。
検察官　道路上に雪は残っていませんでしたか？
証　人　はい、きれいに除雪され、乾いていました。
検察官　路面が凍っていて、足を滑らせて転んだということはありませんか？
証　人　そんなことはありません。背中を押されたので転んだんです。
検察官　以上です。
裁判長　では、弁護人は反対尋問をどうぞ。
弁護人　では弁護人の方から質問します。バッグを引ったくられた時の状況についてお聞きします。先ほど証人は、お腹の方にバッグを引き寄せたというふうにおっしゃいましたが、どれくらいの強さだったんですか？　力一杯ですか？

証　人　はい。力一杯です。財布も入っていましたし、盗られたくなかったので。
弁護人　すると、力一杯引っ張ったところに、急にバッグを盗られて、その反動で転んでしまったということはありませんか？
証　人　そういうことはありません。確かに背中を押されました。
弁護人　少し質問を変えますが、証人は被害に遭った当日、友人宅からの帰宅途中だったとおっしゃいましたね。
証　人　はい。
弁護人　その日どんな靴を履いていたか、覚えてらっしゃいますか？
証　人　はい。その日履いていたのはちょうど今日と同じ靴でした。
弁護人　かかとの高さは何センチくらいありますか？
証　人　5センチくらいだと思います。
弁護人　すると、かかとの高い靴のせいで、バランスを崩してしまったということはないですか？
証　人　確かにかかとは少し高いですが、履き慣れている靴ですし、そういうことはありません。
弁護人　そうですか。私からは以上です。
裁判長　それでは、裁判員の方々何か質問はありませんか？
裁判員　背中を押された時なんですけれども、あなたは被告人に背を向ける形だったのですか？
証　人　そうです。バッグをお腹のあたりに引き寄せた時に、後ろから背中を押されたのです。
裁判員　わかりました。
裁判官　被告人からは何か謝罪はありましたか？
証　人　はい。先日、自宅に手紙が届きました。
裁判官　その手紙を読んで、被告人は反省しているようでしたか？
証　人　はい。でも、私のことを押しておきながら、私が自分で転んだと言っていると聞いて、本当に反省しているのかどうか怪しいと思います。

③被告人質問

裁判長　それでは、引き続き被告人質問を行うことにします。被告人は前へ出てください。では、弁護人の方から質問をどうぞ。
弁護人　ハンドバッグを引ったくったとき、被害者は転倒してしまいましたね。
被告人　はい。
弁護人　どうしてだと思いますか？
被告人　バッグを2人で引っ張り合う形になったので、それでバランスを崩したんだと思います。
弁護人　ということは、あなたは被害者に手は触れていないのですか？
被告人　はい。
弁護人　でも被害者は、背中を押されたというふうに言っていますが。
被告人　背中を押しておりません。
弁護人　その時、あなたが被害者のほうへ手を差し出したということはありましたか？
被告人　……はっきり覚えていませんが、被害者が倒れそうになったので、とっさに助けようとし手を差し出したのかもしれません。
弁護人　なるほど。でも捜査段階では、検察官に対して背中を押したというふうに言っていませんか？
被告人　はい。被害者がそう言っている、そうなんじゃないのかと検察官に言われて、面倒だったのでそうですと答えてしまいました。
弁護人　そうすると、どちらが本当かということなんだけど、今は、押していないとはっきり言えるわけなんですね？
被告人　はい。背中は押していません。
弁護人　でも、被害者は結局ケガをされたわけなんですけれども、被害者に対してどんなふうな気持ちでいますか？
被告人　申し訳ないことをしたと思っています。もうこんなことは二度としません。
弁護人　弁護人からは以上です。
裁判長　それでは、検察官、質問をどうぞ。
検察官　事件の日、乙川さんを見つけて、バッグを引ったくろうと思ってし

まったのはなぜですか？
被告人 はい。その日はバイト先でちょっと嫌なことがあって、ちょっとむしゃくしゃしていたというか、気分がよくなかったんです。
検察官 嫌なことがあると、八つ当たりしてしまうようなところがあるのですか？
被告人 まぁそれは、誰にでもあると思いますけど。
検察官 バッグを盗ろうとしたとき、乙川さんに抵抗されて、また少しイライラしたのではないですか？
被告人 まぁ、そうですね。
検察官 思いどおりにいかなかったので、思わず乙川さんの背中を押してしまったんじゃないですか？
被告人 ……。
検察官 どうですか？
被告人 よく覚えていません。
検察官 捜査段階で押したのを認めた時に、重い罪になるとは思わなかったのですか？
被告人 その時は深く考えていませんでした。すぐ帰れると思っていました。
検察官 あなたは高校生の時、恐喝事件を起こして鑑別所に入ったことがありますね？
被告人 はい。
検察官 質問を終わります。
裁判長 それでは、被告人はもとの席に戻ってください。

ナレーター すべての証拠調べが終わり、公判手続はいよいよ最終局面へと入りました。これから始まる「論告・弁論手続」では、検察官と弁護人がそれぞれ最終的な意見を述べます。

(3) 論告・弁論手続
①論告・求刑

裁判長 それでは検察官、ご意見をどうぞ。

> **検察官**　被告人の本件犯行は、生活苦からではなく、自己の衝動的な欲求から生じているのであり、動機に酌量の余地はありません。また、被告人は、被害者に対する暴行のうち、「背中を1回突いて」という事実を否定していますが、被害者の公判廷での供述に不自然さはなく、ことさらに被告人に不利益な供述をしているとは認められません。被告人が自己の責任を軽くするため、虚偽の供述をしていることは明らかであります。
> 　これらの点を考慮して、被告人を懲役6年に処するのが相当であると考えます。

② 最終弁論及び最終陳述

> **裁判長**　それでは弁護人、ご意見をどうぞ。
> **弁護人**　弁護人の意見は次のとおりです。まず公訴事実について、被告人が被害者の背中を押して転倒させたという事実はありません。被害者はバッグを守ろうとして前屈みになった際にバランスを崩して自ら転倒し、ケガをしたのであり、被告人の行為は窃盗罪および傷害罪にあたるものというふうに考えます。
> 　さらに、被告人は犯行直後に現行犯逮捕され、盗んだハンドバッグもすでに返還されております。また、被告人はまだ若いこと、今回の犯行を心から反省していること、前科がないことも併せて考慮のうえ、執行猶予を付した寛大な判決をお願いいたします。
> **裁判長**　それでは、被告人はもう一度前へ立ってください。以上で審理を終わりますが、最後に何か言っておきたいことはありますか。
> **被告人**　はい。本当に申し訳ありませんでした。
> **裁判長**　それでは、これで審理を終え、判決は11月30日の午後4時に言い渡すこととします。検察官、弁護人、よろしいですか。
> **検察官**　はい、結構です。
> **弁護人**　結構です。
> **裁判長**　ありがとうございます。それではこれで閉廷いたします。

この公判は、30分程度で終了した。＊HP「模擬裁判（2006.11.30）動画」参照。

3. 第3場「評議・評決」

では、公判後に行われた裁判官3名と裁判員9名による評議を紹介したい[*8]。評議部分には台本はないので、裁判長が進行役で評議を進めるが、他の裁判官（右陪席裁判官は「裁判官右」、左陪席裁判官は「裁判官左」と表記する）と裁判員は台本に基づくものではなく自由に発言している。

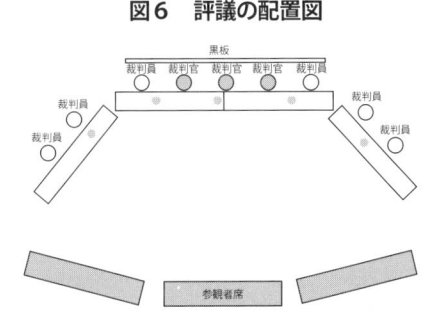

図6　評議の配置図

(1) 事実認定

> **裁判長**　えーそれでは、評議を始めたいと思います。……まあ争点は……当然、ご覧になってわかったと思いますが、押したかどうかというところがまず第一の争点ですね。
>
> **裁判員A**　非常に無理な形で、無理な体勢をとっていたっていうことをおっしゃってて、まあ冬場ということもありますし……あれは、その、押したのではなくってそのもみ合ってる結果自然とそうゆう、ちょっと体勢を維持する、無理な形になってしまって、あの体勢を整えられなくなったと、そうした結果として、えー倒れてしまったのではないかと。押していないのではないかと私は思います。
>
> **裁判員B**　私も同じようになってしまうんですけども、押していないのではないかと思います。えーと、被害者の女性の方は突き飛ばされたっていうふうにおっしゃってたんですけど、もしかしたらその、事件が起きた時っていうのはとっさのことだったと思うので、こう、被告人の方にバッグを盗られたっていう事実があるから、もしかしたら、自分でバランスを崩して転んでしまったのに、それを、押して、押されて転んだっていうふうに思い込んでしまっているっていう、可能性もあるんじゃないかと思いました。
>
> **裁判員C**　私は、押したのではないかと思いました。最初ハンドバッグを盗ろうとして、盗れなくて、こう、引っ張り合いをするぐらいまで、女性はこうなんていうか力を入れて耐えていたぐらいなので転んだのではなくて、やっぱ

りこう、そこで、なかなか盗れない被告人が、カバンを盗るために背中を押したというふうに考えました。

裁判員D　最初の感じとしてはですね、押したんだというふうに考えております。後ほど多分詳しくお話しする機会があると思いますので、今はそういうことで……。

裁判員E　えーと５センチのヒールを履いていたということで、やはり５センチのヒールっていうのは結構高いものであって、もし、バッグのことでもみ合ってる際に無理な体勢をしたときに転んでしまった可能性があるんじゃないかなと、私は感じました。

裁判員F　確かにもみあっていて、ちょっと体勢も悪くて、あと、履いていた靴も、えーと……ヒールの高いものでした。そういったことを考慮すると確かに転倒する可能性もあると思いますが……。実際に、１週間、全治１週間のケガを負ってますので、押したっていう可能性が高いんじゃないかな、と思います。

裁判官左　えーと……先ほど、おっしゃっていた方もいらっしゃいますが、やはりとっさの出来事であったので、被告人は押していないのではないかというふうに、はい。

裁判長　それでは、まず証拠を確認してみたいと思います。どのような証拠を調べたのか、もう一度あらためて見てみましょう。そうすると、まず、客観的な証拠としては診断書、というのがあると思います。この診断書では、左肘部挫創、左膝打撲症という、診断結果が出ていますから　左肘部、左の膝です……ああ肘ですね。この左肘にまあ、打ち身ができていると。それから左膝の、打撲、まあこれも打ち身ですね、があると。つまり左側にケガしてると。これは客観的な証拠として、まあ動かないところだと思います。それから実況見分調書というものがある……と思います。この図面（129頁「現場見取図」）を見ますと……。Aというところに、被害者の人がいて、右手にバッグを持っていたと。そして、やや右後ろに被告人が立っていたと出ていますので、位置関係としてはこういう位置関係になっている時に転んだと。これも客観的な事実として認定していいんじゃないかと思います。あと靴の写真があったと思いますね。ですからこの靴の写真を見てわかることは、靴の形状はこういう形状だったっていうことですね。それでは次に供述内容を確認したいと思います。供述証拠ですね。まず、被害者の供述ですが、被害者はどういう供述を

してたでしょうか。この、転んだというところに関して。

裁判員A　あの、すごく気になるのは、背中を押された、押されたのだとしたら、普通だったら前に倒れるはずじゃないですか。地理的な位置関係を見ますと、その、前方の、被害者から見てこちらの、えーと、左側の方に倒れたというふうにこちら（実況見分調書）に書いてあるかと思うんですけど、これを見ても押されたというよりかは、なにかその、まあ体勢によってもそうだと思うんですけど、倒れてしまったのかなと……。

裁判員D　あの後ろから、えーと背後から近づいてきた被告人によって押された。で、「ああ押された、バッグを盗られそうになった」と。で、それをえーと、バッグをおなかの方に抱え込む形になったときに後ろから押されたと。そういうことになってると思います。

裁判員A　バッグを、持っていて引っ張られて、こうなってしまったというのは、やっぱ倒れてしまうんですね？　なので、やっぱり無理な体勢だったのかな、というふうに思います。

裁判官右　今のご意見はどうでしょう。

裁判員C　自分から、倒れるんだったら「あ、倒れるかもしれない」と思って少し受け身がとれるような気がするんですよ。で、後ろから不意に飛ばされたから、膝と肘のケガをするぐらい強く倒れたんじゃないかと、私は思うんですけども。

裁判長　被告人は法廷では、バッグを引っ張り合って、バランスを崩しましたと。まあこういうふうに、一応言ってるんですけれども。この被告人の供述について、何かご意見ないでしょうか？

裁判官左　被害者がこう、5センチというヒールの靴を履いていたこともありますし、そういう点でこう、咄嗟に起こったものであればバランスを崩してというのが、自然な流れではないかなと……はい、思います。

裁判官A　捜査段階では少なくとも捕まった後は、押したということは認めてたようなことが出てましたね。ただ認めた理由は「もう押したんだろうって言われて面倒臭くなって認めました」と、まあこう言ってますけどもね。

評議の様子

裁判員E 犯人としても突発的に行ったことで、さらに、その被害者の方に、盗ろうとしたら反抗されて、突き倒したとしたら、それは被告人にとっても想定外のことだった。咄嗟のことだったのであんまり覚えてなかったんじゃないかなーと思いました。それでその後に先ほども出たんですけども、後々よく思い返してみたら、やっぱり押してないということになって、供述を変えたのではと思いました。

裁判員C その突き飛ばすことが、重い罪になるとは知らなかったというように話していたので、だからその本当にバッグを盗るときに、特に、これはすごい、大きい罪になるっていう意識がなく、突き飛ばしてしまったんではないか、というふうに考えました。

裁判長 確かに核心部分については、「バランスを崩して押してません」と言ってるんだけれども、（被告人の）法廷での供述自体一貫してますかね。まあ最初、弁護人の質問に対しては、（被害者が）「バランスを崩して倒れました」と言ってたんだけども、その後、何か、ちょっと変わりませんでしたっけ。

裁判員D 「記憶にない」というようなことを言ってました。

裁判長 「記憶にない」っていうようなことも言ってましたよね。もし押されてないとすると被害者は、……嘘をついているということになりますよね。これは、なぜ嘘をつくのかっていうことですよね。

裁判員C 被害者の女性は、その押されたっていう、嘘をついてるっていうふうにはやっぱり考えにくくて、もし、ほんとに被告人が背中を押してなかったとしても、その押されたっていうふうに被害者の女性が思い込んでいるだけで、嘘をついてるっていうふうには思わないんです。

裁判員F 確かに、嘘はついてないと思うんですよ。むしろ……犯人の性格っていうかイライラが、こう発展してしまうということはやっぱり、犯人の方が、被害者に比べて冷静でなかった、もうイライラしている状態であったっていうことで、そういう状況の心情も含めると、やや被害者の方が冷静であったのではないかなと。

裁判員D いきなり男性から後ろからこう、自分より（体格が）大きい、その男性から、掴まれるっていう恐怖は、やっぱりその場で冷静に対処することはできなかったっていうのは考えられますし、もう一つはこの女性がですね、もし考えられるとすればそういう被害にあったなら、もっと重い罪を望んでもおかしくないと。だからこういうことを言うのも考えられなくはないんでは

裁判長　そうすると、やっぱり被害者の供述があまり信用できないのかなっというふうに。

裁判員D　でもですね、証拠とかを見る限りではですね、やっぱり女性の言い分の方が合理的って言うんでしょうか、納得できるっていう方が大きい。

裁判長　それはどんなところでしょうか。

裁判員D　あのですね、実況見分調書、甲3号証拠として提出されているんですけれども、実況見分の見取図が描いてあります。バッグを右手に持っていた女性。それを右手で被告人はつかんだと。そして盗られそうになったから女性はお腹の方に抱え込んだと。というのは今までの流れだと思うんですが、つまり抱え込んだということは左足を軸にして右回転したということですよね。そこでバランスを崩したっていうことは内側に崩すっていうことはなかなか考えられないですよね。もし、ヒールの高い靴を履いていれば外側に足が向くんじゃないですか。バランスを崩したとすれば。そういうところから見てもB地点に前のめりに倒れるということはなかなかちょっと想像が難しいような気がするんですよ。もしバランスを崩したならば、もし被告人がバッグを掴んだままでしたら、バランスを崩してるんで、後ろ側に引っ張られてもおかしくないという状況が考えられるような気もするんですよ。

　で、もう一つは、もし手を放さずにそのまま男性も引きずられる形で倒れたならば、右側に傷がついていてもおかしくないのに、左についていると。これにもちょっと疑問を覚えます。それでですね、あと回転したということなんですけれども、体をかばったということなんですけれども、ここから考えても男性と女性の間にある程度の空間が空くんじゃないでしょうか。放した場合においては。例えば、掴んで引っ張られて放した。そうすると男性と女性、少し空間が空きますよね。そうしたら、ぶつかったりしたっていうのはちょっとやっぱり考えづらいのかなと。そういうところから、意図的に押したのかなという

現場見取図

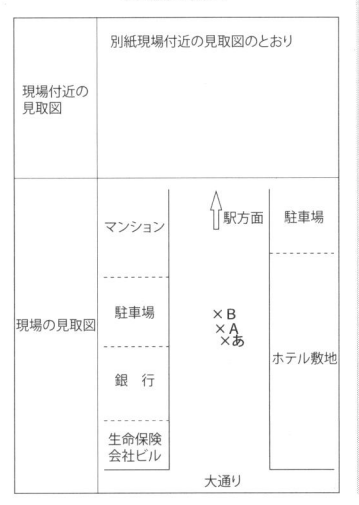

現場付近の見取図	別紙現場付近の見取図のとおり
現場の見取図	マンション ／ 駅方面 ／ 駐車場 駐車場　×B ×A ×あ　ホテル敷地 銀行 生命保険会社ビル 大通り

裁判長　さっきのお話ですと、まあ取り合いになって、こうバランスを崩して転んだんじゃないかという最初お話でしたよね。

裁判員A　ハイヒール、確か5センチくらいの。僕はハイヒール履いたことないんですけれども、そういう趣味はないんですけれども（会場に笑い）、その男性の方（裁判員D）もないですよねハイヒールって。

裁判員D　ないですよ。

裁判員A　ハイヒール履いていたらどうなるのかなって。

裁判長　ここはちょっと女性の方に意見を伺うのがいいでしょうね。ちょっと写真を見ながら、話を伺ってみたいと思うんですけれども。

裁判官左　ピンヒールほど普通に歩いていたり、そういうなにか揉み合いになった時にバランスを崩しやすいっていうことはないと思うんですが。やはり、こう男性の力が加わったのであれば、外側の方に転んでしまうというか足をひねるような形でバランスを崩すということは考えられないのではないかな、と思います。

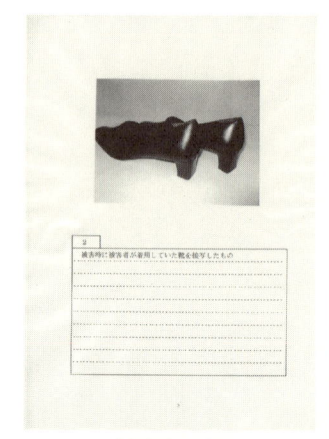

被害者の靴

裁判員C　最初、バッグを後ろから引っ張られた時には転ばなくて、しかも引っ張り合いまでしてるくらいなので、それくらいには耐えられるくらい、そんなに5センチって言っても珍しくないですし、そんなに高すぎるっていうわけではないと思います。

裁判長　それはいわゆる足もとがぐらぐらっていう靴ではないというわけですね。

裁判官右　私もハイヒール履いたことはないんでわからないですけれども、とりあえずあのヒールとか履いていると、例えば前に崩れやすいとか後ろに崩れやすいとかあるんですか？

裁判官左　前後というよりも左右。

裁判官右　弱いのは左右。必ずしもヒールを履いているから前に崩れやすいとは言えないんですね。

裁判官左　はい。

裁判官右　被害者が勘違いしている可能性がないかどうかというところが大きいと思うんですけど、証言ははっきりしていましたし、背中を押されて転びましたというふうな、はっきり押された箇所まで証言している点は信用性が高いのではないかって気がしています。

裁判長　被告人の供述はどうですか？

裁判官右　反省している人でもやっぱり自分の罪は少しでも軽くしたいという気持ちが働くこともあるでしょうから、反省しているから全部本当のこととは限らないんじゃないかな、と思います。

裁判長　それでは最初に押したと思われる方、挙手をお願いします。6人ですかね。はい、では押していないと思われる方は挙手を（3人挙手）。それでは押したということになると、次にこれが強盗になるかどうかということなんですが、この点について何かお考えがおありの方いらっしゃいますかね？

裁判員C　やはり方法が後ろから近づいて引ったくるっていう方法なので、それに背中をまず押したと私は見ているんですけども、押したことになるとやっぱりこれは強盗で、強盗致死傷罪に当たるんじゃないかと思います。

裁判長　その論点としてはですね、背中を押すという、まぁ強盗になるのは反抗を抑圧するだけの方法を加えて物を盗れば強盗になるんですね。ですからその背中を押すというのが強盗になるかどうかっていうのは、背中を押すという暴行が被害者の反抗を抑圧するほどの暴行といえるかどうか、ということになるのですが。

裁判員A　もしもこれ被害者の方の、被害者の方を完全に抑圧というのか、動きを封じようと思ったら、もっと力を押してそれこそ全治1週間で治るケガではない気がするんですね。

裁判員D　犯行に及んだ動機がまずむしゃくしゃしてたとなっているようにですね、最初はむしゃくしゃしてたと思うんですよ。で、むしゃくしゃしているのであれば、その飲食店で問題があった相手と話し合いをつければそれで済む話ですし、もし現金が目的なのであれば、レジのお金に手をつければリスクを冒さずに強盗とかではなく手に入れることができたのだと思うのですね。さらに、繁華街で犯行に及んでいるというところから考えても思慮が浅いですし、自己中心的で自制的じゃないような気がします。それを踏まえたうえでですけども、たぶんこの方はですね、最後にやっぱり引ったくっているんですよね、バッグを。多分目的が変わったんだと思うんです。最初はむしゃくしゃ

> しているのを女性に対して晴らそうとして、結果、バッグを盗ろうという形になっていったと思うんです。途中からバッグを盗ることに夢中になっているんですね。なのでたぶんバッグを盗りたいために押したんじゃないかと。で、女性でも男性でもそうですけど、何か突発的に自分よりも強い力で押されたりしたら、やっぱりすくむじゃないですか。それは盗るためにやった。で、さらに被害者からすれば反抗を抑制することにつながったんじゃないかと考えられるんですけれども。どうでしょう。
>
> （中略）

（２）刑の量定

> **裁判長**　そうしますと、暴行を加えてケガをさせたということですが、強盗致死傷罪ということになって法定刑が懲役６年以上ということになるんですが……。どれくらいの刑が相当でしょうか。
> **裁判員A**　今、20歳の青年である彼に対して６年以上の刑というのは、非常に発達段階で社会に出ようとしている大学生の身分の彼に対して、６年と言うのは、これはちょっと非常にいろいろな意味で彼にとって重すぎる刑かな、というふうに思います。非常に反省して自分の行動を悔いているような裁判の中での言動を踏まえまして、僕は情状酌量の余地というのは十分にあるのではないか、と思います。
> **裁判員C**　証言にあったように「強盗とか重い罪になるとは知らなかった」と証言していましたし、自分のイライラを他人にぶつけるというように自己中心的なので、自分の罪を重いものと意識していないと思うので、そういう意味で言えば、厳しい処分にして更生してほしいっていうか、完全に更生して社会に復帰して、というふうに思います。
> **裁判員E**　この場合はバッグを盗むために被害者の方を押してそのまま逃走したというケースであって、例えば同じように誰かからバッグを盗るためにその女性の方をいっぱいたくさん殴ったりして、バッグを奪ったらそれは強盗致傷になるんですよね。その場合と今回の場合はやっぱり違うんじゃないか、と私は思っておりまして、今回の事件を先ほども言ったような事件と同じように考えるのはどうかと思います。

第2節　模擬裁判2006──「甲野はじめに対する強盗致傷被告事件」

裁判長　まずあれですね。ケガの程度を考えた方がいいんじゃないかと、客観的なケガの程度は加療1週間、要するに加療1週間ですから、まぁちょっとこう治療して1週間で治るくらいのケガ。これはおそらく軽い方なんでしょうね、ケガとしてはね。かなりね。

その被害、財産的な被害の点ですけれども、これ10万円と口紅4点在中のハンドバッグ1個、10万5,700円ですか。これだけ見るとかなり高額なんですけれども、どうですかね。そのままどっか行っちゃったんですかね。この被害金は。戻ってくるんですかね。現行犯逮捕されてるんですぐに返ってくるんですよね。だから財産的な被害は事実上回復されてるんです。ケガもそんな多くないし、財産的な被害も事実上回復されているとなれば、結果自体は強盗致傷とはいえ、かなり軽い部類なのかもしれませんですね。

ハンドバッグ

裁判員D　この方、一度鑑別所に高校の時に。高校の時と考えると16〜18歳の間だと思うんですけど、それから2、3年しか経っていないにもかかわらず、このような犯行を行うということも考慮に入れるべきなのかなと考えます。

裁判長　なるほど。

裁判員B　被告人はバイト先で嫌なことがあって、それがイライラとかストレスになって、突発的に、とっさにやってしまったのだと思います。

裁判長　どれくらいから計画したのを計画的かということもあるんですけれども、まぁそんなに何日も前から考えていたということはないことは間違いない。用意周到に、例えば変装マスクをして顔を隠すとかそういう準備をしていたともみえないし、あと、凶器を使ってないですよね。もし本当にやろうと思えばナイフを準備するとか、ということも恐らくできたんでしょうけど、そういう準備はしてませんから、それほど周到な計画に基づく犯行ではないのでしょうね。

（中略）

裁判長　まず被告人についてですね、実刑にするか執行猶予にするかということからお聞きしましょうか。ただまぁ、執行猶予にすると、3年ですから

> 刑が決まってしまうんですけど。では、実刑がいいんではないかというご意見の方、手を挙げていただけますか（3人挙手）。では、執行猶予がいいのではないかと思われる方はいかがでしょうか（6人挙手）。
>
> 　それでは、本件については懲役3年で執行猶予の期間が4年……3年、4年、5年とあるのですが、これは何年が相当でしょうか。では3年がいいと思われる方（0人）、4年がいいと思われる方（5人挙手）。5人ですね。では、執行猶予は4年ということにしたいと思います。それでは、被告人については懲役3年、執行猶予4年という刑で言い渡すことにしたいと思います。それでは、これで評議を終わることにいたします。どうもありがとうございました。
>
> **ナレーター**　被告人甲野はじめに対する判決は、強盗致傷罪、懲役3年、執行猶予4年と決まりました。

　以上が、2006年に実施した「法曹三者と学生による裁判員制度の模擬裁判」である。ここでは評議についてはコンパクトに紹介した。実際の模擬裁判では、かなりの時間を費やして実施したことをお断りしておきたい（HP「模擬裁判〔2006.11.30〕動画」参照のこと）。

　次章では、このシナリオを学校現場で活用する方法について具体的に紹介する。

＊5　当日の模擬裁判に参加したキャストは、本書（254〜255頁）の「法教育実践協力者」を参照のこと。
＊6　秋田大学版は、秋田地裁作成のひな形となるシナリオを学生が熟読し、その上で事件当日（3月）の天候についての記述を加えた。
＊7　秋田地方裁判所の若松光晴判事補が担当した。
＊8　実際の評議はかなり長い時間だったので、全体像がわかるように編集して紹介する。個々人の発言も省略しているところがある。

トピック❺　多くの学習要素が含まれているゲーム

トピック ❺

多くの学習要素が含まれているゲーム

『THE 裁判員―1つの真実、6つの答え―』
ニンテンドーDS
(D3PUBLISHER)

1. ゲーム概要

　本ゲームは、2009年5月21日に施行された「裁判員の参加する刑事裁判に関する法律」に基づく、「裁判員裁判」をテーマにしたアドベンチャーゲームである。裁判員裁判がどのような目的をもって行われているかから始まり、裁判員裁判の対象になる事件の種類や、裁判員裁判の一連の流れなどを学ぶことができるなど、多くの学習要素が含まれている。

　主人公は、ある事件に巻き込まれて死亡した「幽霊」である。主人公を殺害した犯人は、未だ裁かれておらず、主人公は恨みを晴らしたいと願っている。幽霊となった主人公は、他人に「憑依」することができる。また、主人公は被告人が嘘をついているか、ついていないかを知ることができる。主人公は、この能力を使って裁判員裁判の裁判員に憑依し「正しい判決」へと導いていこうとする。

　ゲーム中には、裁判員裁判について逐一説明がなされるので、裁判員裁判の基礎知識などがなくても楽しめるようになっている。また、これにより用語等について学ぶことができる。この一度説明された用語等に関する情報は保存されていき、ゲーム中にいつでも振り返ってその意味を確認することができる。また、裁判員裁判において、裁判員は何をするのかといった、動きも知ることができる。これによって、プレイヤーに裁判員裁判の意義と、裁判員の果たす役割などを、楽しみながら学ぶことが可能となっている。

2. 遊びと学び

　あらためてこのゲームのルールについて確認していきたい。
　主人公は、ある殺人事件に巻き込まれ命を失った幽霊である。主人公は自らが成仏するため、また正しい判決へと導くため、裁判員に「憑依」して、裁判官と、他の裁判員を説得していく。本ゲームでは、主人公をサポートする霊的な力をもったキ

135

ャラクターがおり、その力により犯人が「嘘」をついているか、いないかを、主人公のみ知ることができる。それにより、被告人が本当は「有罪」なのか「無罪」なのかが明らかになっている。(ただし、事件の詳細までは知り得ない) そのため、本ゲームは被告人や各裁判官、裁判員の主張から「なぜ彼らがそのような主張をするのか」を推測して、また彼らに憑依する能力を用いて、裁判の場で真実へつながる手がかりを引き出し、最終的には多数決で「正しい判決」を行う事にある。

①裁判を傍聴する

はじめに、幽霊であるために、人に見られることがない主人公は裁判を傍聴し、裁判で争われているポイントを整理する。主人公は、傍聴しながら、検察側、弁護側の発言の中にある矛盾や、さらに追求すべきと思われるものをいくつか選択していく。一通り裁判の概要がつかめたところで、主人公をサポートするキャラクターの力を借りて、被告人が嘘をついているかどうかを知ることができるようになる。

次に、主人公は裁判員に憑依して、裁判員裁判に参加する。(なお、この時に乗り移ることができるのは「最も霊感が強いもの」といった制限により、1つのストーリーについて1人と限られている) この時、先の発言をもとに質問をするなどして、さまざまな角度から事件を明らかにしようとする。また、話題の種類によって、他の裁判員を説得しやすいものとそうでないものがある。発言の内容はもちろん、そのタイミングを含めて、いろいろな被告人からさまざまな発言を引き出すことが必要となる。

②評議

先に出てきた内容をもとに、裁判官や、他の裁判員を説得する。裁判員の中には、そもそも裁判員裁判にあまり関心がないと思われる者や、極端に偏った考えをもつ者もおり、説得は容易ではない。時に彼らの感情を刺激するような発言を含めて、それぞれの考えを当該裁判における「正しい」方向へ導いていく。1人のキャラクターにつき、説得できる回数は3回までであるが、他のキャラクターに連鎖して、説得が「成功」したり「失敗」したりするので、慎重に行う必要がある。

ここで、有罪か無罪か、有罪の場合はその量刑も含めて確定することになる。

3. ゲーム構成

本ゲームのプレイヤーはひとりであり、通信対戦などの機能はない。裁判員裁判の様子がわかりやすく描かれているため、初心者でも楽しく遊ぶことができる。

まず、ゲームの冒頭で裁判員裁判についての説明が流れる。裁判員裁判の目的や、対象となる事件などについて、ここで一度整理することができる。その後に、本編に入っていく。

本作におけるステージは5つであり、それぞれにストーリーが用意されている。以下に、各ステージのタイトルを列挙する。

第1話　悲しき愛憎劇『有罪を訴える被告人』
第2話　非現実法廷『逆説得〜天文学的確率』
第3話　生か死か『絶対固定量刑』
第4話　招かれざる者『7人目の裁判員』
第5話　決着『その、判決』

ここでは、第1話の「悲しき愛憎劇『有罪を訴える被告人』」の内容について、解説したい。

このステージでは、被告人の女性が車を運転していたところ、事故により殺人を犯してしまったという事件について争われる。彼女は検察の主張を認め、自らを「有罪」であると認める。しかし、彼女はある理由があって嘘をついており、本当は「無罪」である。彼女はなぜ「嘘」をついて「有罪」になろうとしているのか、幽霊である主人公はその能力を使って、裁判官や他の裁判員と会話しながら、真相を明らかにしようとする。

本ゲームにおける裁判員は、いずれも強烈な個性をもっており、それぞれの性格に応じた会話をしながら、ゲームを進めていく必要がある。第1話では、例えば、インターネットで得た知識に頼りすぎて頭でっかちになってしまっている男性や、ゴシックロリータの格好をしている若い女性や、いかついモヒカンの男性や、仕事の「ネタ」を探したい作家の女性や、スキャンダラスな話題に限って敏感に反応する中年の女性などが登場する。ゲームを進める時には、彼ら・彼女らの性格と、その背景にあるものを想像しながら、適切な選択肢を選ぶ楽しみがある。

4. ゲーム批評 ―ここが売り・欲を言えば―

裁判員制度には、そもそも開始前から賛否両論あった。実際に施行された後も、いくつかの問題が出てくるなどしており、議論は尽きない。しかし、すでに始まっている制度であり、無関心でいるわけにはいかない。本ゲームは、それに対する意識を高めるという意味でも、教育的な価値があると考えられる。

①ここが売り

　ゲーム自体、非常にわかりやすい構成である。また個性的なキャラクターの、アクの強い発言を楽しみながら、進めることができる。

　果たして本ゲームにどれほど教育的な意義があるのか、はじめは懐疑的であった。しかし、ゲームを進めていくと、裁判員裁判における流れや、一部の専門用語などを自然と知ることができた。また、好き勝手なことを言いまくるキャラクターたちの姿から「ある程度、法的な専門知識がないと裁判員裁判に参加しても意味がないのではないか」というような、現実にある一般的な誤解も、解けるのではないかと考えられた。

②欲を言えば

　ゲームのシステム自体も面白いし、キャラクターも魅力的であり、かつ教育的にも十分な効果があると考える。しかし、欲を言うならば2点だけ、気になった点がある。

　1点目は、ゲームの設定が、奇抜すぎるように思われた。冒頭でいきなり主人公が通り魔に殺害されて幽霊となって、不思議な能力を得たうえに、その状況をサポートしてくれる、猫のようなキャラクターが現れたため、正直筆者は戸惑ってしまった。しかし、これには、裁判員裁判の制度や、裁判の行方を裁判員に「選ばれていない」者が操作するという、倫理的な問題があり、これを回避するためにやむを得なかったのではないだろうか。

　2点目は、裁判員裁判で扱われる事件が重大なものであるため、ストーリーがいささかシュールであり、小学生などにプレイさせるにあたっては、いささかテーマが重過ぎるのではないかと思われるような場面がいくつかあったことである。この点についても、キャラクターの発言などで、和ませるような場面もあった。

　以上、しかたがないとは思いつつ、少しだけ気になった点である。

《参考文献・資料・ゲーム等》
◎株式会社ディースリー・パブリッシャー　http://www.d3p.co.jp/s_ds/s_ds_048.html#
◎裁判員制度について学ぼう　http://sai-ban-in.net/300/nagare.html・Amazon.com

　　　　　　　　　　　　　　　　　　　　　（大森一樹／おおもり・かずき）

トピック❻　事件の重みや裁判のもつ意味を問いかける

事件の重みや裁判のもつ意味を問いかける

郷田マモラ
『サマヨイザクラ―裁判員制度の光と闇―』
（上巻・下巻、双葉社、2008年）

1. 主人公相羽圭一の挫折

　本書は、郷田マモラの作品で上・下2巻からなる。この作品は、2008年10月に刊行され、2009年5月21日から始まった「裁判員制度」をテーマに作られた作品である。このマンガの主人公は、相羽圭一（28歳）、ネットカフェ難民だ。なぜ彼はネットカフェ難民なのか。

　相羽は、大学を卒業後、一流企業のマグマ製菓（大阪本社）に入社し、希望していた商品企画部の配属となり、これから順風満帆の社員生活を思い描いていた。ところが、ある時、営業部での賞味期限偽装工作を知り、正義感に燃えた彼は社長宛の告発状を作成した。しかし、書いてはみたものの、いざとなると出せずに持ち歩いていたところ、不運にもその告発状を路上で落としてしまったのだ。誰に拾われたのか、その内容がネット上で公開され、すぐにマスコミにも取り上げられて、会社は謝罪会見を行った。こんな形でマスコミ沙汰になってしまうと、なぜか社内では相羽が告発状を書いたことが知れわたり、彼は社史編纂室に左遷され、そのうえ、上司や社員からの嫌がらせやいじめに遭う。我慢しかねた相羽は会社を辞めてしまう。6年の社員生活であった。

　その後何ヶ月もの間、仕事もせず無気力に暮らしていたが、貯金も底をついてしまう。彼はしかたなく日雇い派遣で日銭を稼ぐが、アパートの家賃は滞納が続き、ついに彼は追い出され、ネットカフェ難民となった。大阪の郊外に実家はあるものの、会社役員をしている父親には退職したことを話せず、母親には事情は話しているものの友人宅で世話になっていると嘘をついている。プライドが許さないのだ。

2. 物語の始まり

　物語は、このネットカフェ難民の相羽が、夜の路上で、手の平の上にある彼の所持金432円を見つめながら、「このままでは……」「もうネットカフェにも泊まるこ

139

とがでけへん……」と語るシーンから始まる。路上生活まで堕ちてしまったら、もう立ち直れないと焦燥感に浸った相羽は、2、3日分のネットカフェ宿泊代を脅し取ろうと、ナイフを手に朦朧として街ゆく人を狙う。女性が通りかかると「女はダメや‼」「弱者を狙ったら鏡花タンに合わす顔がない」と自分に言い聞かせる。この「鏡花タン」とは誰なのか。この時、読者であるわれわれに知る由もないが、後に、重要な人物であることが明らかになる。彼はさらに獲物を探索するが、彼をいじめた課長に似た酔っぱらいに狙いをつけて、後ろから近づいて襲いかかろうとした。しかし、その瞬間、幼い頃に両親と行った神社の地獄絵を思い出し、「圭一……悪いことをしたらな……」「地獄に堕ちて、死んでも死んでも苦しい目にあうんやで」という両親の言葉が甦る。相羽はすんでの所で踏み止まり、「オ……オレは今人を殺そうとしたよ……」と呟いて泣き崩れる。幸いにも酔っぱらいは何も気づかずに上機嫌で去っていった。正気を取り戻した相羽は実家に電話をかける。すると、母親が出て、裁判員裁判の呼出状が届いていると言う。母は父親が留守だから家まで通知を受け取りに来てはどうかと言う。相羽は実家までの電車賃380円があり、「救われた」と心底思った。

家では豪華な食事にありつけた。母親は、日当はもらえるとはいえ、裁判所みたいなおっかないところに行かされる息子の不運を嘆いて、早く再就職をしなければ社会の落ちこぼれになる、アカの他人の裁判どころではないから適当に嘘でもついて断るように言い聞かせ、1万円の小遣いを渡す。その夜、圭一は久々にゆったりと自室で床に入る。そして、親元に戻ることはプライドが許さない圭一は、「社会の底辺に堕ちたことを死んでも知られるわけにはいかへんのや……」「とにかく母さんにもらった1万円がなくなるまでにネットカフェ暮らしに戻らなければいけない」と心に誓うのだった。

3.「鏡花タン」とは

　幸いにも相羽は、案山子運送という会社にバイトで勤められ、ネットカフェ暮らしに戻ることもできた。そこでやっと、彼に降りかかった裁判員制度についても考えられるようにもなった。少し余裕のできた相羽は、ネットカフェ難民にまで落ちぶれた自分が人を裁く立場になるかもしれない、とほくそ笑む。しかし、ふと気づき、もう一歩で殺人者になっていたかもしれない自分を責める。そして、相羽はリュックの中から大切そうに取り出した戦士スタイルの女性のフィギュアに向かって「鏡花タン」「オレ……あやうく悪になるところやったよ」と語りかけ、「キミの

ように正義を貫いたこのオレやのに」「ごめんね鏡花タン」「もう二度とキミを悲しませるようなことはしないからね」と誓う。そう、「鏡花タン」とは、彼の大切にするフィギュアであり、アニメ「フォレスト・ガール」の正義のヒロイン森乃鏡花だったのだ。彼は「フォレスト・ガール」の信奉者、熱狂的な鏡花タンオタクとも言える。では、「フォレスト・ガール」を説明しよう。

　ヒロイン鏡花は、宇宙の片隅にある工場星で暮らしていた。工場星とは、凶悪犯罪者をロボット化する工場のある星のことである。これまで人間が住んでいた本星が温暖化で、海水量の増加に伴う陸地減少により陸地争奪戦が生じて犯罪が激増した。そこで別な星に人間が暮らせる環境を造るという移住計画が始まった。工場星とはその作業用ロボットを生産する星なのである。移住計画の総責任者は鏡花の祖父N博士だったが謎の死を遂げた。その後、博士の5人の弟子たちがおのおの5つの工場星で仕事に従事するが、その一人に鏡花の叔父がいた。鏡花は叔父の工場星で暮らしていたが、その叔父が粗悪なロボットを作り浮いた金で私腹を肥やしていることを知る。鏡花は、叔父の不正を摘発しようとするが、そのことが叔父に知れ利き腕の左手を切り落とされてしまう。彼女が意識を取り戻した時には左手は万能の兵器と化し、彼女はある工場星の北極点の森の中にいた。その森には精霊が宿る泉があり、不思議なことに、泉は膨大な知識とエネルギーに満ちていた。鏡花はここで精霊や動物たちと幸せに暮らしていたが、その泉の不思議なパワーを知った弟子たちが森を奪おうと次々にロボットを送り込んでくる。鏡花は本能的に寄せ来る敵を倒し続けるが、倒した敵も彼女と同じ生身の人間（サイボーグ）だと知り、闘いの意味を問い悩み苦しむのであった。

　読者はお気づきのことと思うが、相羽は鏡花の正義感や自己犠牲の生きざまに倣って会社の不正を告発しようとしたのである。実は、このアニメのヒロイン鏡花のファンは、相羽にとどまらず、その生きざまに倣う登場人物が他にもいる。いったい誰が鏡花ファンなのか、それは読んでのお楽しみである。

4. ネットカフェ難民・赤羽圭一、裁判員になる

　相羽に来た呼出状の対象事件は「鹿野川雪彦に対する殺人被告事件」である。この事件は大阪市根古田区で鹿野川雪彦（28歳）が、自宅の前の空き地で近隣の主婦3名を、嫌がらせをされた逆恨みで刺殺したという事件である。なにわ地方裁判所で初めての裁判員裁判、しかも死刑判決の可能性のある事件を扱う裁判として全国的にも注目を集めていた。

相羽は、裁判はどうでもいいと思っていたが、裁判員制度が社会の底辺から這い上がるきっかけになればと思い、裁判所に出向いた。相羽の他、裁判員候補者60名が裁判所に集まった。裁判所では、書記官から事件の説明がされ、質問紙票が配付され回答が求められた。質問紙には、死刑に対する考えを確認する項目も用意されていた。相羽は、死刑について選択肢の中から「必要だと思う」を選んでチェックを入れた。死刑廃止論者を排除する項目だと捉えたからだ。
　次に面接となる。裁判官と検察官そして弁護士が揃う面接室に相羽は緊張して入室する。そこで彼は、一番聞かれたくなかった職業や住所について聞かれた。その質問が心に重くのしかかるが、相羽はフリーターをしていること、ネットカフェを転々としていることを正直に話した。面接室から戻った相羽は、控室で「しょせん根なし草のフリーターが……社会の底辺をさまよっている人間が、人間を裁く側になんかなれるわけがなかったんや」と意気消沈していた。ところが、書記官の発表で相羽は裁判員に選ばれたのだった。なんと、ネットカフェ難民の相羽圭一は裁判員に選出された。

5．裁判が始まる

　その日の午後には、裁判である。相羽は緊張した面持ちで裁判員席に着く。開廷が宣言され公判が始まった。被告人鹿野川雪彦の人定質問がなされ、相羽は被告人を見つめる。すると被告人も相羽に視線を向けジッと見ている。相羽は「オ……オレを見ている……!?」と感じ、なんで自分を見つめているのかと落ち着かない。今度は鹿野川が一瞬間をおいて突然ビクッと体を震わせた。相羽は被告人を見ているうちに自分が殺人犯になった幻想に取り憑かれる。鹿野川は相羽と同じ28歳、殺人罪の被告人として法廷で裁かれている鹿野川に、殺人も犯しかねなかった自分自身を投影してほんの一瞬幻想を見ていた。それにしても、鹿野川はなぜ相羽を見てビクッとしたのか。その謎は、相羽自身が裁判の過程で気づくことになる。
　検察官の起訴状朗読が始まる。検察官は、公訴事実として、10年もの長きにわたり引きこもっていた鹿野川雪彦が、平成21年3月29日午後8時45分頃、大阪市根古田区観音丘1番11号所在の鹿野川家所有の空き地において、近隣の主婦3名を刺殺したと述べ、罪名および罰条として「殺人」「刑法第199条」を主張した。
　次に、裁判長から被告人に対する黙秘権の告知がされたうえで、起訴状についての意見を求めた。すると鹿野川は罪状についてはほとんど間違いがないとするが、犯行は単なる逆恨みではなく「これは復讐なんです‼」と言い切った。近隣住人の

執拗なまでの嫌がらせに対する復讐だというのである。裁判長から意見を求められた弁護人も、罪状を認めるも、被告人が『集団の悪』の犠牲者であると主張した。

　冒頭陳述になると、検察側は被告人が殺人の罪を犯したことの立証を始める。被告人は、先祖代々この地に土地を持つ家庭に生まれ、家族の寵愛を受けて何不自由なく育ってきたが、10年前、大学生活にうまく適応できずに1回生の6月から自宅2階の6畳間に引きこもったと述べ、部屋の写真が映し出された。その時、相羽は鹿野川の部屋にも「フォレストガール」のフィギュアや雑誌があることに気づき驚く。

　検察側からは、殺害現場となったその空き地には道を挟んで観音様があり、地域の人々の信仰の対象となっている。そしてもう1つ、空き地の中程に枯れかかった桜の木がある。殺害された3人は、前年の夏にその桜から大量の虫が発生して近隣が迷惑を被ったために、その桜をなんとかしてほしいと鹿野川家に掛け合おうと相談をしていた。この話を自宅2階から聞いていた被告人が、土地に無断で侵入したばかりか、昔から伝わる大切な桜の木を奪おうとしていると激怒し、サバイバルナイフを持ち出して3名を次々に刺殺したと陳述した。

　これに対して、弁護側は、犯罪行為そのものは認めるが、検察側が近隣住人による鹿野川家に対する嫌がらせ行為を認定していないと述べ、長年にわたる執拗な嫌がらせこそが被告人を犯行に追い込んだとし、マスコミや捜査側さえ見抜けなかった近隣住民の悪質な行為を明らかにして、情状酌量を訴えるとした。検察官が鹿野川の犯した「個人の悪」を立証するのに対し、弁護人はその「個人の悪」が地域住人の「集団の悪」によって生み出されたものであることを訴えて、求刑されるであろう「極刑」を回避したいと述べた。さらに、法律の専門家ではない一般人の市民感情が裁判に反映されることがこれまでのむやみに極刑を出す非人道的な慣例を変革しうるとして、「ここにいる鹿野川さんが受けた痛みや屈辱を自分自身に置き換えて……健全な裁きをされることを期待します。どうかこの日本の……新しい司法制度の光となってください!!」と冒頭陳述を締めくくった。

6. 争点は「個人の悪」と「集団の悪」、そして事件の真相は「フォレスト・ガール」に!!

　弁護人が示した争点「個人の悪」と「集団の悪」。この2つの悪をめぐって検察と弁護がせめぎ合う。検察側からは4名の証人と1名の被害者参考人、弁護側からはの3名の証人が次々に登場し、検察・弁護双方が激突する。評議も2つの悪と「死

刑」と「死刑回避」で激論が交わされる。果たして評決はいかに‼

　『サマヨイザクラ』の紹介はここまでにしておきたい。この物語は架空ではあるが、裁判員制度についての調査研究に基づき描かれている。マンガとしての脚色で多少は現実の裁判とは異なる部分もみられるが、この物語を読み進めていると、登場人物が織りなす人間模様や裁判での個や集団の悪の議論を通して、裁判員制度のねらいやしくみ、裁判員裁判の公判や評議の進め方など、ごく自然に理解できてしまう。この作品には本編以外にも「裁判員制度のマメ知識」が11ヶ所あり、本編と合わせて読めば裁判員裁判の理解はさらに深まるだろう。この他にも、「サマヨイ誕生秘話」「郷田・オタク度チェック」等や「サマヨイ小ねた集」などサービス満点だ。読者はきっと、作品を味わいながら裁判員制度について学び、そしてこの制度や裁判員裁判について深く考えることになるだろう。マスコミ報道に慣れっこになってしまい、私たちは、深刻で悲惨な事件さえも聞き流してしまいがちだ。本書は殺人事件の裁判を、事件の当事者や関係者、裁判に関わる人々のおのおのの視点から描き出すことによって、読者である私たちにあらためて事件の重みや裁判のもつ意味を問いかけてくる。

　「サマヨイザクラ」のいわれは本書を読んで知っていただければと思う。

　　　　　　　　　　　（井門正美＝坪野谷和樹／いど・まさみ＝つぼのや・かずき）

第4章 学生による裁判員裁判の授業

秋田市立外旭川中学校における実践

第1節 社会科授業「もうすぐ始まる裁判員制度と私たち」

　第3章の模擬裁判に参加した学生や大学院生は、高等学校の公民科の教員免許を取得するために筆者の担当する「公民科教育学概論（前期）」「公民科内容学（後期）」を受講していた。それゆえ、裁判員裁判の理解だけではなく、教師として公民科の授業で、実際に指導できる知識や技能を身につけさせることも重要な課題であった。しかし、2006年度の受講者に対しては、日程の関係で、学校現場での授業を実施することができなかった。

　2006年度に引き続き、2008年度でも法曹三者と学生による裁判員模擬裁判（2008年12月4日）を実施することになり、筆者は、この年度に、役割体験学習論に基づく法教育実践を実施し、受講者の最後の総仕上げとして、公立中学校での授業実践を行った。中学校での実践は、大学における実践とは異なり、裁判員裁判の生徒の理解を図るための手立てを工夫しなければならない。筆者と学生は、どのような授業展開をすればより適切な指導が可能なのかを丹念に検討し、これから紹介する授業を、大学に近い秋田市立外旭川中学校（第2学年2組）で実践した。

　この授業は、特別授業「もうすぐ始まる裁判員制度と私たち」と題し、2時間構成として、2009年2月10日に実施した。授業目標は「模擬裁判を体験させることを通して新しい裁判員制度について理解させるとともに、国民の司法参加について考えさせる」と設定した。

　以下、筆者が学生とともに作成した指導案や具体的な資料などを交えながら授業を紹介する。本実践は、中学校での実践だが、このまま高等学校でも使えると判断しているので、中学校や高等学校での授業にご活用いただきたい（HP「法教育実践コンテンツ」参照）。

1. テーマ設定の理由 ─国民の司法参加と法的実践力─

　まず、私たちは授業の実施にあたって、テーマ設定の理由を次のように定めた。
　2004（平成16）年5月21日、「裁判員の参加する刑事裁判に関する法律」が成立し、2009年5月には国民が司法に参加する裁判員制度が始まる。この制度のもと

では、私たち国民が地方裁判所において裁判員として刑事裁判に参加し、裁判官とともに審理し、有罪・無罪を決定し、有罪の場合には量刑までを決定する。すでに、2008年11月末には、選出された裁判員候補者に書類が発送され、国民の注目が一層高まってきているところである。

　このような状況下では、社会系教科教育（特に、社会科や公民科）では、教科が目標とする公民的資質の一つとして、国民が裁判員としてその任務を遂行するに相応しい資質・能力が求められていると言える。この法に関する資質・能力は法的実践力と言われるが、法を理解し運用し、さらには、よりよい法を創造する資質・能力を意味する。このような力を育成するには、これまでのような知識や暗記中心の教育であってはならない。知識と行為の統一を図る教育方法による学習が不可欠である。

　こうした学習を可能にする教授学習理論として、私たちは役割体験学習[*1]を提案し実践的な研究を展開しているところである。役割体験学習とは「学習者がある役割を担うことによって、考察対象を理解し、問題を解決しようとする学習方法」であり、学習者の社会的実践力（生きる力）を培うべく知識と行為の統一的な学習を図るための理論である。

　今回の裁判員裁判に関する特別授業では、私たちがこれまで前期・後期の公民科教育に関する学習で培った法的実践力（法に関する知識・運用能力）をもとに、生徒に「裁判員」や「裁判官」という役割を体験させることを通して、裁判員制度を理解させ、国民の司法参加について考えさせたいと願い、本実践を行うことにした。

2. 授業の展開

　授業は、裁判員制度の理解を図る部分と模擬裁判部分（公判と評議）、そして、体験を踏まえた裁判員制度に対する生徒の意見形成を図る部分の3部構成となっている。これらの内容を2時間という短時間で学習させるので、事前に最高裁判所・法務省・日本弁護士連合会が発行している小冊子『［平成21年度スタート！］私の視点、私の感覚、私の言葉で参加します。裁判員制度』を事前に配付しておいた。そのうえで、表18および19に示すような展開で実施した。実施にあたって、生徒は、各6〜7名、5つのグループになり、事前に裁判員と裁判官の役割を決めて授業に臨んでいる。

　2時間分の授業はいくつかのセクションに分けたが、学生たちは分担して各セ

クションを担当した。1人で指導する箇所やグループで指導する箇所など、指導側の形態にも変化をつけた。また、学習者側も一斉、個別、グループなど、ねらいに合わせて学習形態に変化をつけている。

(1) 第1校時の展開

まず、指導者は模擬裁判シナリオ（クラス分）、フラッシュカード類、学習プリント、プレゼン機器等を準備し、生徒は裁判員裁判パンフレットを手元に置いて授業が始まった。指導案は表18のとおりである。

①導入および展開1

まず、導入部分では、秋田大学公民科教育グループの紹介を筆者が行い、各メンバーが簡単な自己紹介をし、併せて秋田弁護士会から三浦広久弁護士と山本尚子弁護士がゲストティーチャーとして参加して授業を行うことを伝えた。

表18　授業展開1

時間	教師の活動	生徒の活動	教材・評価
導入 5分	0. 授業者挨拶 　秋田大学から特別授業を行うためにやってきたこと。メンバー紹介 1. 裁判員制度が始まることとその特色を確認する。 発問1 ・みなさん5月から始まる新しい司法制度は何と言いましたか。 ・それはどんな特色がありますか。 裁判員制度が始まることを伝える・確認する。	☆裁判員制度のパンフレット準備 ☆5月から始まる新しい司法制度について答える。 ・裁判員制度が始まることを確認する。 ☆裁判員制度について知っていることを答える。 ・国民の司法参加／刑事裁判／第一審など。	井門が授業者紹介 担当1（坂本） ・事前に配付しておいた裁判員制度のパンフレット ■裁判員制度について知っていることを発言できたか。
展開 1 10分 2 35分	2. 裁判員制度の目的と特色を解説する。 では、裁判員制度はどんな特色があるのか、要点を押さえておきましょう。 ☆裁判員制度の目的と特色 国民の司法参加／刑事裁判で重罪／地方裁判所／有罪・無罪／量刑 3. 裁判員模擬裁判を行う ・法廷のセッティング（公判） ・裁判員は生徒、それ以外の役柄は学生・院生 ①【公判前】評議室 裁判の説明と裁判員の宣誓 （裁判の構成・展開、刑事裁判の留意点等） ②【公判】シナリオに基づいて展開 学生・院生・弁護士・生徒の役割演技	☆裁判員制度の目的と特色を知る。 ・「国民の司法参加」のもとで行われることに気づく。 ・主要な特色を知る。 ☆実際に全員で模擬裁判を行う。 ・役柄と裁判の展開を確認する。 ・裁判員裁判の構成・展開と刑事裁判の留意点を聞く。 ・グループごとに模擬裁判に裁判員として参加する。	・フラッシュカード ・学習プリント① ■裁判員制度の目的と特色を理解できたか。 授業者全員 担当2（井門） ・場の設定と役割配付 ・プレゼン（裁判の説明） ・学習プリント② ■裁判の構成・展開と刑事裁判の留意点が理解できたか。 ・プレゼン（証拠等） ・模擬裁判資料

第1節　社会科授業「もうすぐ始まる裁判員制度と私たち」

図7　導入部板書

板書計画（展開1：坂本）

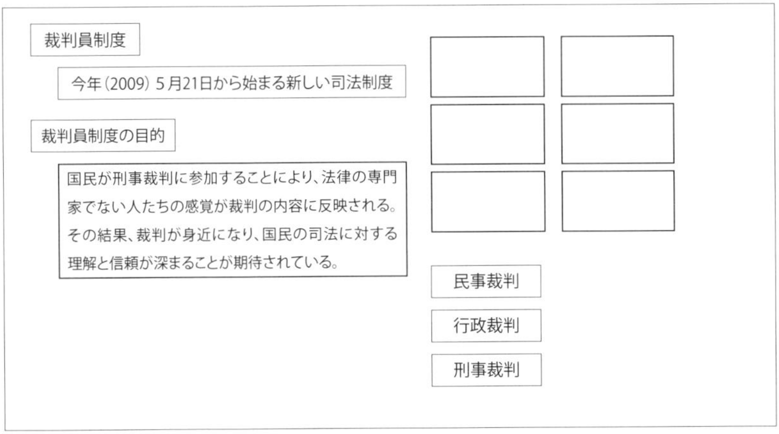

- 裁判員制度
  - 今年（2009）5月21日から始まる新しい司法制度
- 裁判員制度の目的
  - 国民が刑事裁判に参加することにより、法律の専門家でない人たちの感覚が裁判の内容に反映される。その結果、裁判が身近になり、国民の司法に対する理解と信頼が深まることが期待されている。

- 民事裁判
- 行政裁判
- 刑事裁判

図8　模擬裁判公判の配置

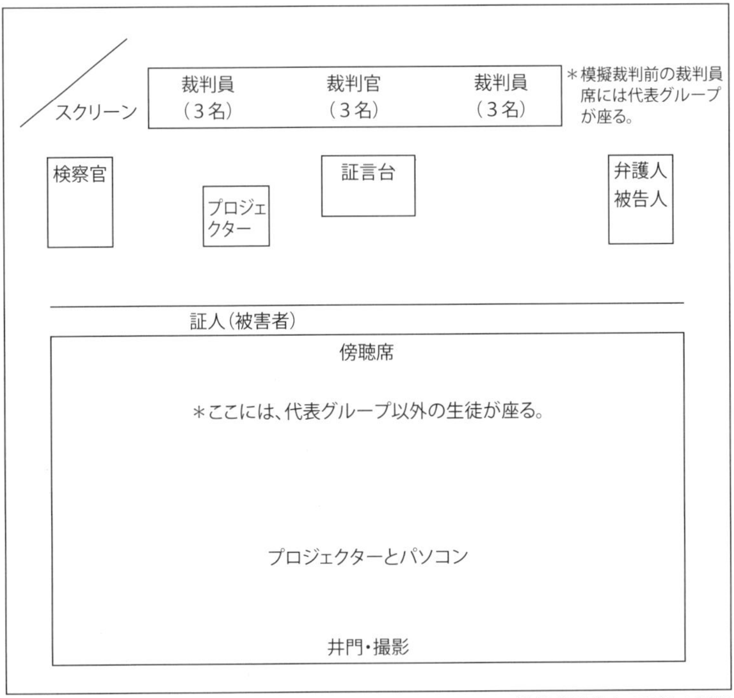

| スクリーン | 裁判員（3名） | 裁判官（3名） | 裁判員（3名） |

＊模擬裁判前の裁判員席には代表グループが座る。

検察官　　プロジェクター　　証言台　　弁護人・被告人

証人（被害者）

傍聴席

＊ここには、代表グループ以外の生徒が座る。

プロジェクターとパソコン

井門・撮影

＊模擬裁判前まで通常の配置

続いて、授業者の坂本真道が導入と展開１の部分を担当した。すでに坂本は秋田大学教育文化学部の附属中学校で2008年９月、裁判員制度を取り上げた授業を教育実習として実践しており、授業に慣れてはいた*2。しかし、中学生はというと、地元テレビ局の取材が入ったことや大学生とは初対面ということもあり、やや緊張気味だった。

それでも、坂本は指導案に沿って授業を進め、特に、国民参加の裁判員制度が2009年５月21日から始まること、そして、この裁判は、刑事裁判の重罪で起訴された事件を対象として、各地方裁判所で行われることなどを確認して、導入部分を終了した。

②展開２

坂本に続いて、筆者が、プロジェクターを使い、裁判員裁判を進めるうえで重要となる事項について説明を行った（次頁参照）。すなわち、裁判員裁判が、大きく公判と評議・評決に分かれていることや、公判は公開で評議は非公開という特色を述べた。次に、公判の進行の仕方（冒頭手続、証拠調べ手続、弁論手続）と評議における審理のポイント（事実認定による有罪無罪の決定、刑の量定）を説明した。最後に刑事裁判の原則（証拠に基づく審理、無罪推定）について解説し、終了した（HP「法教育実践コンテンツ」参照）。

③展開３

次に展開３となり、模擬裁判の公判部分が始まった（図８参照）。公判では、裁判長、裁判官、検察官、弁護人、証人（被害者）、被告人が登場するが、１班の生徒に裁判官と裁判員役として参加してもらい、他の役柄は、私たち授業者側が担当して進めた。なお、検察官と弁護人は、三浦広久弁護士と山本尚子弁護士が担当した。他の生徒には裁判の傍聴人という役割を担ってもらい、公判の様子を見守ってもらった。

公判の途中では、さまざまな証拠が提示されるので、裁判官や裁判員には、証拠書類が配付されているが、傍聴人には配布されていない。そこで、そうした証拠については、筆者が、公判の展開に合わせて、随時、プロジェクターでスライドを映し出した。

公判については、すでに第３章ですべてを紹介しているので、ここでは割愛させていただく。

第1節　社会科授業「もうすぐ始まる裁判員制度と私たち」

スライド1
特別授業
「もうすぐ始まる
　　裁判員制度と私たち」
in 秋田市立外旭川中学校

秋田大学公民科教育グループ

スライド2
裁判員裁判について

裁判は、大きく「公判」と「評議」に分かれます。

- 公判は、法廷で行われます。
  公開なので傍聴席もあります。
  ドラマでよく見かける裁判の場面です。

- 評議は、法廷とは別室で行われます。
  非公開で、裁判官と裁判員が審理を行います。

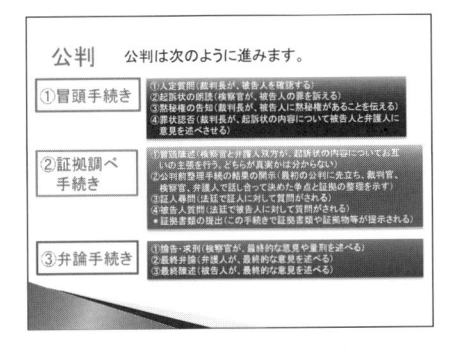

スライド3
公判　公判は次のように進みます。

① 冒頭手続き
　①人定質問（裁判長が、被告人を確認する）
　②起訴状の朗読（検察官が、被告人の罪を訴える）
　③黙秘権の告知（裁判長が、被告人に黙秘権があることを伝える）
　④罪状認否（裁判長が、起訴状の内容について被告人と弁護人に意見を述べさせる）

② 証拠調べ手続き
　①冒頭陳述（検察官と弁護人双方が、起訴状の内容についてお互いの主張を行う、どちらが真実かは分からない）
　②公判前整理手続きの結果の開示（裁判の公判に先立ち、裁判官、検察官、弁護人で話し合って決めた争点と証拠の整理を示す）
　③証人尋問（法廷で証人に対して質問がされる）
　④被告人質問（法廷で被告人に対して質問がされる）
　⑤証拠書類の提出（この手続きで証拠書類や証拠物等が提示される）

③ 弁論手続き
　①論告・求刑（検察官が、最終的な意見や量刑を述べる）
　②最終弁論（弁護人が、最終的な意見を述べる）
　③最終陳述（被告人が、最終的な意見を述べる）

スライド4
評議　公判で提示された証拠に基づき審理します。

1. 事実認定
   事件の真実がどうだったのか、法廷で提示された証拠書類や発言）に基づいて認定し、有罪か無罪を決定する（多数決だが、裁判員のみでは可決されず、裁判官が1名加わっていなければならない）

2. 量刑
   有罪の場合には、事実認定に基づいて刑の重さを決定する

スライド5
刑事裁判の原則

1.「証拠に基づく裁判」
　法廷で出された証拠、証人や被告人の発言にのみ基づいて事実を認定し、有罪無罪を決定して、刑の量定を行う。

2.「推定無罪」
　検察が、被告人を有罪であると証明するには、合理的な疑いをはさむ余地がないほどに証拠によって証明されなければならない。
　「疑わしきは罰せず」（疑わしきは被告人の利益に）

スライド6
では、
　　　裁判が始まります！

プロジェクターで使用したスライド（一部）

（2）第2校時の展開

では次に、第2校時の展開について紹介したい。指導案の展開は表19のようになっている。また、教室の配置は図9に示したとおりである。

第2校時は評議から始まるが、1班から5班に分かれ、私たち授業者のグループがそれぞれ各グループに加わり、評議を進める裁判官役を担当して実施した。評議は、時間の都合上、事実認定までとした。

①評議の様子

生徒が公判に基づいてどのように評議をしたのか、ここでは、2つのグループを取り上げて考察したい。

表19　授業展開2

時間	教師の活動	生徒の活動	教材・評価
3 30分	③【評議】評議室 1）グループごとに評議 　学生・院生が各グループに加わる。 　事実認定（強盗致傷 VS 傷害・窃盗） 　強盗致傷とは　転倒かどうか 2）グループごとに評議結果の報告と検討 　各グループごとの事実認定について確認させ、討論する。結果についてはホワイトボードに書き、その結果を代表が発表する。	☆グループごとに評議 ・各グループごとに事実認定を行い、「強盗致傷」か「傷害＋窃盗」かを決定する。 ・各グループごとに事実認定の結果を発表する。	・各グループの評議を録音する。 ・量刑表 ■自分の考えを述べることができたか。 担当3（鈴木） ■グループごとに事実認定ができたか。
4 15分	4．模擬裁判を通して裁判員制度に対する自分の考えをまとめさせる。 ・数名の生徒に発表させる。	・模擬裁判を実際にやってみてどうだったか、裁判員制度が始まったら参加したいかどうか、理由も含め考え、シートに書き、発表する。	・学習プリント③配付 ■自分の考えをまとめることができたか。
まとめ 5分	5．授業者からのメッセージ 　生徒の裁判員としての参加意思を確認したうえで、裁判員に関する社会の否定的な動向を紹介する。 　そのうえで、裁判員裁判では、事実認定とともに量刑も考えなければならない。国民の司法参加という点で評価される反面、国民に重い負担を強いるという批判のあることも押さえつつも、司法制度をよりよいものにするには国民がこの制度を理解し、制度のあり方について議論し、法を創造していくような姿勢（法的実践力）が大切であることを伝える。 弁護士さんから一言 量刑（強盗致傷の場合、傷害・窃盗の場合） 　・弁護士から量刑について説明する。 　・裁判員裁判等に関するメッセージ 授業者全員前に出て挨拶し終了	・まとめを聞く。時間がない場合には裁判員としての参加意思の有無を挙手で示す。 ・授業者からのメッセージを聞く。 ・弁護士から量刑について説明を聞く。 ・挨拶して終了。	担当4（井門） ・プレゼン（裁判員候補者辞退希望者多数）に関する記事 ■法的実践力の必要性が理解できたか。 担当弁護士 ■量刑について確認できたか。

第1節　社会科授業「もうすぐ始まる裁判員制度と私たち」

図9　模擬裁判評議の配置

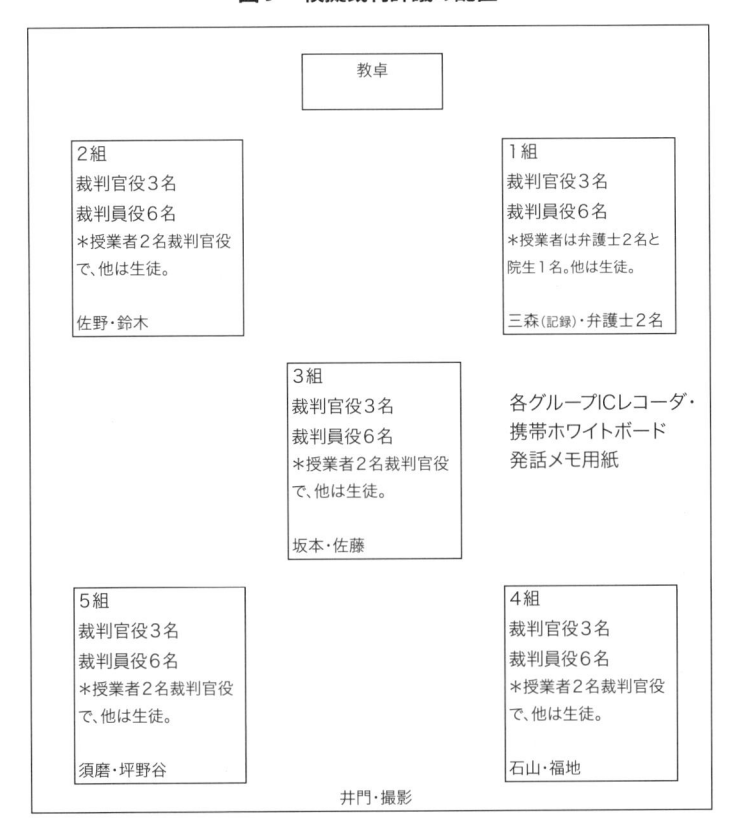

```
                    教卓

    2組                        1組
    裁判官役3名                 裁判官役3名
    裁判員役6名                 裁判員役6名
    ＊授業者2名裁判官役         ＊授業者は弁護士2名と
    で、他は生徒。              院生1名。他は生徒。

    佐野・鈴木                  三森(記録)・弁護士2名

                3組                 各グループICレコーダ・
                裁判官役3名         携帯ホワイトボード
                裁判員役6名         発話メモ用紙
                ＊授業者2名裁判官役
                で、他は生徒。

                坂本・佐藤

    5組                        4組
    裁判官役3名                 裁判官役3名
    裁判員役6名                 裁判員役6名
    ＊授業者2名裁判官役         ＊授業者2名裁判官役
    で、他は生徒。              で、他は生徒。

    須磨・坪野谷                石山・福地

                    井門・撮影
```

1）1班の評議の概要

　1班には裁判長役として三浦弁護士、裁判官役として山本弁護士も参加した。

　評議では、被害者が被告人に押されたか否かが、強盗致傷か傷害・窃盗罪かの争点となる。まず、裁判長役の三浦弁護士が、検察側の主張する「左手で同女を1回突いて転倒させる暴行を加えて、全治1週間のケガを負わせた」とする「強盗致傷罪」なのか、それとも弁護側が主張する「バッグを引ったくられた際に、被害者がバランスを崩して自ら転倒した。被告人は引ったくり以外の暴行は加えていない」とする「窃盗罪」と「傷害罪」の併合罪なのか、この点を確認して審理を進めた。

　ある生徒（A）は「（バッグを）取り合いになったから、反射的に押してしまったと言えるかもしれない」と被告人が押したのではないかとする発言をし、別な生徒（B）は「（被害者が）自分で転がったんだけど、押されたと言ったのではないかと思う」と被害者が嘘をついているのではないかとする発言をした。

153

表20　1班での評議開始時の生徒の判断（弁護士2名を除く）

押した（4名）	押してない・転んだ（3名）
・被害者が押されたと証言している ・路面が凍っていないのにもかかわらず転んだから ・被告人が反射的に押した。気づいてないのかもしれない ・被害者が嘘をつく理由がない。現場の状況からも押された以外に転ぶ要因が見当たらない。5センチヒールが高いのか	・被告人の罪を重くするために被害者が嘘をついている ・5センチヒールの靴でバッグの取り合いをしたなら転んでもおかしくない ・ヒールのある靴なので自分で転んだ・バランスを崩し転んでしまったのでは

　生徒（B）の発言に対して裁判長は「今の話っていうのは、本当は押されていないんだけど、被告人の罪を重くするために被害者が押されたと嘘を言っているということですか？」と発言の意図を確認し（Bはうなずいている）、さらに「被害者が敢えて嘘をつく必要性はどんなところにあると思うかな？」と質問している。

　裁判長が一人ひとりの意見を聞いたところ、裁判官役と裁判員役の生徒7名の事実認定に関する見解は、「押した」が4名、「転んだ」が3名となった（表20参照）。

　さらに事実認定が進むと、先ほどの生徒（B）の「被告人の罪を重くするために被害者が嘘をついている」という意見については、「被害者がわざわざ嘘をつく理由はない」とする対立的な見解が提示された。そこで裁判長は、「被害者が嘘をつく理由の有無」について議論を進めた。すると、「嘘をついていない」とする立場は「嘘をつかないと宣誓しているから」「嘘をついた場合訴えられるので」といった根拠を述べた。それとは逆に「嘘をついている」とする立場は「お金がもらえるから」「被害者がケガをしたことは事実なので、被告人により重い刑を与えたいと考えたから」という意見が出された。この他、判断保留としては「どちらとも判断つかない」「被害者は押されたと勘違いしているのでは」という見解も示された。

　ここで裁判長は、犯行時の被告人と被害者の動きを再現することにした。被告人役と被害者役を決めて犯行状況を再現しつつ、ヒールの高さと転びやすさについてや、被告人と被害者の位置関係や、バッグを引ったくる時の両者の動きなどを実際に再現して検証を行った。

　そうした審理過程を経て、被害者は転びやすい状況には見えないという意見が多く示され、「ヒールを履いていないのでわからない」という意見もあったが、「路面が乾いていたので転びやすい状況ではない」「事件当

事件時の動きの再現

日の靴は被害者が履き慣れたものであった」「被告人が被害者を押したと考えるのが妥当」という意見が出され、体勢として被害者は転ぶような状況でなかったという認識になった。

その結果、最終的には、全員一致（9：0）により「強盗致傷罪」に決まった。

2）2班の評議の概要

2班は、裁判官役は学生2名（裁判長：鈴木正紀、裁判官：佐野彰紀）と、生徒6名（A〜Fとする）という構成だった。

裁判長の鈴木が、「では、みなさんに聞いていきたいと思います。Aさん、どう思いますか？」と、裁判員A（生徒）を指名すると、Aは「話を聞いていると、被告人の言っていることが曖昧な印象があった」と述べた。続いて鈴木が裁判員Bに意見を求めると、Bは「押し倒したと思う」と述べたが、鈴木がその理由を尋ねても、答えることができなかった。そこで、裁判員Cに意見を聞いてみたが、Cは考えがまとまらない様子で、意見を述べることができなかった。議論が30秒ほど止まってしまった。評議のこの最初の部分では、生徒たちは間違ったことを言ってはいけないのではないかという雰囲気で、議論が進まなかった。この段階での裁判員の意見は「押した」「押してない（転んだ）」で3対3に分かれていた（裁判官は「押した」という判断だが表明はしていない）。

鈴木は、生徒が少し緊張していると判断し、「みなさんが意見を言いにくい、というのはもっともです。これからこの制度は開始することですし、ぼく自身これが正解だ！　とみなさんに示せるものでもありません。こうだから正しい、これを言ったら間違いだということはないですから自由に話していいんですよ」と述べた。

その鈴木のコメントがあってから、徐々に生徒の意見が出てくるようになった。裁判員Bは「ヒールの高さは？　もし高いヒールでないのならば倒れたというのは不自然だと思います」と述べた。それに対して鈴木は証拠書類の写真撮影報告書に基づきながら、高いヒール（ピンヒール）ではなく、高さは5センチ程度の普通のヒールであることを伝えた。そして、この高さのヒールで、自然に転ぶのかどうかを裁判員に尋ねた。すると、裁判員Dは「このヒールなら、

2班の評議風景

履いていて自然に転ぶことはないと思います」と発言し、また、裁判員Eも「ヒールの高さが5センチで転ぶなんてことはおかしい」と発言した。この他にも、「履き慣れていれば転ばないと思うから、突き飛ばされたと思う」「事件当時は路面も凍ってなかったし、自分で転ぶとは考えにくい」というように、生徒たちから意見が出てきた。そこで鈴木が「では、靴から判断すると、自然に転ぶようなことはおかしい」という判断でよいかどうか、生徒に確認すると、全員がそれに同意した。

この後、被告人の証言の信頼性が議題の中心となった。すると、裁判員Aは「やっぱり今考えてみても被告人の言ったことには信頼がおけない」と発言し、続いて裁判員Dも「はっきり覚えてないということでしたし……」と証言の信用性を問う発言がされた。

しばらくして、充分に話合いが進んだと判断した鈴木は「では、最終的な結論を出したいと思います。押し倒した、つまり強盗致傷だと思う人は挙手をお願いします」と述べた。そして多数決で確認すると、裁判官2名を含めた全員が強盗致傷に挙手をして、事実認定の結果、「強盗致傷罪」に決定した。

裁判官役で記録も取っていた佐野は、「評議の出だし部分では、生徒は自分の意見を言いにくかっただけで、実は、公判部分をしっかり聞いていて、おのおのが自分の意見をもっていることが確認できた」と述べている。佐野は、生徒の自由な発言を促す鈴木のコメントがあったことで、発言しにくい雰囲気が、発言しやすい雰囲気に変わった、と指摘している。

②各班の評決

評議が終了し、最後に班ごとの事実認定の結果を発表した。各班の代表が、その結果を示したホワイトボードを持って前に出て、事実認定の結果とその理由について述べた。結果は表21のようになった。

③授業のまとめ

授業のまとめでは、筆者と弁護士の方々から生徒に話をして終了した。

まず、筆者は授業を終えた生徒が、将来大人になった時に、「裁判員として参加したいかどうか」を質問した。6名の生徒だけが「参加したい」と挙手をしたが、その他の生徒はしなかった。生徒の裁判員裁判への参加意欲を確認したうえで、国民は裁判員としての参加をどのように考えているのか、日テレNEWS24のホームページ[*3]に掲載されたニュース(2008年12月20日0:54掲載)を紹介した。日テレNEWS24では、最高裁による報道発表(同月19日)として、裁判員候補者通知が送られた約29万5000人のうち、ほぼ4割に当たる11万8500人が辞退希望などを

表21　各班の事実認定の結果

1班：強盗致傷罪	・道に雪がなくて乾いていた。 ・ヒールも履き慣れていた。 　→被害者自ら転ぶとは考えにくいため、被告人に押されて転倒した。
2班：強盗致傷罪	・被告人の証言が曖昧で信用できない。 ・ヒールも履き慣れたものだった。 ・道に雪がなく乾いていた。 　→被害者自ら転ぶとは考えにくいため、被告人に押されて転倒した。
3班：強盗致傷罪	・被害者自ら転倒したとは思えないケガ（全治1週間） 　→被告人に押されて転倒したためではないか。
4班：強盗致傷罪	・ヒールも履き慣れたものだった。 ・実際に班の皆で事件の状況を再現してみた。 　→被害者自ら転ぶとは考えにくいため、被告人に押されて転倒した。
5班：強盗致傷罪	・被告人は当時むしゃくしゃしていた。 ・被告人の証言が曖昧。 ・ヒールも履き慣れたものだった。 ・押さないとバッグを奪えない状況だった。 　→被告人に押されて転倒した。

書いた調査票を返送したとするニュースを伝えていた。これを生徒に紹介して、生徒だけではなく、成人にも参加したくない人が多数存在することを伝えた。しかし、裁判員制度は国民の司法参加を求める制度であるので、こうした制度下では私たち国民が司法に関心をもって、積極的に関わっていく時代となったこと、そしてまた、国民が司法に注目して、私たち自身がよりよい制度や法を追究できるような資質能力、つまり「法的実践力」を身につける必要があることを伝えた。近い将来、成人になった時のためにも今から法に関心をもって学んでほしい、と述べた。

筆者に続き、ゲストティーチャーとして参加していただいた弁護士お2人と授業を参観した司法修習生の方から、生徒にコメントをしていただいた。

三浦弁護士は、はじめに、1班の生徒の評議での様子を取り上げ、生徒が公判での証言内容や被告人の発言などもよく覚えていて、そうした発言や提示された証拠をしっかりと押さえて判断しようとしていたこと、そして、その証言などの内容から、こう言えるのではないか、ああ言えるのではないか、このように捉えられるのではないかと熟考し、説得的な発言をしていたことを高く評価した。

そのうえで、刑事裁判や裁判員裁判は特別なものと捉えるかもしれないが、その基本は、証拠を把握して、それに基づいて自分の考えをきちんとまとめて述べること、それと同時に、相手と自分の考えとを照らし合わせて、自分の考えに修正すべき点はないかどうか立ち返ってみることによって結論に至ることの重要性を訴えた。

三浦氏は、今回の評議では、事実認定と法の適用までを行い、刑の量定まではできなかったが、生徒がすべての班で適用させた「強盗」は、人を故意に暴行したり脅したりしてその人の財産を奪うという重罪であり、さらに、その人にケガを負わせたとなると「6年以上の懲役刑」となる。それだけに、生徒には、被害者の立場、被告人の立場など、いろいろな立場から考えて、どんな刑が妥当なのかを判断してほしい、と投げかけた。模擬裁判ではあっても、真剣に考えることを通して、その被告人の罪を裁くことが重みをもってくると思う、と熱く語った。

　続いて、山本弁護士も三浦氏と同様に生徒が公判での検察官や弁護士の話、被告人の発言や証人の証言を細かいことまでメモして、よく話を聞いていたと評価した。裁判や事実認定では人の話をよく聞くことが前提で、生徒はその姿勢で臨み、自分の考えを積極的に述べ、理由づけもしっかりしていたが、このことがとても大事だと語った。今回の授業では、生徒が将来大人になって裁判員に選ばれた時、自らの意見を述べ、他の人の話を聞いて、どのように話合いを積み重ねたらよいのか、法的なものの考え方や、他の人との関わり合い方などの大切さを学べたのではないか、と述べた。

　最後に、三浦弁護士の下で研修を行っている佐藤顕子司法修習生が感想を述べた。佐藤氏は生徒の評議がたいへんよくできていたことに感心した、と評価し、自身が小中学生の時にはこうした学習経験が一切なかった、と述べ、当時、今回のような法律や裁判について考える機会があったら、ものの見方が違ったのではないかと思う、と語った。こうした機会をきっかけに、社会のことをいろいろ考えてほしい、と生徒への期待も述べた。

　こうして、筆者らによる授業実践は終了した。

　なお、外旭川中学校での実践の詳細については、HP「法曹三者と学生による裁判員模擬裁判2008報告書PDF」を参照していただければと思う。

＊1　坂本は教育実習（秋田大学教育文化学部附属中学校）において、「暮らしとつながる政治―国の政治のしくみ―」の単元で、「裁判と司法改革」の授業（2008年9月10日、第4校時）を実践している。
＊2　教育実習は一定期間の生徒との付き合いがあるので、比較的授業はしやすい。
＊3　http://www.news24.jp/125445.htm

第2節 授業反省会とアンケート調査の考察

　本節では、外旭川中学校での授業がどうだったのか、授業後に行った授業反省会を紹介し、授業に関するアンケート調査についてその考察を行う。

1. 学生による授業反省会

　授業終了後、筆者らは大学に戻って、授業反省会を行った。まずはじめにその様子を紹介したい。

　授業反省会は、実際の授業の流れに沿って話合いが進められた。ここでは、反省会で話題となった授業部分として「導入・展開1」「展開2」「展開3」「展開4」について紹介していく。最後に、実践者が感想を述べ合っているので、議論の雰囲気を味わっていただくために、そのまま紹介することにし、筆者の考察も加える。

(1)「導入と展開1」はどうだったか

　まずは、「導入・展開1」の部分について反省会の記録（要約）を見てみよう。

> **鈴　木**　生徒が事前に配付した裁判員制度についてのパンフレットを読んでおり、興味や意見をもっていると感じた。
>
> **坂　本**　生徒から意見を引き出せればよかったが、教師の講義のような形で進めてしまった。評議については、積極的な生徒もいたが、メモをとる様子のない生徒もいたところは改善点として挙げられるのではないか。
>
> **井　門**　指導案とは異なり対話形式にしなかったのはなぜか？
>
> **坂　本**　そこまで生徒が裁判員制度について知っているようには思われなかった。
>
> **坪野谷**　確かに生徒もすることがない様子だった。
>
> **井　門**　すでにある程度知識を持っている設定で授業構成を考えたので、もう少しテンポよく進行してもよかったのではないか。
>
> **坂　本**　生徒は公民的な内容を知らないので、パンフレットを読んだとは

いえ、あまり理解をしているようには感じられなかった。特別授業だからという印象はあった。
石　山　　時間的に急いでいたのだと思う。
坪野谷　　授業者が決めることであるので、坂本さんの判断が間違っていたようには思わない。
福　地　　生徒が授業を聞いているとき、何をすればいいのかわからないようにしていた。授業者があらかじめ手順を示しておいた方がよかったのではないかと思う。
佐藤（良）　生徒と教師（坂本）の掛け合いが少ないように思った。生徒の反応もあまり積極的でなかったので仕方ない。フラッシュカードの有効性を再確認した。
佐　野　　最初に発問した生徒の反応が薄かった。また黒板と生徒の距離が遠かった。
坪野谷　　掛け合いは悪かっただろうか？　評議のところで埋め合わせができたと思うので、問題なかったのではないか。
三　森　　自分なら指導案での進行通りに進めようとしただろう。生徒の様子に沿って授業の仕方を変更しようとも、授業者でなかったにしろその時に思わなかったので、素直に坂本さんの判断は適切だったと考える。
鈴　木　　裁判員役の生徒が資料のどこを見れば良いのかわからなそうにしていた。
坪野谷　　確かに。また裁判員役だけでなく他の生徒にもシナリオを配付した方がよかったかもしれない。
佐　野　　評議する際にも、靴やバッグ等の写真は必要であった。

　導入部分の坂本の授業については、初対面という点や公民的分野の学習内容（第3学年）ということもあって、生徒の反応が今一つであったとする意見が出された。生徒に積極的に入り込んで発言を引き出した方がよかったのか、反応を見て裁判員裁判に関する基本的事項を押さえることでよしとするのか、この点で学生同士の意見が分かれた。坂本自身がまだ2年次生で授業経験がそれほどないことを踏まえるならば、必要事項をフラッシュカード等で示して次へつないだというのはベストではなくとも一つの選択肢であったと考える。熟練した教師ならば、ここは、生徒に入り込んで、発言を引き出すように動くところであろう。

なお、展開2の模擬裁判公判部分については、1班の生徒は裁判官役（1名）と裁判員役（6名）を担当したが、学生からは手元にあった証拠書類などの見方がわからなかったのではないかとの意見が出された。加えて、傍聴していた他の生徒にも証拠書類などを配付しておいた方がよかったのではないかという意見もあった。

この点については、筆者が公判の流れに沿ってプロジェクターで証拠書類等を提示したので、問題はなかったと考える。傍聴する生徒にも証拠書類等を渡してしまうと、肝心な公判を見ないおそれもあるからである。

（2）展開3「評議」における審理はどうだったか

ここでは、前半の評議における事実認定の審理部分と後半の法の適用部分とに分けて考察する。

①各班による事実認定の審理

> **佐　野**　間違うことを気にしている様子だった。途中鈴木さんが、助言してから議論が活発になった（佐野・鈴木〔2班〕）。
>
> **佐藤（良）**　自分は記録役だったが、発言するのは特定の生徒だった。坂本さんが話を振っても決まった男子2人が応えるという感じ。意見も最初と同じことを繰り返すので、議論として成立していたのかは疑問。ただ最終的に立場を変えた人もいたので、人の話を聴くということはできていたのかもしれない（坂本・佐藤〔3班〕）。
>
> **坂　本**　発言するのは決まった2人で、働きかけてもあまり変わらなかった。個人的な反省としては、自分もシナリオの内容を消化しきれてなかった。それが議論にも影響したのかもしれない。
>
> **福　地**　公判でメモをとっていなかったので、意見は基本的に出ないと思う。また資料がないと具体的な議論はできない。全て想像の範囲でしか話せないので、評議体験としてはどうか（福地・石山〔4班〕）。
>
> **石　山**　反省としては、生徒の意見が出ないことから自分が長く話してしまった。櫻庭豊先生（附属中）方式を参考にし、班の中心的な生徒に話しかけて、他の生徒への作用もねらうという感じ。最初はその考えに躊躇していたが、今回の実践を経て効果的な面もわかった。確かにそのやり方で発言する生徒もいるので。
>
> **坪野谷**　全体的な感想としては、まず楽しかった。ただ1班が別格扱いにな

ってたのが気になった。自分の担当した班では、基本的な知識を話したうえで意見交換したが、あまり出なかったので、役割に沿って体験させた（坪野谷・須磨〔5班〕）。

三森　私も、1班が他の班と別格に置かれている、と他の生徒に感じさせてしまったのでは、という点は危惧している。ただ、1班だけに限っていえば、弁護士の方が参加して進行を担ってくれたので、法教育の観点からはよい議論がなされたと思う（三森・弁護士2名〔1班〕）。

弁護士のお二人が裁判官役で参加した1班を除くと、他の班は生徒の発言を引き出すのに苦労したようだ。模擬裁判の公判では、シナリオに基づいておのおのの発言がなされるが、発言は消えてしまうので、生徒の記憶に頼るしかない。生徒には簡単なメモなどをとらせておく必要があったのかもしれない。また、評議においては、実践者側だけが持っていた証拠書類等を生徒にも配付して、裁判官役の学生たちが争点を明確にしながら、証拠に基づく事実認定を行うべきだったと考える。

指導技術に関しては、石山の発言に着目する必要がある。附属中学校の櫻庭豊教諭から学んだ方法として、全体的に発言が出ない場合、班やクラスのキーパーソンに切り込んで、全体の意見を引き出すという方法である。石山はこの方法を使って、生徒の意見をうまく引き出したようである。9月の教育実習での学びを活用し効果を確認した点で評価できる。

なお、大学院生の坪野谷は、立ち上がってジェスチャーを交えながら評議を進めていたが、こうした動きのある指導によって、生徒の発言が促されているので、相手の反応次第ではなく、実践者から果敢に生徒に働きかける姿勢が重要だと言える。

②各班による法の適用

鈴木　併合罪がいないことに驚いた。裁判員に選ばれたくないと答えた生徒が多いことに戸惑いを覚えた。発表の際、それぞれが意見をもっていたので、各班議論されていたんだな、と思った（佐野・鈴木〔2班〕）。

坪野谷　評議に割いた時間はどうだっただろうか？　時間が余った班の方が多かった。しかし発言が少なかったからかもしれない……。足りない班は2つの班？（坪野谷・須磨〔5班〕）

坂本　授業の雰囲気、流れはよかったのではないか。明るく、というか、

いい感じでできた印象がある（坂本・佐藤〔3班〕）。
石　山　ケガした人が可哀想だというような情緒的な意見が目立った。そういう側面にも気をつける必要を感じた（石山・福地〔2班〕）。
福　地　ホワイトボードでの内容を板書したのはなぜか？
鈴　木　指導案では討論を想定していたためだが、結局時間がなくなり活用できなかった。
佐藤（良）　グループごとに発表させたら強盗致傷に偏ったが、鈴木さんは対応していてすごかった。自分もいろいろな事態を想定して板書のやり方を考えておけばよかった（板書担当）。
佐　野　板書法についてもっと詳しいところまで考えておくべきだった（板書担当）。
坪野谷　担当した班は、多数派の意見が正しい、というようなところがあって、結局少数派も多数派の意見に流れたという感じ。
鈴　木　少数派の生徒は自分が少数派であるということで意見を変えることはなかった。ただ自分で考えた結果変わったようで、最後の意見は違うものになった。
坂　本　多数派に押されていたという感じもしないでもない。
石　山　自分たちとしては少数派意見を尊重する形はとった。
井　門　生徒たちの意見変容過程や多数派意見と少数派意見の関係については、アンケートから分析することも必要になってくるだろう。

　この部分は、評議後に各班の代表が前に出て、事実認定の結果を発表した部分である。授業者の鈴木が担当した部分であるが、鈴木自身が驚いているように、5つの班すべての事実認定が「強盗致傷罪」となった。各班の評議では、個々の生徒が必ずしも最初から「強盗致傷罪」ではなかったが、評議を行う過程で、「強盗致傷罪」という結果に至った。
　ただし、この部分の反省会の発言にあるように、生徒の中に勝ち馬に乗るような形で多数派の流れに傾いてしまったり、少数派であることに不安を覚えて多数派に流れてしまうような傾向があったとすれば、この点は気をつけなければならない。このことは、大人であっても実際に評議を行う中で起こりうることかもしれないので、こうした点については、これまで法曹三者が行った模擬裁判の報告なども確認してみる必要があろう。

(4) 実践後の感想を述べ合う

　授業反省会では、最後に、今回の授業についてお互いに感想を述べ合って終了している。

> **福　地**　授業案を作成したけれども、現場の生徒とのギャップを感じた。ただギャップを知らないと改善することもできなかったのでいい体験となった。
> **佐藤（良）**　外旭川中の生徒にとって裁判員制度が一つの関心事になったのではないかと思う。今日授業を受けたことで、これからニュース等で動向を気にかけるのではないか。そこから裁判員制度への関心が広がればいいと感じている。
> **佐　野**　（教育実習では）初日で授業をすることはないので、今回は生徒の特徴をつかみきれず授業が難しいと思った。
> **石　山**　自分は塾のバイトをしているが、その限りでは話せない子どもはいないと思っている。外旭川中の実践でもそう考えて臨んでいた。今後もそれを念頭に置いてやっていきたい。
> **坂　本**　今回授業で公判や評議を体験したことで、裁判員制度についてのきっかけをもってくれたのではないか。実習と違い初日での授業ということで、自分も生徒も戸惑っていたと思う。ただこれからは、初めてだから授業できないということはないと考える。
> **鈴　木**　裁判員制度に関しての意見をもってくれたのではないか、という印象。附属中学校との違いもあったと思うが、それはしかたないことだと考えている。ただそのことを意識して授業を行う方がいいと思う。
> **佐藤（友）**　実践の事後討議を聞いていて、模擬裁判はやらないよりはやった方がためになるのかもしれないと思う。生徒だけでなく、教師も体験していないと戸惑う部分が多いので、しておいた方がいいのではないか（佐藤は授業に参加できなかったが、授業反省会に参加して感想を述べた）。
> **三　森**　久しぶりに中学校で実践を行ったが、自分の中の中学生像と実際の中学生像にギャップを感じた。そのことを把握できたのも今回の印象的なことの一つである。授業自体に関しては、議論は概ねよくなされていたのではという感想だったが、他の参加者によると十分な議論がなされなかった班もあるようだ。公判部分のキャストにあたらない、大多数の生徒に対する働きかけの点では、課題も多かった。

坪野谷　教師の力量にかかっているのだということを強く感じた。先生次第で授業も変わるのだろうと思う。社会科という視点で見ると、これが本当の社会科なのかなと考える。体験するのとしないのとでは違う。今回の私たちの授業作りでは提出物等いろいろたいへんだったと思うが、意味はあったのではないか。他の学生と作業する中で、たくさん学んだり新たに知ったりすることができてよかった。一つの作品が完成したという感慨をもっている。

　最後になるが、授業実践全体を振り返った。教師が日々行っている授業実践というのは生徒の実態を捉えながら展開していくものなので、そういう意味からすれば、初対面でしかも授業に不慣れな学生が中心となって進めるのであるから、満足のいくような授業ができるという方がむしろ珍しい。しかし、授業を行うにあたって、学生たちが1年間をかけて裁判員裁判や法教育について学び追究し続けてきたことは、決して無駄になるものではない。学生たちは、講義による学習、文献の講読、法曹三者との交流学習、シナリオ作成と裁判員模擬裁判とさまざまな学習活動を行い、そのうえで中学校における授業実践を行っている。現場の教師がなかなかできない教材研究を長い期間かけて行ってきたことはかけがえのない蓄積になったと考える。このことは坪野谷が最後に語った感想によく現れている。実践者の多くは教師を希望しているが、やがて、教師になった時に役立つと筆者は確信している。

2. 外旭川中の生徒・教師と弁護士に対するアンケート調査

　外旭川中学校における授業実践の際に、生徒と先生方、そして弁護士の方々に対してアンケートを実施した。そこでその集計結果を提示し、授業実践の成果や課題を考察したい。

（1）授業や裁判員裁判に対する生徒の感想・意見
　今回の模擬裁判の授業に対する生徒の感想は、授業実践の展開4で「学習プリント③」を配布し記入をさせた。質問項目は主要項目を3つ設定し、「質問1」については、小項目を2つ設定した。まず、質問項目のねらいを説明し、次に項目ごとの生徒の回答結果を紹介し、それぞれの回答についての考察を加えたい。
　①生徒用アンケート（学習プリント）の質問項目の説明
　質問項目は次頁に示したとおりである。「質問1」では、模擬裁判（公判と評議）

生徒用アンケート（質問項目）

学習プリント③　裁判員制度と私たち

2年2組　氏名　　　　　　　（　　班）

1．模擬裁判（公判や評議）を体験してみた感想を書いてください

①あなたは、評議のはじめで、「強盗致傷」か「窃盗＋傷害」のどちらだと考えていましたか。→a「　　　」罪と考えていた。b「判断が付かなかった」
　その理由を書いてください。

②あなたは、評議の最後にはどう判断しましたか。
　　→a「　　　」罪　b「判断が付かなかった」
　その理由を書いてください。

2．将来、裁判員候補者に選ばれた場合、参加したいですか？
　　　はい　・　いいえ　　（どちらかに○を付ける）
　理由を書いてください。

3．今日の授業の感想を書いてください。

を体験した感想を自由記述で回答してもらう。ここでは、模擬裁判という体験的学習が生徒にどのように受け止められたか、そうした方法がどのような学習効果を与えているかなどを確認しようとした。

続いて質問1-①では、生徒が公判を見終えた後、つまり評議に臨む前に、この甲野はじめの事件に対して、どのような立場（初期立場）であったのかを捉え、また、なぜそう判断したのか、その理由を把握しようとした。そのうえで、1-②では、評議後の立場はどうなっているか、また、その判断理由を把握しようとした。

「質問2」では、将来、生徒が裁判員に選ばれた場合に、裁判への参加の意思の有無について確認し、その理由についても記入してもらうこととした。

最後に、「質問3」として授業の感想を記入させて、最終的に生徒がわれわれの授業をどう捉えたのか確認した。

なお、回答者は31名（1班7名、2～5班各6名）であった。

②各質問項目の回答結果とその分析

1）質問項目1：生徒は模擬裁判を体験してどんな感想を持ったのか

生徒の回答を記述内容から分類すると、表22のようにまとめられる。

2）質問1-①：公判後に生徒はこの事件をどう捉えていたか

この質問に対しての生徒の回答は、「強盗致傷罪」（16名）と「窃盗罪と傷害罪」の併合罪（15名）となっており、ほぼ、半々に判断が分かれる結果となった。

その判断が分かれた理由は何なのか、回答結果を表23に示した。

3）質問1-②：生徒は評議を通してどう決定したのか

生徒の回答結果を見ると、表24に示したように「強盗致傷罪」が28名、「窃盗罪と傷害罪の併合罪」が3名であることが確認できた。評議を通して多くの生徒が「強盗致傷罪」にシフトしたことが確認できる。評議で自分の意見を述べたり、また、他のメンバーの意見を聞く中で、「被告人の発言が曖昧な点」から信憑性を疑う生徒が増えたことや、靴の「ヒールの高さや幅」「当時の天候や路面状況」などを判断材料として、「強盗致傷」にしたと捉えられる（なお、生徒の記述で誤解や問題と思われる記述は下線で記した）。

4）質問項目2：生徒の裁判員裁判への参加意思はどうか

この質問では、生徒が将来裁判員裁判に進んで参加するのかどうかを確認したが、参加意思を示した生徒はたったの6名で、多数が参加意思がないと回答した。その理由を表25に示した。

「参加したい」とした生徒は、今回の授業そのものに関心を示し、その結果とし

表22　生徒の質問項目1に対する回答結果

1　模擬裁判を体験してみた感想	【興味・関心がもてた、楽しくできたなど】 ・模擬裁判は見たことがなかったのですごいと思いました。あとこれから裁判員制度が始まるまで勉強になりました。 ・細かい所までのがさずに調べて、証拠をみつけるっていうのが大切なんだと思いました。証拠はいっぱいあった方が有利だと思いました。 ・教科書だけで学ぶより覚えやすい。 ・最初半々に分かれたけど、後からみんないっちしたので、説明の力はすごいと思いました。 ・裁判についてよくわからなかったけど、実際体験して、意見などを出しているとくわしくわかってきてよかった。 ・公判はテレビなどでちょっと見たことがあったけど、評議ははじめてやってみてどういうものかわかった。 ・よく再現されていたので、とても良い経験になりました。 ・見ていてとてもたのしかった。裁判はおもしろいと思った。 ・いろいろな方向から考える難しさを改めて体験できた。他の人の意見を聞けてとてもよかったと思う。 ・裁判はこういうふうにやるんだなと思いました。公判は見たことあるけど、評議はないので、よく分からなかったけれど、今回やって見てよく分かりました。 ・真実を見ぬくのは難しいと思いました。評議ではみんなの意見が分かれ、決めるのに時間がかかりました。みんなの意見を一致させるには実さいにやってみるのもいいなぁーと思いました。 【裁判員に大切なこと、必要なことがわかったなど】 ・ぼくは、裁判などを実際に見たことがなかったので、裁判の流れや、さばかれ方などを今日見て、裁判は、正確に証拠などを使ってやらなきゃいけないと思いました。 ・評議を体験してみて、最初に考えていたことと話し合いで決まったことは違ったけど、違う考えの意見を聞いてみると、納得のいくところが多くありました。ちゃんと話し合って決めることは大切だなと思いました。 ・裁判の証言の中から自分の意見や思ったことをまとめるのは、すごく責任があって大切だなと思いました。 ・人を裁くというのはとても責任がいることだと思いました。自分の思っていることをちゃんと相手に伝えることは大切だと思いました。 ・裁判の流れなどが分かってよかったです。裁判中に内容をよく聞いて覚えておくことが大切ということも分かりました。 ・自分で思っていることを言葉にして言うのは難しかったけど、たくさんの人の意見を取り入れるのはいいことだと思いました。 【実際やってみてたいへんだった、難しかったなど】 ・けっこういろいろと決めていくのが難しかった。 ・最初は意味が分からなくて、ちんぷんかんぷんだったけど、被告人と被害者の意見の食い違いがあったので、ますます訳が分からなくて理解するのが大変でした。 ・自分で考えて、意見を述べるのは難しかったです。どちらの意見が正しいのか分からないので大変だった。 ・真実のことを見ぬくのは大変だと思いました。 ・むずかしい言葉がいっぱいでてきたので聞いているのが大変だった。 ・大変だった。 ・リアルに体験してみて色々な推理があって難しかったです。 ・自分の意見をしっかりもっていないと何もできないなぁと思いました。 ・公判はドラマなどで少し見たことがあったけれど、評議は初めて体験してどういうものかというのが分かりました。そして、有罪か無罪かなどを決めるのは難しいのだということが分かりました。 【その他】 ・裁判の進み方の流れが分かった。被害者と被告人がどっちも本当のことを言っているようで、その上弁護士がカバーしていた。裁判長の手際がよかった。 ・実際にやってみると、その時の状況などが分かって自分の考えも変わりました。 ・裁判てこのようなものなのかと思った。 ・裁判ってこんな感じなんだろうなぁと思いました。

表23　生徒の質問項目1-①に対する回答結果

1-①　公判後に生徒が判断した罪状とその理由	【回答結果人数】罪状　「強盗致傷罪」：16名　「窃盗と傷害の併合罪」：15名　計31名
	【強盗致傷罪と決定した理由】 ・右手にかけていたバッグを後ろから引ったくられ、そのバッグを守ろうとして前のめりになって倒れたと思ったから。 ・ヒールの高いくつをはいていたことから転んでしまったのではないかとも思ったし、被告人がむしゃくしゃしていたんだったら押したのも、あると思ったから。 ・その日は天気もよく、道路はきれいに除雪されていて、自分で転ぶっていうのはないと思ったから。 ・(被告人が)最初と後に言ってることが違うから。 ・被告人がむしゃくしゃしていたからやったとか、最初はやってしまったといっていたのに、あとからやっていない、などと言っていることが違ったりしたので。 ・その事件の当時の地面の状況だとかを考えてみると、弁護側の言い分と食い違っていたりすることから。 ・バッグをとるときに倒されたのか自然に倒れたのか。 ・バッグを奪ったのにもかかわらず、倒れた？　倒した？　証人に手を出すのは、犯人として不自然と思ったから。 ・押されないと転ばないと思ったから。 ・雪が除雪されていて道が乾いているしヒールが5cm程度しかないから、そう転んだりしないので押されたのかなと思いました。 ・自然に倒れたら手をつくはず。押されたから反射的に体をひねってひじを付いた。 ・被害者はうそをついてもあまりいいことがないので、うそはついていないと思っていました。 ・強く押されないとこんな大ケガにはならないから。 ・道路も乾いていて自然に転んでしまうのは不自然だと思ったから。 ・くつは、はきなれていたものだし、雪もなく、路面も乾いていたので押さないかぎり転ばないと思ったから。 ・道が乾いていたので、押されずには転ばないと思ったから。
	【併合罪と決定した理由】 ・最初に路面が凍結していなく雪もなく、乾いていたのでそう思った。 ・たまたま手があたっただけだと思っていたから。 ・被害者が自分で転んだと思った。 ・目撃者がいなかった。ヒールをはいていた。 ・靴が不安定だったからバランスをくずして転んだと思った。 ・ヒールが高くて自分で勝手にバランスを崩して倒れたと考えていた。 ・ヒールをはいていて転んだと考えたから。 ・取り合いになっていて転んだと思い、窃盗＋傷害だと思いました。 ・ヒールが少し高かったと聞いて、転んだのではないかと思った。 ・底の高い靴をはいていると転びやすいと思ったから。 ・バッグを引っぱる勢いで倒れたと思ったから。 ・2人の取り合いがあったからバランスをくずして転んだと思ったから。 ・バッグを取りあっているときなので転んでもおかしくないと思った。

て、裁判員裁判に参加したいという単純な考えの回答をしている生徒がみられる。しかし、自分がいろいろと推理していく過程で、事件を理解していきたい、とする記述や、裁判員裁判への参加に意義を認める積極的な回答もあった。

　大多数の生徒は「参加したくない」としている。例えば、「今回やってみたけど、やっぱり人の裁判をするのはとても大変なのでやりたくないなと思いました。裁判を自分の判断でどっちが正しいかとかはできないなと思いました」と回答した生徒のように、裁判や責任の重さを理由として挙げる回答が多い。実際に評議の体

表24　生徒の質問項目１－②に対する回答結果

1-②　評決で生徒が判断した罪状とその理由	【回答結果人数】罪状　「強盗致傷罪」：28名　「窃盗と傷害の併合罪」：3名　計31名
	【強盗致傷罪と決定した理由】 ・被告人の証言が曖昧で、しかも最初と言っていることが違うのと、ヒールの高さが押されないと転ばないくらいの高さだったから。 ・道路は乾いていて、自分ではまず転ばない。ハイヒールは、はき慣れているので転ばない。 ・実際にやってみたのを見て、バッグを取る際に、押さずに取るのは難しいと思ったから。 ・他の人の意見を聞いて賛同した。 ・いろんな意見を聞いてそう思った。 ・ムシャクシャしていたから。自分で転んだら、大ケガにはならないから。 ・実演してみたら不自然だったので強盗致傷と判断しました。 ・被告人の言っていることが違ったりしたので強盗致傷にしました。 ・いろいろな証言に基づいてた理由があったが、強盗致傷罪の方が結果的に証明しやすかったから。 ・よく考えて、ヒールの高さがそんなに高くなく、はきなれていたと言っていたから。 ・転びやすいくつをはいていなかったから。 ・被告人のしゃべり方があやふやだから。 ・被害者が嘘をつかないと言ったし、道が乾いていたから。 ・やっぱり同じ考えの人がいろいろ説明して変わりませんでした。 ・よく考えてみると強盗致傷だと思いました。 ・ヒールの写真を見て太さ的には安定していて自分で転んだら全体的に傷が出ると思ったから。 ・やっぱり自然に倒れるのはおかしいと思ったので、押したとしか考えられなかった。 ・最初からそう思っていたし、評議で、いろいろな証明もできたので、そう思いました。 ・みんなの意見を聞いて自分で転んだなら、手を付けるはずだから。 ・ヒールもそんなに高くなく道もぬれてなく押されなきゃ転ばない。 ・被告人は焦っていてバッグを取ろうとしていたと思ったので、とっさに手が出てしまったのではないかと思った。また、被告人の発言に信ぴょう性がない。 ・実際にやってみて押されないと転ばないと思ったから。 ・ヒールもそんなに高くないし、雪もなく、路面も乾いていて押さない限り転ばないと思った。 ・実演もしてみて不自然ではなかったから。
	【併合罪と決定した理由】 ・自分の思い通り取れなかったから、おしてバッグをうばった。

験をしたからこそ、出てくる記述だと評価できる。ただし、「興味がない」や「触らぬ神にたたりなし」を理由とする生徒については、それも正直な意見であろうが、本授業のねらいからすれば、残念な回答である。

5) 質問項目3：生徒は授業を受けてどんな感想をもったのか

この質問では、今回の授業について生徒がどんな感想をもったのか回答してもらった。回答の内容を3つに分類したので、表26をご覧いただきたい。

質問3に対しては、全員が記述しているわけではないが、「やってよかった」等の回答は、肯定的で学びになったとする回答である。擬似体験が実際の裁判に裁判員として参加した際には役立つとする回答、知らなかったことが学べた、興味深い勉強になったとする回答、再現がリアルで興味が湧いたとする回答などである。しかし、先の裁判員裁判への参加の意思の回答とも関連するが、「大変だった」「難しかった」「疲れました」などの回答も多く見られた。「その他」の分類では、別な学

表25　生徒の質問項目2に対する回答結果

2 裁判員としての参加意思	【回答結果人数】「参加したい」：6名　「参加したくない」：25名　計31名
	【参加したい人の理由】 ・もう少しやってみたかったから。 ・自分の色々な考えで推理していくうちに自分も日本の事件を理解していきたくなったから。 ・自分の一言で勝負をつけたいから。 ・裁判に立ちたいから。 ・裁判に参加することは意義のあることだと思いました。
	【参加したくない人の理由】 ・今回やってみたけど、やっぱり人の裁判をするのはとても大変なのでやりたくないなと思いました。裁判を自分の判断でどっちが正しいかとかはできないなと思いました。 ・自分の意見で判決が決まってしまうかもしれないから。 ・興味がない。 ・自分が言ったことかで裁判が動いたりしたとしたら、荷が重いから。 ・自分の判断で人を裁くのは恐いから。 ・<u>実際にやるとなればまた今回と違ってくるだろうし面倒臭そうなので嫌です。裁判員の安全に関する規定がつくられよーが犯罪者と顔あわせるなんて ^^ さわらぬ神にたたりなし ^^^^</u>。 ・自分の一言でその人の人生が変わったりしたら怖いから。でも手紙がいざ来たらやる……。 ・自分の意見をうまくいえないから。 ・この授業を通して、裁判のことが結構分かったので良かったけど、難しかったので、あまり出たくないなぁと思いました。 ・その被告人の言ったことに対して本気で向き合いその後の人生を決めるような重大そうな役目は逃れたいから。 ・参加しても自分の意見を主張出来ずに終わるかもしれないから。 ・ほかの人に言いそうで恐いから。（秘密をもらす）。 ・自分は説明が下手だからです。 ・自分で考え、意見をまとめて言うのが苦手だから。 ・今回の模擬裁判で、いろいろ大変だということが分かって僕には荷が重いかなと思いました。 ・重要な役割で責任が大きいから。 ・実際人前でいろんなことを話すのが苦手で今日だってあんまり話せなかったのでじゃまになりそうだから。

習方法を提案するものの「楽しかったです！」と締めくくっているので、肯定的な感想と捉えてよいだろう。

③生徒の回答結果についての考察

　授業の中での模擬裁判について、生徒からさまざまな回答を得た。

　まず、教科書や資料を通した知識のみの授業ではなく、体験を取り入れた授業は大変好評だった。さらに、裁判員制度に関する知識を得るだけではなく、どのように人の話を聞くのか、あるいは複数の人の意見をまとめることの難しさなど、この授業を通して学ぶことが多かったようだ。しかし、同時に自分たちが参加するかもしれない裁判員制度に不安を抱いていることもわかった。殺人や放火など重大な刑事事件を扱うという責任の重い仕事に関わっていく自信がないことも読み取れた。公判部分の裁判官役を担った学生は事前の準備や学習によって、ある程度法律の知識があるが、知識がほとんどない状態で臨んだ生徒は、難解な法律用語に苦戦

表26　生徒の質問項目3に対する回答結果

| 3 授業全体の感想 | 【やってよかった、ためになった、今後この経験を活かしたいなど】
・今回の授業で将来もしえらばれたとしても初めての人よりは落ち着いてできると思うのですごく自分のためになったなと思いました。
・今日の授業で、自分の知らなかったことをたくさん知れて、いい勉強になりました。こういう、機会がないからやってよかった。
・裁判員制度のことは全く考えてなかったけど、よく分かったのでとても興味深いと思い、夢中になって考えれたので良かったです。またこういう授業をしたいと思いました。
・今日の授業でリアルに再現していただいて興味が湧いてきました。とても勉強になることがたくさんありました！　ありがとうございました！！
【話合いの難しさに気づいた、裁判員にはなりたくないと思ったなど】
・いろいろと大変だった。
・難しかったです。
・すごく人の話を聞いていることが難しかったし、裁判員制度ではあまり出たくないです。
・裁判員制度はとても難しいことが分かりました。
・裁判は、思っていたよりもとても大変なんだなと思いました。実際に話し合うのも大学生の人がしゃべってくれないと話し合いにならないという感じでした。
・実際裁判員になってすごく疲れました。
・今日の授業で裁判員制度についてよく知ることができました。強盗なのか、違うのかを考えるだけでも難しかったので、判決するのは難しいことだというのが分かりました。
【その他】
・今回みたいに実際話し合いに参加するのも良いけど、またやるときはスクリーンを見ながらノートをとるやり方が良いです。完全なる私事ですが←でも楽しかったです！ |

したことだろう。

　次に事実認定についてだが、評議開始の段階では強盗致傷罪と併合罪が半々だった。それが、班で話し合った結果、90％が強盗致傷罪に移行し、併合罪だと結論づけた生徒は31人中3人にまで減った。その理由として、自分の中だけで出した結論が他の人の意見を聞いて変化した、犯行時の被告人と被害者の動きを実演してみて不自然さがあった、などが挙げられており、話合いの大切さを実感したことが見てとれる。女子生徒は普段、自分自身でも履くことがあるヒールに着目して意見を述べる場面も見られた。裁判員裁判のねらいには一般常識を取り入れるという側面があるが、生徒が自分の経験や常識を裁判に反映させていることが確認できた。

　裁判員制度への参加意思を尋ねたアンケートでは「参加したくない」が、「参加したい」を25対6と大幅に上回った。評議を体験して、さらに制度への不安が増したという意見の生徒が大半を占めた。その中でも印象的な意見が「実際にやるとなればまた今回と違ってくるだろうし、面倒臭そうなので嫌だ。裁判員の安全に関する規定が作られようが犯罪者と顔あわせるなんて考えられない。さわらぬ神にたたりなし」（表25）というものだ。中学生だけではなく、一般の人々の中にも、このような意見を抱く人は少なくないだろう。一方、今回の模擬裁判の体験を受けて、

裁判に興味をもち、参加したいと考える生徒もいた。「自分の色々な考えで推理していくうちに自分も日本の事件を理解していきたくなったから」（表25）という意見もあった。このように、裁判員制度への興味にとどまらず、日本における犯罪を理解したいという、もう一段階上の目標をもった生徒もいた。

今回授業に参加した生徒が選挙権を得る近い将来に、裁判員裁判が日本の裁判制度に有意義なものとなるためには、法曹三者のみの考えだけでは十分ではない。また、選ばれる可能性のある大人の意見だけでも足りない。国民全体がこの制度に興味関心をもち、よい方向へ導くための意見交換をしていく必要がある。その面で、今回の裁判員制度の体験授業はたいへん意味の大きなものであったと言えよう。今後もさまざまな場所でこのような活動が広がっていくことを望んでいる。

(2) 授業参観をした教師の感想や意見

外旭川中学校で授業参観をした先生方にもアンケートに回答していただいた。先生方は授業をどのように捉え、また、裁判員裁判についてどのように考えているのか考察する。

①教師用アンケートの質問項目の説明

教師に対するアンケートについても、生徒用と同様に、まず、質問項目を示し質問意図を説明したうえで、次に項目ごとに回答結果を提示し、回答結果に対する分析と考察を加えたい。

教師用アンケート（弁護士も含む）は、基本調査（勤務年数、教員〈教科〉・弁護士の別、参観校時）と3つの質問項目（①授業に対する感想、②裁判員制度に関する考え、③裁判員に選ばれた場合の対応〔弁護士は除く〕）を調査するものである。

教員においては、勤務年数や担当教科によっても質問への回答が異なる場合が考えられるので、補助的なデータを得るために設定した。参観校時については、参観した時間によっても授業の様子は異なるため、こちらも補助データとして設定したものである。

質問項目1は、授業に対する感想をストレートに回答してもらうためのものである。生徒とは異

表27 教師に対するアンケートの集計表

		回答人数
職務年数	10〜19年	3
	20〜29年	1
	30年以上	1
	未回答	1
担当教科	社会科	2
	保健体育	1
	英語	1
	その他	2
参観時間	第1校時	2
	第2校時	3
	未回答	1

教師へのアンケート（弁護士も含む）

特別授業「もうすぐ始まる裁判員制度と私たち」の授業アンケート

2009.2.10
秋田大学公民教育グループ

　本日は、大変お世話になりました。参観していただいた先生方や弁護士の皆様に、本日の授業について感想を書いていただければと思います。お手数ですが、どうぞよろしくお願いいたします。アンケートは年度末の報告書に紹介させていただきますが、忌憚のないご意見・ご感想をお書き下さい。よろしくお願いいたします。

職務年数

教員　　教科　　弁護士等　（いずれかに○を付けて下さい）

参観校時　1校時　2校時（○を付けて下さい）

1．授業に対する意見や感想をお書き下さい。

2．あなたの裁判員制度に対するお考えをお聞かせください。

3．教員の方は、もしあなたが裁判員候補者に選ばれたらどうしますか。

ご回答ありがとうございました。

なり教師の目から授業がどのように感じられたのか、授業に対する評価を行ってもらうために設定した。質問項目2は、裁判員制度そのものに対して教師や弁護士が、どのような捉え方をしているのか、賛成なのか反対なのかなど、制度に対する立場や考えを捉えるために設定している。最後の質問項目3は、教師に対して、裁判員に選ばれた場合にどのように対応するのかを尋ねてみた。

なお、本アンケートは便宜的に、教師と弁護士に調査するものであるが、弁護士の回答については、別途紹介する。

②各質問項目の回答結果とその分析・考察

まず、基本調査の箇所を紹介しておく。

1) 教師の基本調査結果

参観した教師は6名だった。勤務年数は10年を超えた教師ばかりなので、ベテランの先生方に参観してもらったことになる。教科は社会科2名、保健体育科1名、英語科1名、その他2名である。参観は1校時目2人、2校時目3人、未回答1人という結果である。2時間通しで参観した教師もいるので、実際の参観者人数はもう少し多いと思われる。

2) 教師の質問項目に対する回答結果とその分析

ここでは、質問項目に対する回答結果（表28）をもとにして、分析と考察を行いたい。

まず、授業に対する感想だが、概ね好意的であり実践の意義を認めていただいたことが確認できる。授業目標を達成するための綿密な指導計画や体験型・生徒主体型の授業展開を評価し、生徒が緊張感をもちつつ意欲的に参加している、と評価する意見があった。今後求められる思考力、判断力、表現力など活用力を高めることに視点を置いた授業が、教科指導へのヒントを与えるものとなっていた、と評価された。また別な参観者も、当校の2年生が、難解な法律や法廷用語、あるいは会話を理解できるのかどうか不安があったが、興味・関心を抱き真剣に取り組む姿勢がみられた、と評価している。特に、筋道を立てて考えたり、一つの事象について深く洞察したり、問題を解決したりといった力が不足している生徒にとって、今回の授業が本当によい経験となったことに注目している。また、別な回答には「この授業を受けた子どもたちは、得したね、という印象です」とあるが、私たちとしても、生徒の実態に対応した授業ができた、と評価されたことは嬉しい限りである。

しかしながら、冒頭の裁判員制度や法律用語の説明については、わかりやすかっ

表28 教師の質問項目に対する回答結果

<table>
<tr><td rowspan="4">1
授業に対する感想</td><td>

【よい授業だった、生徒に興味・関心をもたせるものだったなど】

☆ねらい達成のため、たいへん緻密に構成された指導計画に沿ったすばらしい授業でした。ともすれば知識偏重の教師主導型の授業に陥りやすい分野と思いますが体験型、生徒主体の授業展開で生徒も緊張しつつも目を輝かせて参加している様子も当然の成りゆきといえるでしょう。また、今後より重視されている思考力、判断力、表現力など活用力を高めることに視点をおいた授業であり、今後の教科指導へのヒントを与えてもらった思いです。ありがとうございました。

☆どちらの授業も自分の授業の途中で見に行きましたので、しっかり見たとは言えないのですが、とても大がかりで、この授業を受けた子どもたち、得をしたね、という印象です。裁判員制度は、私たちも子どもたちも避けて通ることのできないものですし、タイムリーでもあり、やっていただいて、良かったと思います。

☆リアルな裁判風景を目の当たりにして、生徒達が緊張の中にも裁判員制度について理解していくことができる授業でした。テレビで似たような授業場面を拝見したことがあります。本校の2年生が難しい用語や会話を理解できるのか不安でしたが、とても真剣に取り組んでいる様子でした。それだけ興味・関心を抱いたのだと思います。近頃（本校の生徒は特に）筋道を立てて考えたり、一つの事象について深く洞察したり、問題を解決したり……といった力が不足しているように強く感じます。そういう意味でもこのような授業は生徒達にとって本当に良い経験だったと思います。ありがとうございました。

</td></tr>
<tr><td>

【授業を評価しつつも課題を指摘している回答】

★1校時の冒頭からの司法や裁判員制度についての説明はスピードが速く、語いも難しく、理解できた生徒はむしろ少ないかなと思います。ある程度の理解をベースにして進めるためには、やはり公民でその分野を学習した後の3年時で行うのがよいかと思います。ただ、そのことは抜きにしても、裁判そのものに、一般国民つまりは自分が関わらざるを得なくなるのだということ、また一つの出来事について、様々な見方があり、自らの主張と相手のそれとをつき合わせることで、より深い真実に近づけるということを体験させるという点では、学年を問わず、有意義であるとは思いました。

★初めは緊張のせいか、生徒が堅かったように思いますが、2校時目の評議で生き生きと活動することができ、本当によい機会を与えてくださったことに感謝申し上げます。

★模擬裁判の内容はわかりやすく、生徒も議論しやすかったように思います。導入時の用語・語句の確認は、もっと大まかでもよかったと感じました。専門的な言葉は特に理解していなくても裁判の進行には影響がないように思いました。

</td></tr>
<tr><td></td></tr>
<tr><td></td></tr>
<tr><td rowspan="3">2
裁判員制度に対する考え</td><td>

【賛成意見】

☆国民の司法参加に賛成です。

</td></tr>
<tr><td>

【課題提起型の意見】

☆裁判員が必要になり、教育現場でも裁判員としての資質や能力を育成するのなら、むしろ犯罪を憎み、犯罪のない社会をめざす人間の育成に力を注がなければならないと思います。裁判員制度の導入はそうであって欲しいと強く願います。

★日本の風土に本当になじんでいくのか疑問を感じる。

★容疑者の生死に関わるようなことについて、素人が、それもたった数日間の閉ざされた時間や空間の中で、判断することができるでしょうか。

★より客観性が高まればよいでしょうが、全ての国民が正しい判断ができるかどうかが心配です。

</td></tr>
<tr><td>

【反対意見】

▲なくてもよい制度だと思います。

</td></tr>
<tr><td rowspan="4">3
裁判員への参加意思</td><td>参加意思について 「ある」：3名、「ない」：2名、「わからない」：1名</td></tr>
<tr><td>

【参加したい、制度として気は進まないが参加するなど】

☆儀式・学校祭・中総体と重ならなければ、可能です。

☆責任の重い制度だと思いますが、国民の役目であるならば、役目を果たしたいと思います。

☆あまり参加したくないですが、制度ですので参加します。

</td></tr>
<tr><td>

【参加したくない、時間的に無理だと思うなど】

★大変興味があります。引き受けたいのは山々ですが、実際は時間的に無理だと思います。それに、私の場合、人の立場を考えすぎたり客観性を欠くことが多かったりと性格的に不適格だと思います。

☆授業に穴をあける訳にはいかないので、たぶん断ると思う。

</td></tr>
<tr><td>

【わからない】

▲まだ、分かりません。

</td></tr>
</table>

たとする回答だけではなく、難しかったとする回答もあり、評価が分かれる。私たちとしては事前に裁判員裁判の小冊子を配付して事前学習を求めていたので、その前提で進めたが、生徒の感想にも言葉の難しさを指摘している回答があったので、こうした点にはもっと配慮すべきであったと考える。また、「3年生で行うべき内容」という指摘があった。この点については、私たちは、4月から公民的分野の授業を受けることになる2年生への移行的・動機づけ的な授業と位置づけて実践したのだが、そのことが先生方に充分伝わっていなかったものと思われる。

上記のような回答をした方も「一つの出来事について、様々な見方があり、自らの主張と相手のそれとをつき合わせることで、より深い真実に近づけるということを体験させるという点では、学年を問わず、有意義であるとは思いました」と記していることから、本実践が目標を達成していたと評価してよいのではないだろうか。

1校時目の導入部分については、実践者と生徒が初対面で緊張していたこともあるので、この点は致し方のない点だと考える。むしろ、学校の先生方には、私たちの開発したこの教材を活用して、教師も生徒もリラックスした雰囲気の中で裁判員模擬裁判の授業を実践していただければと願っている。

(3) 弁護士による授業評価

授業実践を一緒にしていただいた弁護士の方々からも感想をお寄せいただいたので紹介したい。

①弁護士による授業評価

三浦弁護士は、今回の授業が、中学2年生に理解させるためには、「ギリギリの内容」であったとし、内容の簡略化を図る可能性を示唆している。その一方で、模擬裁判によって本物のもつ裁判の雰囲気を醸し出すという点からすれば、今回の授業は「ジャストサイズ」だと評価している。

山本弁護士は、主に、生徒の学習活動について感想を述べているが、生徒は指導者がうまく手を差し伸べれば、証拠を検討したり、自分の考えを発言することができると評価している。山本氏が指摘するように、今後、発言の苦手な生徒であっても発言ができるようにする指導方法や授業づくりをすることが大切になろう。三浦氏が指摘する、難解な法律用語や犯罪概念をどのように適切に理解させるのか、そうした点と併せて法教育ならではの教材作成や指導方法、授業づくりのノウハウを確立していくことが求められていると考える。

②弁護士の裁判員裁判に対する見解

　この質問は、実務家の方にはシビアな質問なのかもしれない。しかし、三浦弁護士の回答に「主権者たる国民の判断にゆだねられています。生まれたときから完成された完全な制度はありません。そういう観点から批判的に見ています」とあるように、私たちは、法や制度を遵守することは大切だが、一方では、それらを、より善くするために改変の余地のあるものとして捉える必要があろう。そのためにも、法教育を充実させて、私たち自身が法的実践力を高めていくとともに、洗練された法教育を児童・生徒、学生に提供していかなければならない。

3. 外旭川中学校校報「穂波」での実践紹介

　外旭川中学校では、筆者らの実践について、校報（2月21日付）で全校生徒やその保護者に対して紹介している。私たちの実践が的確にまとめられ、実践者としてたいへん嬉しいものだった。

　筆者は、この年度、中学校の外部評価委員（座長）を務めていたが、実践後に同校を訪問したところ、校報やテレビでのニュース報道（ABS秋田放送）を見た2組以外の保護者の中には、自分の子どものクラスでも実践してほしかった、との要望があったとのことであった。

　今回は、学校にお願いして、実施クラスを選んでいただいたが、今後は、こうした要望には、できるだけ応えられるよう、出前授業などの体制を一層強化できればと考えている。

　いずれにしても、年度末の貴重な時間をいただいたことに深く感謝したい。実践時の奥瑞生校長（現秋田市教育委員会学校教育課長）、相澤孝一教頭（現秋田市立城東中学校校長）他、諸先生方に重ねて御礼申し上げたい。

　授業評価に関しても、HP「法曹三者と学生による裁判員模擬裁判2008報告書PDF」をご覧いただければと思う。

外旭川中学校校報「穂波」

2月 穂波 H20年度 No.8
秋田市立外旭川中学校 学校だより
平成21年2月21日発行

"模擬裁判を通した社会科授業"
裁判員制度に向けた秋田大学出前授業

2月10日(火)に秋田大学教育文化学部の学生と大学院生が本校に来て、裁判員制度にむけて模擬裁判を含む社会科授業を行いました。2年2組の生徒が参加し、10:40から12:30の約2時間にわたり授業を受けました。当日は、実際の弁護士2名も参加し、検察官役と弁護士役を務めました。授業の最後に弁護士の方から、外中の生徒は、真剣に裁判について考え、活発に自分の意見を述べており、とても感心したとのお話もいただきました。生徒の真摯な態度に、大学関係者も感動していました。

今回の授業で、生徒は模擬裁判の裁判員役を務め、公判や評議の体験を通して、裁判員制度への理解を深めるとともに、社会に参画するための責任と自覚を新たにできたと思います。

【法廷のセッティング】

【模擬裁判での罪状設定】
男性が帰宅途中の女性からハンドバックを奪うために背後から近づき、ハンドバックを引っ張った際に、突き倒してけがをさせ、強盗傷害罪に問われた。
・検察側は、懲役6年を求刑した。
・弁護側は、女性は自らの転倒により窃盗罪と傷害罪に当たるとした。
被告人が被害者を突き倒したのかどうかが争点となった。

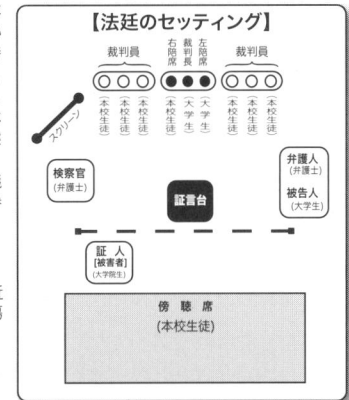

模擬裁判の様子

【授業の流れ】
1. 裁判員制度の目的や特色の説明
2. 裁判員模擬裁判の実施
   (1) 裁判の説明と裁判員の宣誓(公判前)
   (2) 公判
   (3) 評議　*各グループに分かれて討論
3. 模擬裁判を通しての生徒の考えをまとめる
4. 授業を振り返って弁護士さんからのお話

【授業を終えて】　*生徒のアンケートより

Q1 評議を終え、どう判断しましたか？
- 窃盗・傷害 19%
- 判断つかず 0%
- 強盗 81%

Q2 裁判員に選ばれたら参加したいですか？
- はい 6人
- いいえ 25人

- 裁判員制度のことがよく分かって、身近に感じることができました。ありがとうございました。
- 裁判は見たことがなかったので、模擬裁判を見てすごいと思いました。これから裁判員制度が始まるので、いい勉強になりました。
- 今回やってみたけれど、人を裁くのは大変なのでやりたくないと思いました。裁判では、自分の判断でどっちが正しいとか決めるのは難しいです。
- ドラマで見てた風景が目の前でやってて少し感動しました。でも、実際、自分でやるとなると大変だとわかりました。すごく将来の参考になりました。
- 自分の一言で、人の人生が変わったりしたら怖いから裁判員はやりたくないけど、いざ手紙が来たらやる。
- 自分で思っていることを言葉にして言うのは難しかったけれど、たくさんの人の意見を取り入れるのはいいことだと思いました。

トピック 7

持ち物・手荷物検査を題材とした法教育の授業

秋田大学教育文化学部附属中学校における実践
（日本社会科教育学会第56回全国研究大会（秋田大会）発表）

1. 授業実践の概要

　本稿では、秋田大学教育文化学部附属中学校における法教育の授業を紹介したい（「附属・大学・弁護士会の三者連携における法教育の実践——『暮らしを守るルールづくり』の単元を通して」（日本社会科教育学会第56回全国研究大会（秋田大会）発表資料）。この授業は、2005年に附属中の櫻庭豊教諭が3年生の公民の授業で実践したものである。授業は、生徒の身近な暮らしの中からルールの大切さを理解させる構成になっている。今回は、その中でも家庭・学校・空港での手荷物検査を題材とした「プライバシーとその制限の在り方を考える」という授業実践を取り上げる（単元の全体計画は7時間構成。今回取り上げる授業はその中の6／7時間）。

　この授業は、教師が事前に生徒からとったアンケートに題材をとり、今回の授業のために作成されたオリジナルの教材を使った授業である。実際の授業では、生徒が6つのグループを作ってグループ内討論をし、その結論をさらに全体で検討するという作業が行われた。また、この授業実践の特色として生徒がさまざまな立場に立って考える（一郎グループ・母親グループ・教師グループ・空港職員グループ）というロールプレイングの手法が用いられている。生徒がさまざまな視点に立って考えることでより実践的に問題を考えることができる授業内容になっている。学習問題として『親に子供のカバンの中身を検査する権利があるのかなあ？』『先生に生徒のカバンの中身を検査する権利があるのかな？』『空港職員に乗客のカバンの中身を検査する権利があるのかなあ？』など3つの場面が設定され、学習シートを使って、担当した場面の事実関係をグループで話し合いながらグループとしての判断をまとめていった。また、考えるにあたっての視点ということで「手荷物検査する者とされる者の関係」「手荷物検査の目的」「手荷物検査をすることによるメリット・しないことによるデメリット」「手荷物検査をしないですむ方法の有無」など4つの観点が与えられ生徒たちはこれらの観点から状況を分析し、「一郎は手

荷物検査に従うべきか拒否すべきか」「どのような条件が設定されれば検査に従えるか」などの視点から議論を行った。また、手荷物検査のルールを考えるにあたっては、「手段の相当性」「明確性」「平等性」「手続きの公平性」などよいルールの要

― 第2章　人間尊重と日本国憲法 ―　　　― 第1節　個人と社会生活 ―
4　こんな時，私はどうすればいいの？

弁護士からのメッセージ
君は法律家になりたい？もしそうでなくとも、法律的なものの考え方を身につけることは必要。社会の中にいると、君の周りはトラブルばかり。一人一人にトラブルをうまく解決できる知恵があれば、よりよい社会ができるし、楽しい青春、人生が送れるというもの。これまでに学んだルールの作り方、評価の仕方は、まさにそのためのもの。今回は、もう少し、基本的・日常的なところを考えてみる。よくありそうな話だけど、そこには、権威、プライバシーなどという法的な問題がたくさん含まれている。
私たちと一緒に、次のシミュレーションについて考えてみよう！

一郎の法的試練の物語

A 塾が終わって一郎が家に帰り自分の部屋に行くと、母親が、勝手に自分のカバンの中身を見ていました。一郎は「勝手に部屋に入るな、勝手にカバンの中を見るな」と抗議しましたが、逆に母親から「このプリントは何？もう提出の締め切りが終わっているじゃない！先生から電話があって進路希望調査票がまだでてていませんけど、早く提出してくださいって電話があったのよ！どうして、学校からのプリントをすぐに見せないの」と問いつめられました。一郎は、「すぐに見せなかったのは悪かったけど、勝手に手荷物検査のようなことをするなんてひどいじゃないか！」と反論しました。しかし、母親は「親なんだから、子供のカバンを調べて何が悪いの！」とカンカンに怒ってしまいました。一郎は、『親に子供のカバンの中身を検査する権利があるのかなあ？』と疑問に思いました。

B 翌日、一郎は友達から借りていたゲームソフトをカバンに入れて学校にいきました。一郎の学校には、学習に関係のないものは学校に持ってきてはいけないという校則がありました。一郎は、きっとばれないだろうと思って持っていたのです。しかし、朝の学活で、先生が「最近、中学生が学校にナイフを持ってきたりして殺傷事件が起きている。だから、今から手荷物検査を実施する。カバンの中身をすべて机の上に出すように！」と言いました。生徒はみんな素直に従いましたが、一郎君だけは従いませんでした。一郎は「いやだ」と言い張りました。しかし、先生は「みんなの安全を守るためには必要だ。」と言ってバックの中身を机の上に取り出し、「なんだこれは」とゲームソフトを取り上げました。一郎は、『先生に生徒のカバンの中身を検査する権利があるのかなあ？』と疑問に思いました。

C 週末、一郎は家族と一緒に愛知県で開かれている万博にいくことになりました。愛知まで飛行機で行きます。秋田空港に着いて搭乗手続きを済ませました。一郎は、初めて飛行機に乗るので、ちょっと緊張していました。空港に来るのも初めてだったのです。父親が「そろそろ時間だから、手荷物検査をして出発ロビーに行こうか？」と言いました。一郎は「空港でも手荷物検査があるの？」とびっくりしました。実は、カバンの中に父親からこの旅行には絶対持ってくるなと言われていたゲーム機を入れてきていたのです。父親は「家族と過ごす時間を大切にしたいから、旅行の時ぐらいはゲームをするな」と言っていたのです。一郎が緊張しながら、カバンを手荷物検査の機械に入れてやりました。すると、「ピー」とブザーが鳴り、空港職員が「すみませんが、カバンを開けて中身を確認させてもらいます。」と言いました。一郎は、父親に厳しくしかられるのを覚悟しながら『空港職員に乗客のカバンの中身を検査する権利があるのかなあ？』と疑問に思いました。

-1-

件の観点を活かすことが求められた。

　今回は、法的な知識が要求されたため、生徒たちをサポートするため弁護士がアドバイザーとして各グループに入り、議論の整理などを行っている。

2. 授業実践のねらい
①授業のねらい
　本授業のねらいは2点ある。1点目は「同じ行為でも、時と場合によってルールの適用条件が異なることに気づき、身の回りのルールを守る時に、自分なりに判断することの必要性を実感できる」ということである。ねらいを達成するために、生徒にとって身近な3つの場面が設定されていて、自分が「もし」このような状況になったらどのようにトラブルをうまく解決すればよいのか考えさせる授業内容になっている。

　2点目は「意見を出し合い討論することによって、いろいろな見方や考え方があることに気づき、見方や考え方を高め合うことができる」ということである。授業では1人で学習していても得ることができない「他者存在の意義」の大切さが明確に現れている内容になっている。本授業においては生徒相互のグループ内討論や、それをもとにした全体討論が一つの山場である。討論をもとに他者の発言を受け入れ、そこから自分なりの回答を出すことが生徒に求められる。

②授業の目的
　本授業の目的は、問題を解決するのに条文を見ただけではわからない、法律を見ただけでは解決できない身近にあるトラブルを「どうやってうまく解決することができるか」「どういうルールを作ればうまく解決できるか」などルールを知っていることよりも、自分たちで討論し合いながら考えることの大切さを生徒に教えることである。どうしてこのような考え方を授業を通して身につけてほしいかというと、日本の社会が変化してきている今日、個人個人が力をつけて自分の考えをもとにうまくトラブルを解決していく、ルールを作っていく、そのような力を身につけさせるために本授業が実践された。

③生徒相互の関わり合いを通してねらいに迫る手立て
　生徒相互の関わり合いを通してねらいに迫る手立てとして5点挙げられているので紹介する。授業を通して5点を学習することによって生徒は、「他者存在の意義」をあらためて実感し議論を深めていくことになる。以下は発表資料に記載されていた5点のねらいに迫る手立てである。

①生徒が抱えているトラブルを基にシミュレーションを作成し、それを学習課題とすることによって、切実感をもって学習に取り組めるようにする。
②協力し合う力を高めるためにグループ学習の時間を十分に確保する。
③ゲストティーチャーと十分話し合いながら自分の判断をまとめることで、自分の発表への思いを深めることができるようにする。
④情報を求めて人と関わる力を高めるために、各グループに1名の弁護士の先生に入ってもらい、生徒たちが必要に応じて主体的に活用できるようにする。プロの法律家とふれあうことによって、法への関心が高まることも期待できる。
⑤常時使っている自己評価カードに加え、本単元では、相互評価カードも活用し、互いのよさも認め合えるようにする。自己の成長を自覚したり、友達に自分のよさを評価してもらったりすることによって学習の喜びや成熟感を味わえるようにする。

学習活動	予想される生徒の反応
1　ゲストティーチャーの紹介を兼ねて、身近な生活に関する法律クイズを行う。 2　シミュレーションの中から、3つの問題場面を確認し、それぞれの場面についての自分の考えをまとめ、ネームプレートで自分の考えを示す。	・楽しい雰囲気でクイズに反応し、自分の考えを発表している。 ・バッグの中身を見せなければいけないのかな？ 　①　先生が持ち物検査する時は？ 　②　母親がカバンの中身を見ようとする時は？ 　③　空港の手荷物検査の時は？
3つの場面の時、私はどうすればいいの？	
3　学習シートを使って、担当した場面の事実関係をグループで話し合いながら、グループとしての判断をまとめる。 　・検査する人と○○君との関係は？ 　・手荷物検査の目的は？ 　・手荷物検査をした場合のメリット、デメリットは？ 　・手荷物検査をしない場合のメリット、デメリットは？ 　・手荷物検査の他に方法はないか？ 4　各グループで話し合った内容や判断を発表し合い、それらについての意見を交換し合う。 5　3つの場面の違いは何かを学習シートにまとめ、発表し合う。 6　今日の学習を自己評価と相互評価によって振り返る。 7　相互評価を紹介し合い、お互いのよさを確認する。	・各班担当の弁護士から助言をもらいながら、学習シートに事実関係をまとめていく。 ・それぞれにメリット、デメリットがあって判断が難しいなあ。 ・そういう考え方もあるんだな、○○さんの考え方って鋭いなあ。 ・やはり専門家の視点は違うなあ。 ・よし、自分たちのグループはこの判断に決定し、自信をもって主張しよう。 ・視点を変えるといろいろな考え方ができるんだな。 ・○○君の考え方は共感できるな。 ・最初に考えた自分の考え方が変わってきたぞ。 ・3つの場面は何が違うんだろう？ ・目的や場面が違うと守らなければいけないルールが変わってくるんだな。 ・今日初めて分かったことが多いなあ。 ・ルールはその場その場で自分で判断して守っていくことが大切なんだな。 ・○○さんの意見がとても参考になったなあ。 ・自分のがんばりが認められてうれしいな。次の時間もがんばろう！

3. 授業の展開

　本授業は前ページのとおり展開された。

　授業展開からわかるように、本授業は生徒相互の話合いや意見交換をもとに授業が展開されていっている。まさに、子どもたちが主役の授業実践がなされているのである。また、子どもたちの身近な出来事を問題提起することによってより活発な話合いが行われる場面を形作っている。

4.「手荷物検査」を題材とした授業実践の考察

　本授業は、生徒と弁護士とのグループ内討論、それを踏まえての全体討論など生徒同士の討論を主体とした授業展開になっており、「他者存在の意義」の重要性を示している。また、授業の最後に「相互評価」を実施することによって、友達に自分のよさを評価してもらったりと、学習の喜びや成熟感が味わえるようになっている。実際、生徒の相互評価カードから「物事を考える時は、いろんな視点から見ることも大切だということもわかりました」や「A君の言葉にはすごい説得力があった。納得することができた」など、自分1人だけで学習するよりも他者の考えを聞きながら相互に刺激し合って学習を深めていくことの重要性を本授業を通して子どもたちは学んでいる。

　この他にも、実際の弁護士をゲストティーチャーとして呼ぶことによって、子どもたちに法律を身近なものに感じさせる工夫などがなされているところも重要である。子どもたちが主体となって討論し授業を展開することは、これからますます重要になってくる。「他者存在の意義」をそれぞれの教師が理解し、それを使った授業実践がこれから求められる。

《参考資料》
◎櫻庭豊＝井門正美＝三浦広久「附属・大学・弁護士会の三者連携における法教育の実践—『暮らしを守るルールづくり』の単元を通して—」(日本社会科教育学会第56回全国研究大会(秋田大会)発表資料、2006年)。
◎平成17年度東北弁護士会連合会定期弁護士大会シンポジウム「法教育の実践をめざして—秋田大学教育文化学部附属中学校での法教育授業—」(DVD2005年7月8日を参照のこと)。

(荒川潤／あらかわ・じゅん)

トピック ❽
事件の真相を究明して正しい判決を下す‼

ニンテンドーDS
『裁判員推理ゲーム 有罪×無罪』
(namco)

1．ゲーム概要

　本ゲームは裁判員制度が施行された2009年5月21日に発売された「裁判員推理ゲーム」である。今までの裁判ゲームにはなかった裁判員の立場から事件を証拠品、証言をもとに吟味し、被告人に正しい判決を下すことが目的である。主人公は裁判を1度も傍聴したことのない人であり、ゲームを始める際、名前と性別をプレーヤー自身が設定できる。自分に近い主人公を作ることによって、プレーヤーはゲームに主体的に取り組めるようになる。

　その主人公が有罪とも無罪ともとれる難事件の裁判に裁判員として参加し、さまざまな立場の他の裁判員とともに正しい判決を導き出していく。

　ゲームは実際の裁判と同様の流れで進行する。2日間にわたる「公判」と「評議」を経て、有罪か無罪か「評決」し、裁判3日目（最終日）に裁判長が被告人に判決を下す。その際、「公判」で、検察官、弁護人の主張や被告人の供述を聞きながら事件の真相につながる手がかりをつかむ。「評議」で、公判での証言や証拠品をもとに裁判員たちと事件について話し合う。「評決」で、有罪か無罪か、評議の結果をもとに裁判員と裁判官の9名で多数決をとって決める。2日目に行う評決では、プレーヤーが量刑を選ぶことができる。プレーヤー自身の判断が正しかったのかどうなのか、それは翌日の判決言渡しで明らかになる。

　本ゲームは4つの事件の裁判に裁判員として参加する。各裁判終了後、真相究明度（％）が表示される。真相究明度により、その裁判でどれだけ真相に近づけたか確認できる。

　ゲーム内での裁判の休廷中では、「裁判員が遅刻したらどうなるのか」や「裁判員の服装に制限はあるのか」「裁判の途中にトイレに行きたくなったらどうしたらいいのか」など、実際に裁判員に選ばれない限り考えることがないであろう事柄についても触れられる。

また、「裁判員推理ゲーム 有罪×無罪オフィシャルサイト」(http://yuzai-muzai.namco-ch.net/) では本ゲームの体験版ができるようになっている。

2. 遊びと学び

このゲームでは、裁判員として裁判に参加する。裁判前の評議室からゲームが始まり、裁判長から裁判の説明を受ける。そして、2日間「公判」「評議」を繰り返し、証拠品、証言をもとに事件を吟味し、評決を取り、3日目に正しい判決を被告人に下す。

裁判員制度が施行された日に合わせて発売されたゲームである。裁判員裁判の進められ方や、裁判で実際に用いられる語句について十分に学ぶことができる。裁判員裁判とは、裁判官を含め、今まで誰も行ったことのない裁判員裁判である。そこで、このゲームは裁判に興味があり、何度も傍聴したことのある人でも、本ゲームの主人公のように一度も裁判を傍聴したことのない人でも、わかりやすい語句説明やヒントをもとに、真相を見抜きやすいものとなっている。また、裁判員にも大学生や主婦、八百屋やトラック運転手、医師などさまざまな立場の人たちが集まり、事件について話し合う。個性豊かな登場人物たちが自分の意見をどんどん言ってくるため、話合いが非常に盛り上がる。

しかし、話合いの途中にプレーヤーが、裁判官やプレーヤー以外の裁判員が気づかなかった箇所を指摘することで雰囲気は一変し、非常に緊迫したものになる。このゲームでは、この変化なしに事件の真相に近づくことはできない。また、事件の真相に近づくためには、プレーヤーは検察側、弁護人側のどちらか一方に考えが偏らないようにすることが大事である。しかし、プレーヤーの考えがどちらか一方に偏ってしまったとしても、判決は下され、真相究明度（%）は低いにしても、一応のエンディングを迎えてしまうところが、ゲームオーバーのないこのゲームの面白さであろう。

真相究明度が低いエンディングになったとしても、1つの裁判終了後、真相究明度が100%でなかった場合、なぜ真相を究明できなかったか、事件について見落としていた部分は何だったか、などヒントが示される。そして、示されたヒントを参考にしながら裁判の途中からゲームを再開できるしくみになっている。このしくみによって、ゲームをやればやるほどゲームの真相に近づくことができ、真相究明度100%に到達したときに、プレーヤーは本当のエンディングを見ることができる。

3. ゲーム構成

　このゲームでは、いくつかの事件の裁判に裁判員として参加し事件の真相を暴き、被告人に正しい判決を下す。しかし、ゲーム開始時は「第1話 鬼嫁放火殺人事件」しか選択できない。第2話以降の裁判に参加するためには1つずつ裁判を行っていく必要がある。1つの裁判が終了すると、真相究明度のパーセンテージに関係なく、次の事件を選択できるようになる。

　ここでは、本ゲームにおける裁判員裁判の流れについて述べていく。

①裁判1日目

　公判：2日間行われる公判だが、1日目の公判では検察側冒頭陳述、弁護人冒頭陳述など、証拠によって証明できる事実を聞く。「人定尋問」「起訴状朗読」「黙秘権の告知」「証拠調べ請求」など用語とその説明が大きく表示されるために、裁判ゲーム初心者でも裁判員裁判について学びたいと考えている人でも、とりかかりやすいゲームである。

　評議：1日目の公判で検察側、弁護人側からの冒頭陳述、証拠調べ請求を踏まえての評議となる。評議ではまず、裁判長、裁判官、裁判員とともに事実関係の確認をする。裁判の内容確認や争点の確認をしたうえで、事件の内容をいくつかのファクター（要因）に分けて評議する。評議では、それぞれのファクターごとに検察官の証明が十分（有罪側）か、証明が足りていない（無罪側）かを話し合い、結論を出し、有罪か無罪か保留かという評決をとり、1日目は終了となる。その際、裁判員の発言にプレーヤー自身が賛成ばかりしていたり、黙ってばかりいても事件の真相には全く近づけない。プレーヤーは絶妙なタイミングで反対や質問を投げかけることで、裁判官や他の裁判員が気づいていない箇所を指摘することができる。これを指摘することによって、評議は一気に緊迫感が増し、例えば被告人の供述と証拠品の間に矛盾が生じているなど、事件の真相に迫ることができる。

②裁判2日目

　公判：2日目の公判では、数人の証人や被告人の証言を聞きながら事件を確認する。重要な箇所は赤色の文字で示されるため、これを逃さないように押さえておく必要がある。また、証言のなかで、いくつかの疑問点が選択肢で示される。この疑問点は、補充尋問（プレーヤーが被告人に質問する）の際、重要なポイントになるため、鋭い質問を選択することが求められる。また、補充尋問では、鋭い質問に加え、証拠品も同時に用いて話すことで、より、事件の真相に近づき、正しい判決

を下すことに近づける。

　評議：2日目の評議でも、1日目の評議と同様に、裁判の内容確認や争点の確認をしたうえで、事件の内容をいくつかのファクター（要因）に分けて評議する。ここでも、裁判官や他の裁判員が気づいていない点を指摘し、評議室を緊迫した雰囲気に一変させることが重要になる。雰囲気を変えることにより、1日目の評議では事件の真相に迫ることができたが、2日目の評議では事件の核心まで迫ることができる。最後に、1日目同様、評決を取るが、2日目の評決は最終評決となる。最終評決では量刑をプレーヤー自身で決める。量刑を決めた後、裁判官と裁判員との話合いの末、被告人に翌日言い渡す量刑が決定される。

③**裁判3日目（最終日）**

　最終日は、裁判長が被告人に対し判決を言い渡す。このとき、2日目の最終評決でプレーヤーが決めた量刑が正しかったのかどうなのかが確認できる。1つの事件終了後、真相究明度が示され終了となる。

4．ゲーム批評―ここが売り・欲を言えば―

　このゲームでは、前述したとおり、裁判員制度が施行された2009年5月21日に合わせて発売された「裁判員推理ゲーム」ということもあり、裁判員という新たな立場から事件を証拠品、証言をもとに吟味し、被告人に正しい判決を下すことができる。もちろん、裁判の流れや裁判で用いられる用語を学ぶこともできる。

　このゲームの一番の魅力は、真相を追究することができず、間違った判決を下したとしてもゲームクリアとなるところだ。つまり、被告人に間違って有罪判決を下しても無罪判決を下しても一応のエンディングにはたどり着けるということだ。しかし、真相究明度が100％に達しない場合、すぐに「真相への手がかり」というヒントが示され、裁判の途中からゲームを再開できるため、事件の真相を完全に追究しようという意欲が起きる。カプコンから発売されている『逆転裁判シリーズ』がある。このゲームとの違いは、『逆転裁判シリーズ』は被告人の無罪を立証することが目的とされているが、本ゲームでは検察側、弁護人側、はじめはどちらも筋の通っていることを言うが、そのどちらが本当に正しかったのか、証拠品や証言をもとに正しい判決に導いていくことにある。

　しかしながら、このゲームは、裁判員裁判についてわかりやすく学べるゲームだと思うが、ニンテンドーDSの特性をさらに生かしたものであるべきだったと感じる。まず、事件が全4話しかないことだ。このゲームをしたことで裁判に興味をも

つようになった人では、4つの事件ですべて終えてしまうのでは少々物足りないように感じる。そこで、全国各地に設置してあるDSステーションを使い、新たな事件を随時ダウンロードできるようなシステムが組み込まれるとさらに魅力的になる。裁判の流れや語句をプレーヤーが知識として定着できるような、裁判クイズ機能のようなものがあれば、教育現場でも使うことが可能だろう。個人でプレイし楽しみながら学ぶことができる。

《参考資料》
◎『バンダイナムコゲームス100％マガジン SideBN』6月号10〜11頁。

（佐藤篤史／さとう・あつし）

第5章

インターネットを活用した裁判員模擬裁判

「ネット裁判員模擬裁判」で
学びの場を拡張する

第1節
インターネット学習システム「ネット裁判員模擬裁判」

　本章では、筆者が2008年に開発した、インターネットのウェブサイト上で体験できる「ネット裁判員模擬裁判」(以下、ネット模擬裁)について、その利用方法も交えて紹介したい。次項のアクセス方法に従い、実際に私たちのウェブサイトを訪問し、本節を読んでいただければと思う。

　まず、本節では、ネット模擬裁のホームページについて主要な項目を取り上げながら、そのシステム構成と活用方法について説明する。その上で、第2節において2010年6月に社会科研究室の院生と学生が実施したネット模擬裁の実践例を紹介したい。

1. 「ネット裁判員模擬裁判」のねらい

　まずは、「ネット裁判員模擬裁判」[*1]もしくは「裁判員制度の模擬裁判」でウェブ検索すると、「裁判員制度の模擬裁判＠秋田大学」が検索一覧の上位に出てくる。これをクリックすると、ホームページのトップ画面が現れる。この画面が出ると、裁判員制度に関する学習や模擬体験ができる。

　当ウェブシステムは、第1章で紹介した役割体験学習としては、Cタイプのモデル化による学習と、Dタイプの媒体を通した学習を可能にし、主に第4類型の役割体験ができるシステムである。もちろん、前述したように、刑事裁判や裁判員裁判に関する知識を獲得したうえで、模擬体験ができるようにもなっている。

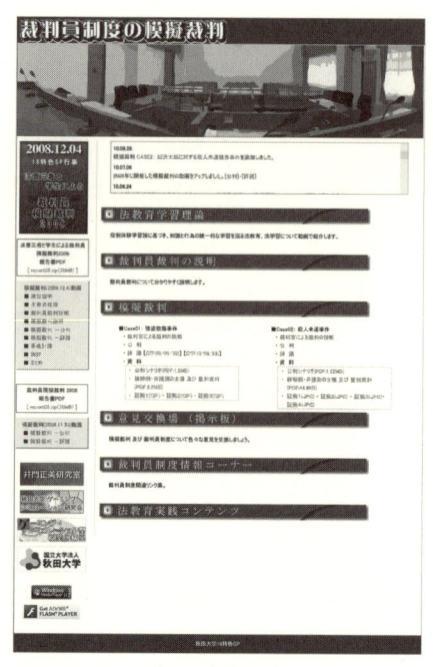

トップページ

192

トップページの中央に、「法教育学習理論」「裁判員裁判の説明」「模擬裁判」「意見交換場（掲示板）」「裁判員制度情報コーナー」「法教育実践コンテンツ」の6つの項目が並んでいる。また、ページの左側には、2008年12月に実施した「法曹三者と学生による裁判員模擬裁判2008」の報告書（PDF）と動画、2006年11月に実施した「法曹三者と学生による裁判員制度の模擬裁判」の報告書（PDF）と動画のタイトルが示されている。いずれもクリックすれば、各コンテンツを見ることができる。この「ネット裁判員模擬裁判」は、さまざまな裁判員裁判に関心をもつネット利用者が活用して、知識と行為の統一的な学習を可能にするシステムとして構築されている。

2. ネット裁判員模擬裁判のシステム構成

(1) 法教育学習理論

このページは、第1章でもすでに紹介した役割体験学習論に基づく法教育や学習についての理論を紹介している。すなわち、実践的法教育を実施するための理論である。

役割体験学習は「学習者がある役割を担うことによって対象の理解や問題の解決を図る学習方法」である。本理論は社会体験を第1段階と第2段階の手続により体系化するものである。上の画面は、第1段階の手続として、現場における体験的学習（Aタイプ）、抽出・移動による体験的学習（Bタイプ）、モデル化による体験的学習（Cタイプ）、媒体を通した体験的学習（Dタイプ）について紹介しているシーンである。

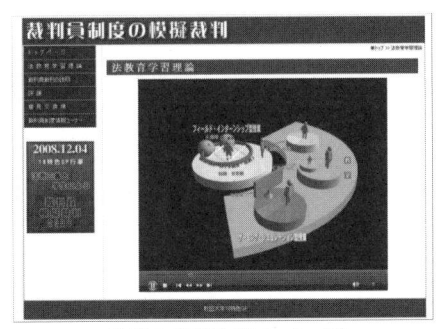

法教育学習理論のページ

この次には、第2段階の手続として「役割体験の4類型」を紹介している。この4類型は学習主体と学習の場という2つの観点と、現実と仮想という2つの次元から作成され、対象の理解や問題の解決のために、現実における役割体験（ex. 傍聴人の役割体験）や模擬的な役割体験（ex. 模擬裁判）などを有効に活用していくための方法論を示している。役割体験学習理論を法教育に導入することによって、知識と行為の統一的な学習を可能にする実践的法教育の展開をねらっていることをわかりやすく解説している。

（2）裁判員制度の説明のページ

このページでは、裁判員制度についての説明を動画で行っている。内容としては「裁判員制度のねらい」「裁判員による裁判の構成」「裁判員が参加する仕事」「裁判員裁判の対象となる事件」「裁判員の選出」「裁判員の守秘義務と裁判員の保護」「裁判員になるための資格」等についての説明がなされている。

裁判員制度の説明のページ

この動画を見れば、裁判員制度を知らない人でも理解できるようになっている。

（3）模擬裁判のページ

模擬裁判のページには、「Case 01：甲野はじめに対する強盗致傷被告事件」と「Case 02：田沢太郎に対する殺人未遂被告事件」の2つのシナリオがある。おのおののシナリオについては下位項目として、①「裁判官による裁判の説明」、②「公判」、③「評議」が設定されている。ここで、各下位項目について説明したい。

①裁判官による裁判の説明

ここは、裁判官が公判や評議を前に

模擬裁判のページ

して、裁判員に対して説明を行う箇所で、マウスで上下にスクロールして、この部分を読むという方式をとっている。すでに、第3章第2節の模擬裁判の部分で内容については紹介しているので、その部分を参照していただきたい。ここでは、概要のみ簡単に記しておく。

公判では、冒頭手続、人定質問、起訴状朗読、黙秘権の告知、罪状認否、証拠調べ手続、冒頭陳述、公判前整理手続の結果の開示、証人尋問、被告人質問、弁論手続、論告・求刑、弁論、最終陳述という展開が説明される。

これに続いて評議・評決についての説明がされる。すなわち、裁判官と裁判員で

行われる評議においては、証拠に基づく事実の認定、有罪無罪の決定、有罪の場合の刑の量定を行うこと、評決においては裁判官も裁判員も同じ１票で扱われることなどについて述べられている。そのうえで、刑事裁判の原則として証拠に基づく裁判と「疑わしきは被告人の利益に（無罪推定）」の原則が説明されて、最後に裁判員による宣誓がされるという展開になっている。

②公判のページ

公判のページは、全体がフラッシュによる動画として展開する。

ここでは、「甲野はじめに対する強盗致傷被告事件」を取り上げ説明する。

まず、以下のようなあらすじが流れる。

> 平成21年11月30日、秋田地方裁判所の１号法廷では、ある裁判が行われようとしています。検察官と弁護人、黒い服を着た書記官の姿も見えます。
> 事件が起こったのは３月11日の夜。友人宅から帰宅する途中だった乙川ふみ子さんが、後ろから歩いてきた男にハンドバッグを奪われ、ケガをしてしまったのです。男は犯行後すぐに現行犯逮捕され、バッグも無事に戻ってきたのですが、引き続き捜査が続けられ、今日、この事件についての裁判が開かれることになりました。傍聴人も集まってきました。間もなく裁判が始まります。甲野はじめは、21歳の大学生です。帰宅途中の女性からハンドバッグをひったくり、ケガをさせたという「強盗致傷」事件の犯人であるとして、裁判所に起訴されてしまいました。

フラッシュでこの内容が紹介された後、模擬裁判の公判シナリオに基づいて、裁判長による開廷、その後の冒頭手続、証拠調べ手続、弁論手続という順にフラッシュが展開していく。

学習者は、フラッシュによるこうした展開を裁判官や検察官、弁護人、被告人、証人などの発言も確認しながら、模擬体験するのである。

この部分では、当審理に関する法律が画面上に示されているほか、「検察側・弁護側の主張及び量刑資料」、証拠として「証拠１（被害届・診断書）・証拠２（実況見分調書）・証拠３（写真撮影報告書）」などが

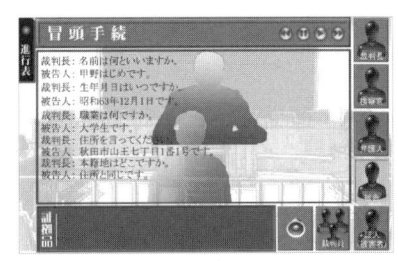

冒頭手続のフラッシュ

必要に応じて確認できるようになっており、臨場感のある模擬体験ができる。

③評議のページ

評議のページは、最初に「評議室閲覧」と「評議室入室」という項目がある。前者は裁判員を担当して役割演技を行わない場合で、評議の審理（議論）の様子を閲覧して参観者（傍聴人）として、次の項で紹介する掲示板で評議について意見を述べることもできる。評議は非公開ではあるが、多くの方々が閲覧できるように、現実とは異なるが「評議閲覧」を設定している。

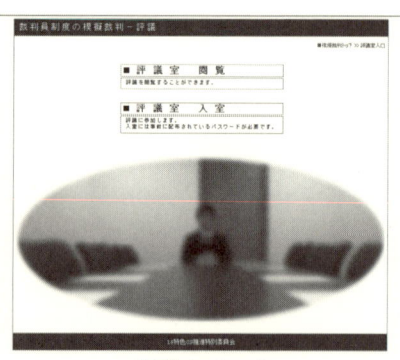

評議のページ

「評議入室」は、事前に申請して管理者から許可を得た参加者が、裁判官（3名）、裁判員（6名）の計9名の役割を担当し、各自パスワードを入力し入室する。申請した期間内に模擬裁判シナリオについての評議を模擬体験することができる。評議はチャット形式になっており、自分の意見をキーボードから入力して審理を行う。

各自が担当した役割については、管理者側の管理画面では各役割ごとに「基本情報」と「家族構成」の項目でさまざまな設定ができるようになっている。すなわち、「基本情報」では、「ロールNo」「氏名」「ふりがな」「年齢」「職業」「性別」「婚姻」「人物像概要」「イメージ画像」が自由に設定できる。また「家族構成」の欄では、婚姻や家族についての設定ができる。

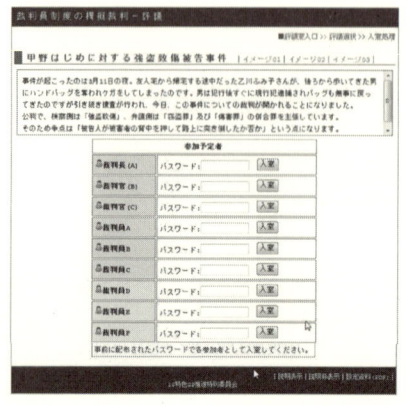

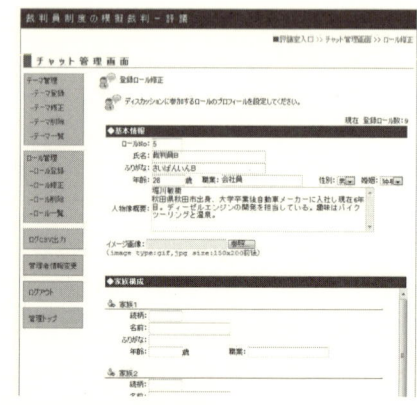

パスワード入力画面と役割（役柄）設定画面

第1節　インターネット学習システム「ネット裁判員模擬裁判」

　さて、実際に評議が始まると、右のような形で審理（チャット）が始まる（2008年実施例）。この審理を展開するうえで重要な役割を担うのが、裁判長役である。裁判長は、終始、評議をうまくコーディネートし、押しつけにならないよう配慮しつつも、証拠に基づく事実認定、有罪無罪の決定、刑の量定を行い、最終的に評決にもっていかなければならない。それだけに、法律や裁判に関する知識を身につけていないとうまく進めることができない。筆者らは、裁判長や裁判官役に対しては、必要なデータを設定しているが、評議の進め方は裁判長役や裁判官役の力量によるところが大きい。

　写真は、当システム構築後、初めて実施した実践風景である。システム製作担当の（株）アキタネット社員の方にも参加*2していただき、受講者は基本的な説明を受けて「ネット裁判員模擬裁判」を体験した。

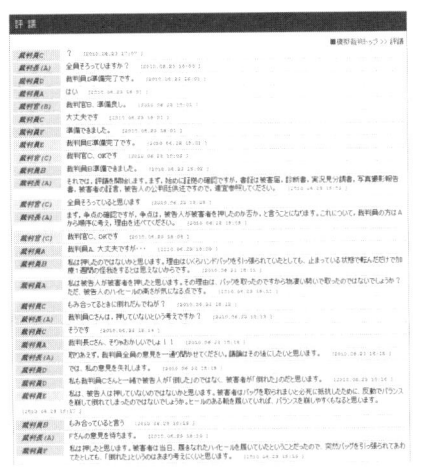

評議のチャット画面

ネットによる評議の風景

　次頁の表29は、量刑資料（強盗致傷）*3である。評議における事実認定が終了し、有罪が決まった場合、次に、刑の量定を行うが、その際にはこのような量刑資料を参考（あくまでも参考）にして、審理を行う。

④意見交換場（掲示板）のページ

　この掲示板のページでは、「【1】裁判員制度 賛成？反対？」「【2】甲野はじめに対する強盗致傷被告事件について」「【3】裁判員制度への素朴な疑問」「【4】削除依頼はこちらへ」の4つの項目からなる。各項目名の初めに項目番号が付いているが、その項目への投稿があると、例えば第1項

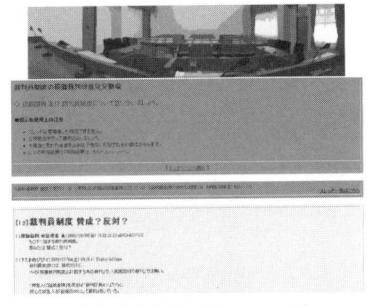

模擬裁判掲示板のページ

197

表29 量刑表一例（強盗致傷罪）

	判決 懲役	判決 執行猶予	求刑	被告人 性別	被告人 年齢	事案の概要	負傷結果	強取された金品の額等	被害弁償等	被害者の感情	参考事項
1	4年	実刑	7年	男	35	ひったくりが発展して、強盗に。被害者は81歳の女性。	全治8日間（頭部外傷、下あご打撲等）	7万2300円	謝罪文を送付	謝罪文で処罰感情は和らいでいた。	既遂だが、すぐに現行犯逮捕され、被害品は被害者のもとに戻った。
2	4年6月	実刑	7年	男	22	午後7時ころ、通行中の25歳の女性のバッグを掴み、転倒した被害者を30メートルくらい引っ張る。	加療等2週間以内	強取に失敗	120万円を支払い、示談		前歴あり
3	3年6月	実刑	6年	男	26	女性にねらいを定め、深夜、通行中の女性（24歳）の顔面を続けざまに2回拳で殴り、しゃがみこんだ女性の臀部を足蹴にし、バッグのひもを引っ張ってひきずる。	全治1週間（顔面打撲及び上下口唇裂傷）	強取に失敗	70万円を支払い、示談	被害者は被告人を許すと表明	無為徒食の生活を家族から注意されることに嫌気がさして、家出したが、2日後には、飲食やパチスロで所持金を使い果たして、食べ物も買えなくなったことから、手っ取り早く金を得ようとする。父が監督約束。
4	4年6月	実刑	7年	男	59	借金の返済に窮して、女性や老人を物色し、暴行を加え、現金入りの財布を奪う。	全治約1週間	2万円	一部弁償として2万円支払う	被害者は被告人を許すと表明	
5	3年6月	実刑	7年	男	25	午前3時50分ころ、女性の背部を足蹴にして転倒させ、顔面を拳で殴ったり、腰部を足蹴にするなどして、現金と財布入りのバッグを奪う。	加療2週間（左大腿打撲等）	6万円	200万円を支払い、示談	被害者は被告人を許す意向を表明	両親が監督約束
6	5年	実刑	7年	男	32	若年女性に体当たりして転倒させ、よつんばいになった女性をボストンバッグもろとも約5メートル引きずる。	加療約10日間	強取に失敗	75万円を弁償		被告人反省なし。被害者は3か月後も両膝に傷が残り、手の震えで手先の細かい仕事に支障が残る。
7	4年6月	実刑	7年	男	31	深夜、女性の左側頭部を左肘で強打して失神、転倒させたノックアウト強盗。	加療等2週間以内	38万円	なし		被告人が逮捕されたため、28万円分の被害品は被害者のもとに戻る。
8	3年6月	実刑	7年	男	23	夜、駐車場で自転車にまたがった女性の背後から後頭部を殴り、左肩を強く突いて転倒させる。	加療約5日間（両膝、右足擦過創）	7万円	30万円を支払い、示談	被害者は被告人を許す意向を表明	
9	4年	実刑	7年	男	54	午前1時ころ、人気のない暗い路地で待ち伏せして、男性（52歳）の頭部を数回殴打する。	全治約2週間（頭部打撲、同裂傷）	現金1000円、携帯電話、セカンドバッグ	21万円支払い、示談		前歴（無銭飲食）1件、生活状況不安定

目「【1】裁判員制度 賛成？反対？」では、【1-2】というように、投稿数が表される。すなわち、ハイフンの後の2が投稿数を示している。

1)「【1】裁判員制度 賛成？反対？」

裁判員裁判はすでに始まっているが、賛成の人たちばかりではなく、反対や態度保留の人たちもいる。本項目では、さまざまな考え方を提示して、裁判員制度について議論することを目的としている。

例えば、ここには「裁判員制度には、賛成だけど、今の『刑事裁判制度』は『罰する為の裁判』で、『真実究明の裁判』ではない。『被告人に証拠書類』を渡せば『裁判が長引く』からと、肝心の被告人を『蚊帳の外にして裁判』をしている。これでは『無知な被告人』を『犠牲にして』『早く裁判を終らせ』て、『ただ罰している』に過ぎない」（ペンネーム：77才のジジイ）という投稿がある。このように、参観者が自分の考えを自由に発言できるようにしてある。

2)「【2】甲野はじめに対する強盗致傷被告事件について」

この項目は、模擬裁判シナリオである「甲野はじめに対する強盗致傷被告事件」の公判と評議について、感想や意見を述べるコーナーである。評議に参加した人や、その評議の様子を参観した人が感想や意見を述べる。実際の評議は密室で行われるが、このコーナーでは、参観者が評議の内容について発言できるところが、現実とは異なっている。

あくまでも、ネット模擬裁は学習や訓練という側面が強いので、評議を行った参加者だけではなく、参観者の発言も組み込むことによって、学習や訓練が、より充実したものになることを意図している。

実際に評議に参加した人は、「多少時差の感じられるやりとりもありますが、少ない時間で文章を作成しなければならないので、臨場感は出ているように思います。加えて、裁判官や裁判長が適宜論点の整理を行う重要性が再認識できました」(m1：2008/09/30(火) 11:53:52

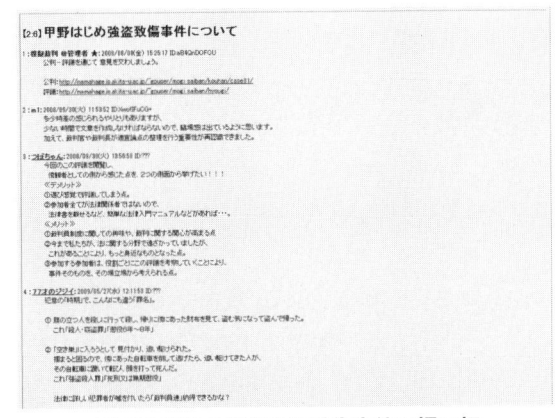

甲野はじめの強盗致傷被告事件の掲示板

ID:XwofIFuCG+）と述べている。一方、参観者は「今回のこの評議を閲覧し、傍観者としての側から感じた点を、2つの側面から挙げたい!!!《デメリット》①遊び感覚で評議してしまう点。②参加者全てが法律関係者ではないので、法律書を載せるなど、簡単な法律入門マニュアルなどがあれば…….《メリット》①裁判員制度に関しての興味や、裁判に関する関心が高まる点。②今まで私達が、法に関する分野で遠ざかっていましたが、これがあることにより、もっと身近なものとなった点。③参加者は、役割ごとにこの評議を考察していくことにより、事件そのものを、その立場から考えられる点」（つぼちゃん：2008/09/30（火）13:56:58 ID:???）と指摘している。

　実際に体験したり、参観したりした感想や意見を述べ合うことで、参加者の審理や学びが評価され、その実践や体験を自省することが可能になる。参観者もまた、評議を参観することで、評議の様子が理解でき、評議のポイントや留意点なども理解できるようになる。

3)「【3】裁判員制度への素朴な疑問」

　このコーナーは、裁判員制度に関する疑問を投稿する掲示板である。例えば、「裁判員制度について、不安ありです。選任された裁判員に一般常識があるかどうかです。ある程度の社会常識のあるひとが、選任されればよいですが、常識のないひとに判決の判断をさせてしまうのは、危険と感じます」（7：海：2009/05/21（木）11:15:13 ID:Qp0wOlDkrQ）と、裁判員制度が始まったその日に、制度に対する懸念を表明した人もいる。

　このコーナーでは、ある人の疑問や質問に対して、別な参観者が応答したり、また、別な疑問を述べたりすることができ、さまざまな疑問やそれに対する応答などが蓄積されるようになっている。このコーナーに出された記述は、裁判員制度に関する人々の疑問や問題点の指摘が集積されるので、制度を再構成する視点や、人々の制度に対する理解度の視点になると思われる。参観者の相互交流の場となり、議論や学びの場となることが期待される。

4)「【4】削除依頼はこちらへ」

　削除に関するこのコーナーは、参加者や参観者等からの削除依頼を受付け、管理者がその要望を検討して公序良俗に反する不適切な記述を削除するコーナーである。現在のところ、削除するような記入はされていないが、いわゆる「あらし」などが発生しないようにセキュリティにも配慮しているところである。いずれも記入欄に意見や感想、あるいは知らせたい情報などを記入すれば、ウェブページ上に

掲載される。現段階では掲示板への書き込みは少ないが、大学の講義や中等学校での活用がなされるように目下、広報活動を行っているところである。

⑤法教育実践コンテンツのページ

このページは、筆者らの法教育実践を中心に紹介している。項目は、現段階（2010年11月）で「法教育指導案」「法教育教材」「授業実践報告」の3つがある。

まず、「法教育指導案」のコーナーでは、これまでに筆者らが実践した法教育に関する指導案を掲載している。例えば、先に紹介した外旭川中学校での「もうすぐ始まる裁判員制度と私たち」の学習指導案や、秋田大学教育文化学部附属中学校での実践に用いた指導案などを掲載している。この他、筆者らの法教育研究グループが作成し、実践した指導案も掲載している。随時追加している。

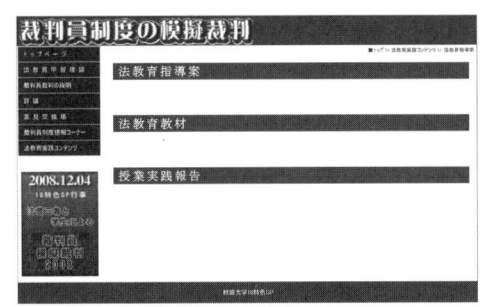

法教育実践コンテンツのページ

次に、「法教育教材」のコーナーだが、ここでもオリジナルな教材を紹介している。例えば、すでに紹介済みの「甲野はじめに対する強盗致傷被告事件シナリオ」や「田沢太郎に対する殺人未遂被告事件シナリオ」、あるいは、トピック7（第4章）で取り上げた「持ち物・手荷物検査」の教材等が掲載されている。こちらのコーナーでも随時教材を追加しているので、ご活用いただければと思う。

最後に、「授業実践報告」のコーナーである。ここでは、実際に、筆者らの法教育実践を紹介している。単に、指導案や教材を紹介し、提供するだけではなく、紹介した指導案や教材を使ってどのような授業が可能なのか、筆者らが自ら実践した授業について、動画コンテンツも交えて、法教育実践を具体的に紹介している。このコーナーでもコンテンツを追加する予定である（詳細についてはHP「法教育実践コンテンツ」を参照いただきたい）。

＊1　公民科教育学概論の講義と並行して、私たちはウェブ上で裁判員裁判に関する学習や模擬裁判が体験できる「ネット裁判員模擬裁判」を開発し、2008年8月1日に公開した。URL「http://namahage.is.akita-u.ac.jp/~gpuser/mogi_saiban/」
＊2　アキタネットからは、久島一高さんと、佐藤誠さんにご参加いただき、学生に対するシステムの特徴や運用方法についてご説明いただいた。この場を借りて感謝申し上げたい。
＊3　量刑であるが、平成18年の刑事訴訟法の一部改正（5月8日公布、28日施行）により、強盗致傷の最下年は7年から6年になっている。

第2節 ネット裁判員模擬裁判の実践

　第2節では、筆者らが秋田大学で実践した「ネット裁判員模擬裁判」（2010年6月23日実施）の様子を紹介する。読者の方々にはこのシステムを活用して、ネット上で実際にどのように裁判員模擬裁判が体験できるのかを理解していただき、当システムの使用促進を期待したい。

1. ネット裁判員模擬裁判の準備

　ネット模擬裁を実施する上では、ホームページの管理者や参加者の双方において、多少の準備が必要になる。まず、実施にあたっての準備について述べたい。

　実施当日までに、参加者には裁判官3名と裁判員6名の役割を配布しておいた。参加者は個々に自分の役割を意識して「裁判員制度の模擬裁判」のウェブページ（http://namahage.is.akita-u.ac.jp/~gpuser/mogi_saiban/）を閲覧する。彼らにはトップページに掲載されている各項目（法教育学習理論、裁判員裁判の説明、模擬裁判、意見交換場、裁判員制度情報コーナー、法教育実践コンテンツ）について内容を確認し、事前に学習させている。特に、参加者は「裁判員裁判の説明」では裁判員裁判の基礎・基本を理解する。「模擬裁判」の下位項目「公判」（甲野はじめに対する強盗致傷被告事件）では、公判シーンがフラッシュ（動画）で展開するので、参加者は自らが公判で審理しているという視点からそれを見る。そして、参加者は、検察官や弁護人の主張を聞きながら争点を確認し、証人尋問や被告人質問における証人や被告人の発言を吟味し、証拠書類等を確認したりしながら、公判を熟考する。

　次に、ネット模擬裁の「評議」を実施した。参加者は、管理画面において、おのおのの担当した役割について、「基本情報」と「家族構成」に氏名、性別、年齢、職業、婚姻、人物像、家族の名前等を記入し、その人物になって評議に参加している。氏名の箇所は実際に参加した参加者の本名である。管理者側で、厳格な指示をしていないので、おのおのの設定は参加者によって自由になされている。性別は現実の性別としているが、その他は、参加者が自由に設定した内容を示したものであるから、

現実の参加者自身と一致しているもの、していないもの、さまざまである。そのため、人物像の箇所は、人によって記述量に個人差がある。各参加者のプロファイル設定について、その要旨を押さえて表を作成したのでご覧いただきたい（表30）。

　裁判長役の三浦広久弁護士は、すでに紹介しているように、秋田弁護士会所属の弁護士である。筆者とは、これまでにも法教育教材の開発や授業実践、また、学会発表をともに行ってきた方である。2008年9月に実施したネット模擬裁は、学生と大学院生で実施したが、裁判長役は評議の進行役を務めるため、法や裁判について熟知した者でないとなかなか難しいことが確認できた。そこで、今回の実践では、三浦氏に裁判長を担当していただき、ネット模擬裁を実施した。

　ここでは、三浦氏の評議の進め方に注目しながら、審理を考察することにしたい。このことによって、一般の方々が、裁判長役を担った場合の参考になればと思う。

2. ネット裁判員模擬裁判の評議

　それでは、ネット模擬裁の評議を紹介しよう。評議はチャット形式で行うため、そのログが記録されるシステムになっている。ここでは、評議における審理を場面ごとに区分しながら紹介し、考察を加えていきたい。

　ただし、ネット模擬裁は、おのおの異なる場所やネット環境で参加しており、全員が対面しているわけではない。そのために、全員が参加しているかどうかを確認し合ったりするやりとりの打ち込み、あるいは、チャットにおける文字表示のタイムラグがあるために、発言（チャットの表示）の順が前後することもある。ここではこれらの事情を考慮して、以下、構成し直して紹介する。

（1）評議の始まり—裁判員が自分の見解を述べる—

　公判での争点は、被告人が被害者を「押した（倒した）」のか、あるいは被害者がバランスを失って「自ら転倒した」のかという点である。裁判長はこの点について、6人の裁判員に見解を求めている。A、B、Fの裁判員は被告人が「押した」とし、C、D、Eの裁判員は被害者は「自ら転倒した」という見解を示している（表31参照）。

　裁判長は、裁判員Aの「ハイヒールの高さが気になります」という意見も受けて、ヒールの高さを裁判員Bに確認している。

　ここで、注意しなければならないのは、裁判員Aが被害者の履いていた靴を「ハ

第5章 インターネットを活用した裁判員模擬裁判——「ネット裁判員模擬裁判」で学びの場を拡張する

表30 ネット裁判員模擬裁判の役柄設定

参加者氏名	参加場所	役割	年齢	職業	性別	婚姻	人物像	家族構成
三浦広久	秋田市内弁護士事務所	裁判長A	50	裁判官	男性	既婚	勤勉、厳格、公正、温厚	妻、子1人
阿部直哉	大仙市内自宅	裁判官B	40	裁判官	男性	既婚	判事任官後、主に刑事裁判を担当している。犯罪を憎み、刑罰の目的を応報的な側面から見る傾向がある。法令を厳格に適用し、検察の求刑に近い厳しい判決を下すことが多い。	
佐藤友理	大学院生室	裁判官C	45	裁判官	女性	既婚	学生の頃、裁判に興味をもったのがきっかけで裁判官になる。子どもの頃から慎重に物事を考えるクセがある。裁判に関しては「人を裁く」ことよりも和解や更生させる場として認識している。	
坪野谷和樹	大学院生室	裁判員A	26	飲食業	男性	既婚	都内の平凡な大学を卒業してから早4年、ラーメン屋に勤務する若き店長。毎日作る一杯のラーメンに魂を込めている。しかし、一杯入魂をモットーに毎日の仕事をこなしている店長にも大きな悩みがあった。それは、いくらお客様の満足に応えても、中学校の教員になる夢は捨て切れずにいたため、自分の夢には満足いかなかったのである。彼は、大学卒業後、教員採用試験の難関を突破できず、なりたくもないラーメン屋にたまたま内定が決まり、日々果たせなかった自分の夢の実現に対して葛藤していた。だが、最近、「ちっぽけな勇気」という歌に励まされ、再び教員への道へ歩もうと考え始めたのである。そして、今回、裁判員裁判にて裁判員として選出されることが決定し、これを機会に自分の姿を再度見つめてみようと決心したのである。	妻、子2人
堀川敏樹	大学院生室	裁判員B	33	会社員	男性	独身	秋田県秋田市出身、大学卒業後自動車メーカーに入社し現在6年目。ディーゼルエンジンの開発を担当している。趣味は「バイクツーリングと温泉」である。	
大森一樹	大館市内ホテル	裁判員C	49	自営業	男性	既婚	学生街でパブ「DAY TRIPPER」を営む音楽好きのマスター。教育系の大学を中退し、現在の店を譲り受ける。その時から知っている数年来の客も多く、人望が厚い。秋田訛りが特徴。職業上、口は固く、堅実な性格であるが、女性客にはめっぽう弱い。料理が得意であり、また家庭菜園を営むなど家庭ではよき夫であり、父親である。なお、店の定休日は火曜日である。	妻、子1人
鈴木正紀	秋田市内自宅	裁判員D	52	教員	男性	既婚	秋田県仙北市角館町出身。教育学部を卒業し千葉県で教員を10年間務めた後、地元である秋田県に戻ってきて教諭として生活している。地域の行事に積極的に参加し、その中心として周囲を引っ張っている。周囲の意見を聞き、相手を尊重することを重視しており、協調性を持って活動することを心がけている。	妻、子2人
細川恵美	秋田市内自宅	裁判員E	25	大学院生	女性	独身	関東の某大学院で心理学について研究していて、子どもが大好きである。将来はスクールカウンセラーになりたいと考えている。中学生の頃から政治は苦手だが、裁判員制度には興味を持っている。	
佐藤篤史	大学院生室	裁判員F	25	無職	男性	独身	由利本荘市で生まれ、地元大学を卒業したが、就職をしなかった。ミュージシャンを目指すためである。バンドではギターを担当している。大学在学中から続けているピザの宅配を最近辞め、無職である。現在、就職活動中だが、社会は厳しく、なかなか就職できずにいる。学生時代の後輩や飲み屋の常連から慕われ、毎日飲み屋で後輩や常連と話をしている。教員養成系の大学を卒業したということもあり、教育関係の話に関しては少し詳しい。	

第2節　ネット裁判員模擬裁判の実践

表31　チャットにおける発言―その1―

裁判長	それでは、評議を開始します。まず、はじめに証拠の確認ですが、書証は被害届、診断書、実況見分調書、写真撮影報告書、被害者の証言、被告人の公判廷供述ですので、適宜参照してください。 まず、争点の確認ですが、争点は、被告人が被害者を押したのか否か、ということになります。これについて、裁判員の方はAから順序に考え、理由を述べてください。[2010.06.23 18:03]
裁判員A	私は被告人が被害者を押したと思います。その理由は、バッグを盗ったのですからものすごい勢いで盗ったのではないでしょうか？　ただ、被害者のハイヒールの高さが気になる点です。
裁判員B	私は押したのではないかと思います。理由はいくらハンドバッグを引っ張られていたとしても、止まっている状態で転んだだけで加療1週間のケガをするとは思えないからです。
裁判員C	もみ合ってるときに倒れだんでねが？
裁判長	裁判員Cさんは、押していないという考えですか？
裁判員C	そんだ。
裁判員A	裁判員Cさん、そりゃおかしいでしょ‼
裁判長	とりあえず、裁判人全員の意見を一通り聞かせてください。議論はその後にしたいと思います。
裁判員D	では、私の意見を失礼します。私も裁判員Cさんと一緒で被告人が「倒した」のではなく、被害者が「倒れた」のだと思います。
裁判員E	私は、被告人は押していないのではないかと思います。被害者はバッグを盗られまいと必死に抵抗したために、反動でバランスを崩して倒れてしまったのではないでしょうか。ヒールのある靴を履いていれば、バランスを崩しやすくもなると思います。
裁判員B	もみ合っているという。
裁判長	Fさんの意見を待ちます。
裁判員F	私は押したと思います。被害者は当日、履きなれたハイヒールを履いていたということだったので、突然バッグを引っ張られてあわてたとしても、「倒れた」というのはあまり考えにくいと思います。
裁判長	現時点では、A・B・Fさんが押した、C・D・Eさんが押していないで、半々の状況です。押していないという意見の中で、ハイヒールでバランスを崩した、という意見がありますが、ヒールの高さは何センチですか裁判官Bさん。
裁判官B	約5cmです。被害者の証言から答えました。
裁判長	写真撮影報告書では、そのくらいに見えますが……。
裁判官C	ヒールの高さは5cmです。

イヒール」と規定している点である。高さ5cmはハイヒールとまでは言えない。裁判長はこの規定について触れていないが、靴の高さを確認している。

（2）ヒールの高さ5cmの安定性―証拠資料からの事実認定―

　裁判長は、5cmというヒールの高さについて、女性の裁判官（C）と裁判員（E）にその安定性について質問している。両者ともに「履き慣れていれば転ばない」という見解を示している（表32参照）。

　しかし、この発言に対して、裁判員Aは、仕事をしている被害者が不安定な靴を履くのか、と疑問を投げかけている。こうした率直な疑問が提示されることは審理

表32　チャットにおける発言—その2—

裁判長	裁判官Cさんと裁判員Eさんにお聞きしますが、ヒールの高さが5cmというのは、感覚としては、どうですか、安定しているか、かなり不安定ですか？
裁判官C	慣れていれば大丈夫ですが、ちょっとしたはずみで転ぶこともあると思います。
裁判員E	5cmは不安定だと感じます。
裁判長	裁判員Eさんに質問ですが、履き慣れていても、簡単に転ぶような不安定さですか？
裁判員E	履き慣れていれば簡単には転ばないと思いますが、はずみで転ぶことはあると思います。
裁判員A	あの……、ちょっといいですか？　そんな不安定な靴を会社員の被害者が履きますか？　そうじゃなくったって、日中は動くのですから！
裁判長	履き慣れていたかについて、被害者は証言していましたか？　誰か、お願いします。
裁判官C	証言しています。
裁判員D	弁護人の質問に履き慣れた靴だ、と答えていますね。 ＊この他、裁判官B、裁判員AとFが証言しているとし、裁判員Cは記憶にないとしている。
裁判長	すると、確かに、ある程度は不安定であるが、被害者が履き慣れており仕事に履いて行ったことからすると、そう、ささいなことで簡単に転ぶようなものではないということになるでしょうか。
裁判員C	「ささい」な状況ではないと思うけどもな……。

において重要なことではないだろうか。裁判員Eが裁判官Cの発言を受けて「はずみで転ぶ」と述べているが、「ちょっとしたはずみ」とか「はずみ」とはどういう場合なのか、さらに裁判員自身は被害者が履いていたような靴を日頃履き慣れている人なのか、確認する必要があるかもしれない。評議の参加者は裁判官同士を除き面識がない人々の集団である。そのため、一歩間違うと和やかなムード作りに傾倒して同調的になり、批判的視点が失われる可能性もある。

（3）公判での発言に注目する—証言等からの事実認定—

　裁判長は、「押した（倒した）」のか「転んだ（倒れた）」のか、という争点から、ヒールの高さと不安定性に関して審理したうえで、次に、被害者の証言と被告人の発言について審理する（表33参照）。

　裁判員Dは、「右手に持ったバッグを力一杯お腹に引き寄せた」という被害者の証言を取り上げ、このことがきっかけで「はずみで倒れた」と推論している。裁判長は、この推論の危うさを意識して、被害者が「押された」と証言していないかどうかを他の人たちに確認している。裁判官Bが「かなり強い力で後ろから押された」との証言を取り上げ、裁判長の質問に答えている。この時、裁判員Aは、被害者が自ら転倒した、と考える裁判員Dに対して、憤りをぶつけている。

　裁判長は、裁判員Aを宥めたうえで、被害者が自ら転倒したのではないかとする裁判員のC、D、Eに対して裁判官Bが述べた被害者の証言部分（表33、4番目の

表33 チャットにおける発言―その3―

裁判長	まさに、その状況についてですが、被害者は何と言っていましたか、誰かお願いします。
裁判員D	被害者は「右手に持ったバッグを力一杯お腹に引き寄せた」と証言していましたし、自分から不安定な体勢になったんじゃないですかね? で、そのはずみで「倒れて」しまった……と。
裁判長	被害者は、「押された」と証言していませんか?
裁判官B	かなり強い力で後ろから背中を押されたと証言していますね。
裁判員A	証言しています。ちなみに、その不安定な姿勢になったのはハイヒールだと言いたいんですか?? 裁判員D‼ そんな馬鹿なことありますか? 向こうは男ですよ! バッグを盗るために押したんじゃないか!!!!!
裁判長	まあまあ、落ち着いてください。裁判員C・D・Eさんに質問ですが、みなさんは、被害者のそのような証言をどのように理解されますか?
裁判員C	強く押されたってのは個人の感覚だからな。不安定な体勢で、体ぶつかれば、そりゃ倒れるべ。
裁判員D	私は「強い力で」押されたという部分が引っかかっているんですよね。
裁判員E	私は被告人は故意に「強く押した」というわけではないと思いました。
裁判長	裁判員Cさん、被告人は、被害者と体がぶつかったと述べていますか? 裁判員Dさん、引っかかるというのは、どういうことですか?
裁判員C	被害者が握られたバッグを引っ張られたら、どこか被告の体の一部がぶつかってもおかしくはないんじゃないですかね。それを押されたと勘違いしたんでねな、と思うんですけど。
裁判員D	ぶつかったという状況+自分が倒れそうになった=「強い力で」という解釈ができるのではないかと……。
裁判員C	たしかに……。
裁判員A	裁判員Eさん、その点について、被告人は、何か述べていましたか?
裁判員E	故意にということに関しては述べていません。ですが、もみ合っている最中に少しイライラしたとあるので思わず押してしまったのではないかと感じたのですが……。
裁判長	仮に、偶然、体がぶつかって、それで被害者が転んだというのであれば、公判廷で被告人はそのように言うと思うのですが、被告人はそのように述べていましたか?
裁判官C	最終的にはよく覚えていないと証言しています。
裁判長	裁判員Eさん、イライラして思わず押した、というのは、押すこと自体は被告人は認識していることになるので、故意に押したということになります。
裁判員E	被告人は最終的にはよく覚えていないと証言していますが……確かにそうですね。
裁判員C	うーん……
裁判長	裁判官Cさん、覚えていないというのは、押したかどうか聞かれて、そう答えたのではないですか? それは、体がぶつかったことを覚えていないという趣旨ではないと思いますが、いかがですか?
裁判官C	そうだと思います。

発言)に対する見解を尋ねている。CとEは、被害者が転倒したという考えは変えていないようだが、Dは、「強い力で」という部分に引っかかると述べている。この点について、裁判長がさらにDに質問すると、Dは、被害者が「被告人の体がぶつかった」と「自分が倒れそうになった」という状況から「強く押された」という解釈をしたのではないか、と述べ、やはり、被害者が「自ら転倒した」という考えを変えていない。これはあくまでも推論に過ぎないと言えよう。

この時点で、裁判長は裁判員Eに対して被告人が被害者からバッグを奪い取る状況について質問し、Eの「イライラした」という発言を捉え「思わず押してしまったのではないかと感じた」と述べている。この点について「イライラして思わず押した、というのは、押すこと自体は被告人は認識していることになるので、故意に押したということになります」と指摘している。Eは「被告人は最終的にはよく覚えていない」と発言していることを述べつつも、裁判長の指摘を受け入れたようである。

（4）証言等の信用性の吟味──被告人と被害者の発言のいずれに信用性があるか──
　裁判長は、これまでの事実認定における審理をまとめる動きを始める。被害者の「押された」とする証言は「明確に」と評価し、「被害者が嘘をつく理由はありますか」と全体に尋ねる。これに呼応して裁判官Bは被害者の証言が明確で、被告人の発言は曖昧だと述べて、裁判長に同意する。しかし、裁判官Cは、被害者が嘘をついているわけではないが、「押されたと思い込んでいる可能性はある」と対立的な見解を示している（表34参照）。
　こうした裁判官の発言に続いて、裁判員Bが「むりやりバッグを盗ろうとする行為は押したという行為に限りなく近いのではないでしょうか」と述べ、加えて「結果としてケガをさせたことを重く見るべき」だと主張している。また、先ほどまで議論された被害者の靴の高さと安定性についての審理にも疑問を呈している。
　裁判長は、裁判官Cの見解を踏まえつつも、「背中に何か衝撃を感じない限り、押されたと勘違いすることはないと思う」と述べて、他の人たちに意見を求めつつ、裁判員Bの意見に対しては、「ケガをしたことは、押したことを推認させる事情の一つ」と応えている。裁判員Fは、裁判長の意見に同意して「背中に何か衝撃や力を感じているからこそ、被害者の発言は明確なのだと思います」と述べ、裁判官Bも「被告人の行為が原因で被害者のケガが生じたので、因果関係があるのは間違いないと思います」と断言している。この流れの中で、これまで被害者が「自ら転倒した」のではないかと考えていた裁判員Cは、押されたのかもしれないと考えるようになっている。
　裁判長は、被告人の発言がこの点について公判で何も述べていないことにも触れ、さらに捜査段階で被告人がどんな供述をしているのかについても全員に確認させようとしている。この後、裁判員Aが裁判員Bの主張に同意しつつも裁判員Cを「コロコロ変わる人間」と評して裁判長に注意されるが、裁判員Dが「捜査段階

表34 チャットにおける発言―その4―

裁判長	被害者は、明確に、押された、と証言していますが、被告人は、押していないと言います。被害者の証言を信用するかどうかが問題ですが、被害者が嘘をつく理由はありますか？
裁判官B	被害者の証言が明確なのに対して、被告人の証言は曖昧ですね。
裁判官C	嘘をついてはいないと思いますが、押されたと思い込んでいるという可能性はあると思います。
裁判員B	そもそもむりやりバッグを盗ろうとする行為は押したという行為に限りなく近いのではないでしょうか。もし転びやすいヒールを履いていたら「押してない」と判断されるのでしょうか。結果としてケガをさせたことを重く見るべきだと思います。
裁判長	私も、被害者が嘘をつく理由は、本件ではないと思うのです。すると裁判官Cさんの言うとおり、思いこみ、勘違い、ということがありますが、およそ、背中に何か衝撃や力を感じない限り、押されたと勘違いすることはないと思うのですが、いかがですか？ 裁判員Bさん、本件の争点は、検察官が主張するとおり、被告人が故意に被害者を押したと認定できるかどうかです。確かにケガをしたことは、押したということを推認させる事情の一つです。
裁判員F	背中に何か衝撃や力を感じているからこそ、被害者の発言は明確なのだと思います。
裁判長	私も、裁判員Fさんの言うとおり、被害者は、背中に何か、衝撃や力を感じたからこそ、そのように証言していると思います。
裁判官B	被告人の行為が原因で被害者のケガが生じたので、因果関係があるのは間違いないと思います。
裁判員C	やっぱり押されたんだべか。イライラして押したにしても。
裁判長	そして、被告人は、被害者が、背中にそのような衝撃や力を感じたことに対応する事情、例えば、体がぶつかったとか、そのような事情については、何も述べていないところが気になります。 ここで、被告人は、捜査段階で、検察官に対しては、どのように供述していましたか？　誰かお願いします。
裁判員A	裁判員Bさんの言うとおりですね！　押したんだからケガをしたんですよ!!　コロコロ変わる人間がいてビックリですね。＊裁判員Cの発言を指している。
裁判長	裁判員Aさん、そういう発言は慎んでください。議論して、人の話を聞いて、もっともだと考えれば、意見が変わることはあってよいと思います。
裁判員D	捜査段階では押したことを認めていたようですね。
裁判長	裁判員Dさんの言うとおり、捜査段階では、認めていましたね。捜査段階で自白して、公判で否認した理由について、被告人は何か述べていましたか？　誰かお願いします。
裁判員B	その時は深く考えておらず、すぐ帰れると思っていたと言っていました。面倒だったとも言っています。
裁判員E	捜査段階では、検察官に、被害者がそう言っている、そうなんじゃないかと言われ、面倒だったので認めたと言っています。
裁判員C	捜査の時は帰りたくて適当な返事を、公判では偶然当たったかも、と。
裁判長	例えば、検察官から「認めたら軽い刑になる、してやる」という利益誘導をされたり、検察官から暴行脅迫を受けたというような事情はありませんね。この点についての、被告人の説明は、曖昧だし、あまり、説得的でないと思います。

では押したことを認めていたようです」と述べている。この発言を受けて、裁判長は被告人が捜査段階で認めて公判で否認した理由を全体に確認するよう促すと、裁判員BやEは被告人が「すぐ帰れると思って」や「面倒だった」ので認めた、といった点を述べる。こうした確認を全体で行ったうえで、裁判長は被告人の説明が

曖昧で説得的でない、と評価している。

(5) 事実認定に基づく罰条の決定—法令を適用する—

以上の事実認定を経て、評議は法令の適用の段階に進み、罰条について審理する（表35参照）。

裁判長は「押したか」「押していないか」の裁決をとる。裁判長は、表を見ても分かるように、裁判員から意見や見解を述べさせ、続いて裁判官が述べるという順序性を心がけ、裁判官が先に述べて、裁判員に影響を与えたりしないように配慮している。

当初、被告人が自ら倒れたのではないか、押されたと思ってしまったのではないか、と考えていた裁判員Dは、証言の信頼性から被害者の証言をとり「押したのだと考える」と見解を変えたことを明らかにした。同様に、裁判員Cも当初の見解を変更して「押したんだべな」と述べている。さらに、裁判員Eも、被害者が被告人に対して背中を向けていたことや背中に衝撃を感じたという被害者の証言の信用性を認めて、被告人が「押した」という見解に変更している。他の裁判員は最初か

表35 チャットにおける発言—その5—

裁判長	一通り、議論をしたので、再度、「押した」「押してない」について、決をとりたいと思います。裁判官は裁判員の意見が全部出た後で見解を述べてください。
裁判官C	そうですね……。
裁判長	結論だけでもいいので、裁判員のみなさんから順にお願いします。
裁判員D	最初は被害者が「倒れた」のだと思いましたが、証言の信頼性から言って被告人が「押した」のだと考えます。
裁判員C	押したんだべなあ。明確に「奪ってやる」とまで思ってないにせよ、イライラしてたから、という部分は、まあ、あり得るんでないかな。
裁判員A	私は「押した」という考え方に変わりはありません。むりやりバッグを盗ろうとする行為は押したという行為に限りなく近いので……。
裁判員B	私はやはり押したと思います。被告人の供述が一貫していないのと、結果的にケガをさせているという事実がその理由です。
裁判員E	他の方々の考えを聞いて意見が変わりました。被害者は被告人に背中を向けていたと証言していますし、そこに衝撃や力を感じているので「押した」ということになると考えます。
裁判員F	私は、最初に述べたとおり「押した」のだと思います。その考えに変化ありませんでした。
裁判官B	反抗を抑圧する程度の暴行がなされた結果、傷害が発生したと考えるのが妥当なので、「押した」と判断します。
裁判官C	議論から、私も押したのではないかと思います。
裁判長	私も、押したと思います。被害者の供述は明確であり信用できますが、被告人の弁解は不明瞭で、信用できないと思います。全員一致で押したと認定し、被告人を強盗致傷罪で処断することにします。

ら「押した」とする見解であり、裁判員全員が「押した」という判断をした。

　裁判員全員の見解が示された後、裁判官の見解が示される。裁判官Bは、「反抗を抑圧する程度の暴行がなされた結果、傷害が発生したと考えるのが妥当」とし、裁判官Cも「押した」という見解を最終的に示した。

　裁判長は、以上の事実認定を踏まえ、「被害者の供述は明確であり信用できますが、被告人の弁解は不明瞭で、信用できないと思います」と述べて、自身も被告人が「押した」として被告人を「強盗致傷罪」とすることを全員に伝えた。

（6）量刑を決める―評議の最終段階―

　いよいよ刑の量定を行う最終段階となった。強盗致傷罪に関する量刑表（198頁の表29）を参考にして審理する（表36参照）。

　裁判長は、強盗致傷罪が無期または6年以上の懲役であり、酌量減軽をすれば3年以上の懲役で処断できることを伝え、おのおのの手元にある量刑資料は全て酌量減軽がされていることを伝えた。この説明に対しては、裁判員Aから、わかりやすい説明を求められた裁判長は「3年以上の懲役、又は、無期、の範囲で被告人の刑を決める」ことになると言い換えている。「酌量減軽」とは、「犯罪の情状に酌量すべきものがあるときは、その刑を減軽することができる」（刑法第1編総則第12章、66条）というものである。

　量刑にあたって、裁判員Dは被告人が高校時代に起こした恐喝事件をどう考慮すればよいのかについて裁判長に質問している。これは非常に重要な質問であるが、裁判長は個々の判断、裁量に任せられると説明した。

　量刑に酌量減軽を適用する立場は、懲役3年で執行猶予付きを求める立場と、減軽するものの実刑を求める立場に分かれる。前者は裁判員C・Eと裁判官Cの3人である。裁判員Cは、被害者の負傷の程度、被告人の反省の様子を踏まえて、酌量減軽を適用して懲役3年、執行猶予付きの刑、裁判員Eも被告人の反省の姿勢と前科がないことを考慮して懲役3年の刑、裁判官Cは、裁判員Cに同意し、被告人がまだ若いことを考慮して、懲役3年で執行猶予付きを主張している。後者の実刑を求める者は裁判員A・B・D・F、そして裁判官Bである。裁判員A・Bと裁判官Bは懲役3年、裁判員D・Fは懲役4年の実刑をそれぞれ主張している。裁判官Bは、被告人の犯行を「身勝手で衝動的な犯行」「過去の恐喝事件」「被害者の処罰感情」を勘案して3年の実刑が相当である、と述べている。

　裁判員Bは執行猶予付きにするかどうか悩んだようで、「執行猶予を付けるかど

表36 チャットにおける発言―その6―

裁判長	では、量刑について議論しますが、量刑資料を参考にして、各自意見を述べてください。あらためて、量刑についての意見を求めます。なお、強盗致傷罪は無期または6年以上の懲役ですが、酌量減軽をすると3年以上の懲役で処断できます。量刑資料は全部酌量減軽がされています。
裁判員A	裁判長さん!! 私たちは法律のプロではないのですから、もっとわかりやすく言ってください!!!
裁判長	簡単に言うと、3年以上の懲役または無期、の範囲で被告人の刑を決めることになります。
裁判員D	質問があるのですがよろしいでしょうか？
裁判長	はい。
裁判員D	被告人が高校生の時に起こした恐喝事件も前科として考えなければならないでしょうか。
裁判長	恐喝事件を、本件の量刑に考慮するかどうかは自由です。
裁判員D	わかりました。ありがとうございます。
裁判員C	まず、被害者もでっけケガしてるわけでねし……被告人も、反省してる様子、見でとれるがら……懲役3年、執行猶予付きくらいでいいんでねがな、と。
裁判長	裁判員Cさん、ありがとうございます。本件の場合、執行猶予は懲役3年でしか付けられません。
裁判員D	被告人は高校生の時に恐喝事件を起こしているようですし……執行猶予がつかない4年程度が妥当ではないかと考えます。
裁判長	他の方は、いかがですか、「誰かと同じ意見である」、でも結構です。
裁判員F	量刑資料を参考にして、1のケースに似ているので、懲役4年がいいと思います。
裁判長	なお、執行猶予は3年から5年の範囲で選択できます。執行猶予期間中に悪いことをしなければ、刑務所に行かなくてもいいが、再度悪いことをして懲役刑を受けると、執行猶予が取り消され、前の刑と新たな刑を足した期間、刑務所に行くことになります。
裁判員A	検察側が主張しているように懲役6年で……。刑法240条には6年以上と書いてあったので……。細かいことは私も法律のプロでないのでわかりませんが……。
裁判長	裁判員Aさん、法律上は3年以上から選択できるとお考えください。
裁判員A	はい。では懲役3年の実刑とします。
裁判員E	被告人に反省の様子も見られますし、前科がないことからも執行猶予が付く懲役3年でよいのではないかと思います。
裁判員B	私は執行猶予は付けるべきでないと思います。被害者が許していない点と、法廷でも曖昧な供述をしており、反省の色が見て取れないからです。しかし、懲役年数については被告人の年齢や被害の程度が比較的軽いことを考慮し、最低の3年になるべく近くするべきだと思います。
裁判長	なお、執行猶予に付す場合には、保護観察が付けられます（執行猶予の期間、保護観察所の監督に服します）。
裁判員C	今回のが未必の故意だとしても、被告人の性格、以前起こした恐喝事件があるからな……懲役は3年、執行猶予4年くらいが妥当でねがな……。今回のってのは「押した」ってのが、です。
裁判長	裁判官も発言お願いします。
裁判官B	身勝手で衝動的な犯行、過去の恐喝事件、被害者の処罰感情などを考慮すれば、酌量減軽はするが、懲役3年の実刑が妥当と考えます。
裁判官C	裁判員Cさんと同じ意見です。被告人はまだ若いですし、懲役3年の執行猶予付きが妥当ではないかと思います。
裁判長	私も3年の実刑が相当と考えます。利欲的な動機は悪質といえ反省も疑わしいといえますが、幸い被害が軽微ですので、このくらいが適当と考えます。まとめると、3年の実刑が3人、3年猶予付きが3人、4年実刑が2人、6年1人ですが、できれば、全員一致をめざしたいと思います。考えが変わった人はいませんか？
裁判員C	私は変わらねな。

裁判長	裁判員Cさん以外の方はどうですか？
裁判員B	裁判長に質問です。執行猶予を付けるかどうかは本人が刑務所に入らなくても自力で更生できる見込みがあるかないか、という基準でよいですか？
裁判長	ご意見がなければ、「被告人にとって最も不利な意見の人数を、次に不利な意見の人数と足していき、合計数が裁判官を含む過半数に達した時、その中で最も有利な意見を評決の結論とする」という法律に従った方法で決定します。この方法で、よろしいですか？＊他の人は同意する。
裁判員B	悩んだのですが、考えが変わらないので、裁判長がおっしゃった方法に同意します。
裁判長	実刑6年の1人を実刑4年の2人と足して3人、これに3年の実刑の3人を足すと、6人で過半数を超え、この中には裁判官2名を含みます。よって、評議の結論は3年の実刑となります。これで評議は終了です。みなさんご苦労様でした。[2010.06.23 20:22]

うかは本人が刑務所に入らなくても自力で更生できる見込みがあるかないか、という基準でよいですか」と質問し、最後に実刑の判断をした。

　以上、おのおのの意見を確認したうえで、裁判長は量刑が分かれた場合の決定方法を紹介し、最終的に、「3年の実刑」と決め、これを全員が了承して、甲野はじめに対する量刑が決まった。

　以上のような形で、評議が1時間半ほど実施され終了した。

　なお、この評議に関しては、記録を公開しているので、ホームページ（http://namahage.is.akita-u.ac.jp/~gpuser/mogi_saiban/）でご覧いただければと思う（HP「模擬裁判Case01：甲野はじめに対する強盗致傷被告事件」の評議〔10/06/23〕）。

第3節 ネット裁判員模擬裁判を終えて

　本節では、ネット模擬裁の参加者と参観者の感想や意見、加えて、今回のネット模擬裁の裁判長役をしていただいた三浦弁護士からのコメントを紹介して本章のまとめとしたい。

1. 参加者はネット模擬裁判から何を学んだのか

　参加者には、ネット模擬裁終了後に筆者が簡単なアンケートを行い回答を寄せてもらった（表37参照）。

　まず、ネット模擬裁での学びの特色として、裁判官B役の阿部直哉が指摘するように臨場感があると言えよう。阿部は「ぐいぐいと引き込まれていく自分を感じた」「ネット裁判員経験は、あたかも自分が実際の法廷に臨場しているかのような実感を覚えさせる」と記しているが、この点については、裁判員E役の細川恵美も「実際に裁判官や裁判員が全員その場にいるような感じがし、とても有意義なものでした」と述べている。今回の実践では、大学の社会科院生室でネット模擬裁に参加した者が4名いたが、むしろ自宅などで1人で参加していた者が臨場感を指摘している。ネットでのコミュニティ参加やコミュニケーションを楽しむ人が多いことに鑑みても、ネット模擬裁は臨場感や一体感を味わうことができると言えよう。

　また、ネット模擬裁のこうした臨場感やリアリティと関連するが、裁判員D役の鈴木正紀が「人を裁くということの重さには、計り知れないものがあるのだということを学びました」と述べ、さらに「被告人のみならず、被害者の人生すらも変えてしまうかも知れない、そのような重大な事柄に関わる」と述べている。また、裁判員F役の佐藤篤史も「ネット裁判員裁判で裁判員として事件を裁く立場になることで真剣に取り組むことができた」と述べている。これは、ネット上とはいえ、事実認定や法の適用、そして刑の量定を行うことで、実在しない被告人や被害者の話でも、参加者は裁判官や裁判員という役割を通して、真剣に取り組み、評決を行っていた、と捉えられる。

　次に、ネット模擬裁で、評議の手順や集団の問題解決過程を学ぶことができると

表37　ネット裁判員模擬裁判参加者の学び

ネット裁判員をやりはじめてすぐに、裁判官や裁判員の立場としてぐいぐいと引き込まれていく自分を感じた。書籍により学んだ裁判知識は実感を伴わない浅薄なものとなりがちであるが、ネット裁判員経験は、あたかも自分が実際の法廷に臨場しているかのような実感を覚えさせる。緊張感や真剣さ、自分が責任をもって裁いているのだという責務の重さがひしひしと高まっていく。これは単なるシミュレーションではない。実際のこととしてとらえるべきものである。これこそ非常に効果の高い法教育である。できれば学校教育で取り入れるべきであるし、裁判員候補者に選出された全国民が必ず体験しなければならない義務として課すべきである。これからの発展に大いに期待したい（裁判官B　阿部直哉）。

ネットという身近で馴染みのあるものを通しての議論はとても面白いと思いました。現代はインターネットを通じてのやりとりが普及しているため、裁判員制度に親近感を持つ意味でも非常に意義のあるシステムと感じます。チャットという形でのやりとりであるため、文章や時間に制約はあるものの、だからこそ「自分の意見を明確・簡潔にまとめる力」が育めると思います。これは今回のチャットに限らず、どのような議論においても必要な力ではないかと思います。「意見をまとめる力」を学ぶ一手段として非常に有効なシステムと考えます。また、顔が見えないからこその意見の出しやすさというのもあると思います。実際の裁判では他の裁判員や裁判官と顔を合わせながらの議論になりますが、その場合、自分の中に確固たる意見があったとしても、他人の表情や声色によってそれが揺らいでしまう、口から出ないで終わってしまうという可能性も考えられるでしょう。このようなデメリットを省き、まずは「自分の意見を明確に表す」という部分を第一に強調してトレーニングできるものとしてこのネット模擬裁判は推薦できると思います。ネット模擬裁判を経て、自分の意見に自信を持ち、明確に表明できる力を養うことは、とても重要だと感じました（裁判官C　佐藤友理）。

（裁判員A　坪野谷和樹）〈記述なし〉

様々あったのですが、最も学びになった点としては、集団で問題解決を行うよさです。最初は何を話せばよいか分からなかったのですが、証拠や証言について議論するうちに問題の所在が明らかになっていくのが分かりました。集団で議論することで、自分にはない視点を与えられ、考えが深まっていったのだと思います。この過程に着目することで、問題解決力を高める学習教材としても有効だと思いました（裁判員B　堀川敏樹）。

ネット模擬裁判を通して、最も良かったと思われた点は、自分で設定した役になることで、素直な意見をぶつけさせることができたことです。役に従って「この人物ならこういうふうに考えるかも」などと想像しながら、発言をすることで、議論の幅が広がったのではないかと思います。私の場合は「方言」が特徴のキャラクターでしたが、プロファイルにこういう「癖」のようなものがあると、演じていて楽しいし、気持ちも移入しやすいのではないかと感じました（裁判員C　大森一樹）。

裁判員裁判の重さ、すなわち自分が実際に人を裁くということの重さには、計り知れないものがあるのだということを学びました。被告人のみならず、被害者の人生すらも変えてしまうかもしれない、そのような重大な事柄に関わることは相手のことを深く考えるだけではなく、自分と向き合う良い機会になるのではないかと考えます（裁判員D　鈴木正紀）。

ネット裁判員模擬裁判はチャット形式で行われたので、実際に裁判官や裁判員が全員その場にいるような感じがし、とても有意義なものでした。証拠品や関連する法律、公判の内容、裁判に参加している他の方の意見などに基づいて判決を決めることは難しく、根拠をもって多面的・多角的に考えていかなければならないと思いました。また、裁判に参加している人は一人一人が異なった意見を持っています。自分の考えにこだわるだけでなく、他の方の考えも尊重しながら自分の考えを深め、見直していくことが大切だと思いました。裁判員として裁判に参加するときには、選ばれたという自覚と事件の重みと責任を感じながら、裁判に臨む姿勢を持たなければならないと思います。私はまだ実際に裁判員裁判に参加したことはありませんが、今回裁判員としてネット裁判員模擬裁判に参加してみて、裁判員裁判への興味が深まり実際に参加してみたいと思っています。大学に在学中にこのような機会に恵まれたことを嬉しく思います（裁判員E　細川恵美）。

今回行ったネット裁判員裁判で、私は初めて裁判員として事件を考える立場になった。このネット裁判員裁判を通して学んだことを2点挙げる。まず1点目の学べたことは、ネット裁判員裁判を通して裁判の流れを自分のペースで覚えることができたということだ。私は法学部出身ではないので、裁判がどのような手順で進んでいくのか全くわからなかった。しかし、ネット裁判員裁判で裁判員として事件を裁く立場になることで真剣に取り組むことができた。これにより公判部分を自分のペースに合わせて確認できたことで、事件の把握はもちろん、裁判の進め方も知ることができた。次に、学べた点として挙げるのは量刑を決める方法だ。今回のネット裁判員裁判では本当の弁護士が裁判長として参加していたので多々学ぶことがあったが最も参考になったのがこの場面だった。今回行ったような量刑の決め方は、実際に裁判員として裁判所に赴かなければ絶対に知ることがなかっただろうと思う。そういう意味で今回裁判員としてネット裁判員裁判に参加できて良かった（裁判員F　佐藤篤史）。

いう点も指摘できる。先ほど紹介した佐藤は、今回、初めて模擬裁判を体験したが、「裁判の流れを自分のペースで覚えることができた」と述べている。ネット模擬裁判のサイトでは、公判部分のやりとりや証拠書類、量刑表などにアクセスして確認することができる。佐藤は、他の参加者がチャット形式で審理を行っている間に、判断を下すのには不確かな部分を確認するなどして、審理で発言をしていたのである。この点については、裁判員B役の堀川敏樹も「証拠や証言について議論するうちに問題の所在が明らかになっていく」と述べている。この審理の手順や審理における問題解決過程は、裁判長として参加していただいた三浦弁護士の専門性に依るところが大きい。参加者の多くが、この点を感想で指摘していることからも確認できる。

　最後に、ネット模擬裁の特色の一つとして、さまざまな場所から参加できるという点が挙げられよう。鈴木が「ネットで誰でも参加できる」と記しているが、ネット模擬裁は、誰でも申し込めば参加可能であるし、参加場所が問われないというメリットがある。今回の模擬裁判参加者も、秋田県内各地から参加している。時間を決めておけば、後は、ネットにつながってさえいればどこからでも参加できる。特定の場所で一定の時間に実施される模擬裁判に参加するということは、なかなかおのおのの都合を調整し合うことがたいへんである。場所が限定されないというメリットはネット模擬裁の大きな利点である。例えば、海外にいる人でも時間調整さえすれば実施可能である。今日の社会では、同じ地域に住んでいる人だけが問題や関心を共有しているわけではない。法教育や裁判員裁判への関心を共有する人たちが、異なる地域から参加して、ネット模擬裁の評議を行うことも意義がある。

2. ネット模擬裁判の課題は何か

　参加者には、実際にネット模擬裁に参加して感じた、システム上の課題やネット上での模擬体験の課題について質問し回答を得た。

（1）ネット裁判員模擬裁判のシステム上の課題
　ネット模擬裁のシステムについては、その機能やコンテンツ、ならびにシステム運用上の課題について参加者からさまざまな回答が示された（表38参照）。
　①システムの機能やコンテンツとして必要なもの
　まず、佐藤友理からは、議論を迅速にかつ同時に表示できる機能を求める提案がされたが、この点は検討しなければならない。本システムは、チャット形式を採用

しているために、参加者がその主張や発言をタイプするという点に評議の特色がある。それゆえ、発話よりも打つ方が時間を要するのは一般的であり、打つのに時間がかかると感じる人には心理的にストレスが加わることにもなる。また、パソコンの処理能力やネットワークの状況によっては、打った文章がディスプレイ上に掲示されるまでに時間がかかる場合もある。さらにはチャットでは参加者によってタイプされた文章が時系列で配列される。そのため、9人の参加者がおのおのの主張や発言を行うと、例えば、裁判長から指名された人の発言が、適切につながらず、別な人の発言が間に入り込んでしまうという現象も起こる。大森一樹が提案するように「発言があったらアラームが鳴る」といった機能を導入すれば、その発言を確認してから、自分の発言を行うタイミングをつかむことができるだろう。今

表38　ネット裁判員模擬裁判のシステム上の課題

①システムの機能やコンテンツとして必要なもの	・一つ一つの意見がでてくるまでの時間の差が今回はとても気になった。もっと迅速に、かつ議論をする人全員に同時に表示がでてくるようにするべきだと思った。議論は多大な時間を要するということに配慮した機能を付加すべきだと思う。例えばチャットの保存機能を作り、一旦退室しても別の時間に改めて議論できるようにするなどといったことも必要だと思った。また、顔文字の機能を追加するなど、視覚的な情報を補うものがあれば面白いのではないかと思った。議論は多大な時間を要するということに配慮した機能を付加すべきだと思う。（裁判官C　佐藤友理） ・顔が見えるシステムを導入するのも一つの手ではないでしょうか？　顔が見えないネットだと、臨場感が非常にわかなかった。となると、ネットではなく模擬裁判員裁判の価値が非常に高まりました。（裁判員A　坪野谷和樹） ・発言があったときにアラームがなったりするとさらに嬉しいです。（裁判員C　大森一樹） ・量刑を決める際の資料に関して、もう少し様々なパターンのものを準備したほうがいいのではないかと感じました。掲示する判例が偏り過ぎることによって、意図的に流れを作るようなことがあってはならないと思います。（裁判員D　鈴木正紀） ・法律の専門用語がわからない場合があるのでその解説が充実していればより良くなるように思いました。（裁判員E　細川恵美） ・ネットを介して、ということもあり、なかなかスムーズな話し合い、深いところまでの議論というのは難しいように思いました。また、同じ教室内で4人が各自パソコンに向かうネット裁判員模擬裁判をしていたのでわかったのですが、パソコンによって若干更新速度に差があるため、それもスムーズな議論の進行の妨げになったように思います。ゲーム要素を加えると、さらに面白くなると思いました。例えば、評議に時間制限を設けて参加者一人一人の緊張感が増すようにするとか、評議終了後に真相解明度が出るようにし、どの点がまだ話し合い不十分だったかわかるようにするとか（「真相解明度」についてはDSの「有罪×無罪」にありました）。（裁判員F　佐藤篤史）
②システム運用上の課題	・速やかに議論するには進行役の裁判長が法律の用語を解りやすく噛み砕いて進めて頂きたかった。実際の法廷でも同じようにしているのか気になりました。また、議論の展開も倒れた側の意見に偏っていたため、なかなか意見を言えずにいました。（裁判員A　坪野谷和樹） ・今回は裁判長が専門的な知識のある弁護士さんという立場であったのでスムーズな進行が出来たのだと思いますが、一般の方々のみでこのシステムを活用した場合にどうなるのか、という部分について若干不安を感じました。（裁判員D　鈴木正紀） ・今回は裁判長役を三浦弁護士という法律のプロにしてもらいましたが、このシステムを一般の人のみで行うのは困難に思えました。また、今回評議で決めた量刑がどの程度事件の真相を解明できたかということも不明確なため、その点に関しても何か改良の余地があるように思いました。今回は三浦弁護士という法律のプロがしっかりと議論をコーディネートしたために2時間で、きれいに量刑を決めるところまでできたのだと思います。ですので、議論のコーディネート役をどうするか、という点は、このネット裁判員模擬裁判を行う上で重要だと感じました。（裁判員F　佐藤篤史）

回、筆者はチャットのすべてのログのつながりを確認して、何ヶ所か前後の入れ替えを行って第2節の表31～36として示している。

　ただし、佐藤（友）が提案するように発言が同時に表示されると、逆に、発言のつながりを捉えることが煩雑にもなりかねない。この点についてはツリー構造上の表示にするなど、何らかの対策を練る必要はある。また、チャット形式に関しては、坪野谷和樹が「顔の見えるシステムの導入」を提案している。この提案も重要で、将来的にはチャット形式の他にも、参加者がおのおののパソコンのウェブカメラを活用して、評議を行う9人が互いに相手の表情を見ながら話し合うことができれば、対面的でよりリアルに審理を行うことができるかもしれない。この点についても、現在、高額なテレビ会議システムのようなものを導入しなくてもできる方法はないかと模索中である。坪野谷は、2008年に実施したネット模擬裁に参加し、また、外旭川中学校での模擬裁判を活用した授業も体験していることから、チャット形式のネット模擬裁の問題点をより強く捉えたようであるが、顔の見えるシステムを導入すれば、彼の指摘する問題の解決になるだろう。

　この他に、システムの機能に関する要望としては、佐藤（篤）から、「時間制限」や「真相解明度」などのゲーム的要素を加えてはどうかという提案もある。この提案は彼がトピック8で紹介した『DS有罪×無罪』にヒントを得たもので、時間制限は参加者同士で決めれば実行可能だが、「真相解明度」はプログラム的には難しい。筆者は、チャット形式が発言をログとして記録し保存できることにその価値を見出している。この記録を弁護士の方に評価してもらうとか、自分たちで評価してみるといった事後的な学習活動を行うことができるからである。こうした「評議の適切性」については、ネット上で評議の記録を閲覧した法曹三者の方々や法学の専門家に評価していただくことは可能だろう。今回のように弁護士の方に参加していただいた場合には、その方に事後的に評価してもらえればなによりである。

　さて、この他には、コンテンツの要望として、法律の専門用語の解説や量刑表を求める声がある。量刑表は、検察側と弁護側双方が主張する「強盗致傷罪」と「窃盗罪」と「傷害罪」の量刑表を掲載したはずであったが、後者の量刑表が実践時にコンテンツとして抜け落ちていたので、現在は、それをシステムに付け加えている。

②システム運用上の課題

　これは、現段階でのネット模擬裁システムを前提として運用する場合の課題である。最も重要なことは、当システムを弁護士の方の参加がなく、一般の方だけで

利用する場合に、充分に活用できるかどうか、という指摘である。筆者は、できないことはないと判断している。すなわち、どの程度まで適切に評議を行うかという程度問題はあるが、2008年9月の学生と院生だけによる評議の実施経験からすれば、実際に体験してみる価値はある。すでに、第1節でネット模擬裁のシステムについて紹介したが、この評議を体験しようとする一般の方は、まず、事前に、刑事裁判や裁判員裁判の説明、裁判用語の確認、模擬裁判の動画等から学んで、そのうえで体験してみる。そして、自ら理解したことに基づき、評議を模擬体験してみるのは学びとして意義のあることと言える。特に、専門家ではない人が裁判長役を担当することは難しいが、やってみてその難しさを体験してみるのも一つの学びである。なかなかうまくいかなかったとしても、再度、当システムにアップロードされている評議の動画で本物の裁判官が進めている評議を見ることで、一層切実なものとして評議の手順とポイントを学ぶことができよう。常に専門家の協力が得られるとは限らない。だからと言って、専門家がいなければ学べないとするのは消極的である。

とはいえ、専門家の協力があればそれに越したことはない。そこで、当システムを利用する場合には、地域の弁護士会の協力を得て、弁護士の方とともに参加することが望ましい。また、筆者もこの点については秋田弁護士会の協力を仰いで、参加申し込み者に対して、弁護士の方を紹介できるようにしようと考えている。

(2) チャット形式による役割体験の課題

では、次に「チャット形式による役割体験」には、どのような課題があるのか、参加者の回答から考察したい（表39参照）。

①チャット形式の課題

チャット形式については、ネット模擬裁のシステム上の問題に起因するが、この特性から実際にチャットを行う参加者がどのような振る舞いを行い、他の参加者との関係において、どんな問題が発生するのかについて考察する。

相手の顔が見えないディスプレイ上の文字表示で評議を進めるというのは、日常的にネットでのチャットに慣れた人ならまだしも、慣れない人にとっては大変である。特に、評議という事実認定や法の適用、刑の量定など、時には意見が対立するような状況も発生する場合には、文字入力のチャット形式では参加者に困難が伴う。「相手の顔が見えず様子が分からないので違和感を感じる」（阿部）や「強い意見を言う人の雰囲気に流されてしまった」（佐藤友）、あるいは「どのタイミング

表39 チャット形式による役割体験の課題

①チャット形式の課題	・評議が表面的に淡々と進んでしまう。相手の顔が見えず様子がわからないのに違和感を感じる、お互いの話し合いが深まっていたのか疑問、資料を理解しておくなどの十分な予備知識が必要、ルールをわきまえていなければ好き勝手な言い合いになる、などの点が気になりました。(裁判官B　阿部直哉) ・短い時間でのネット模擬裁判では、本当に最低限のことしか議論できないような気がした。自分が設定した役割になりきるより先に、強い意見を言う人の雰囲気に流されてしまった。また量刑判断も議論の時間がなく、法のやり方に則って決定した。これでは、何のための裁判員を交えた評議なのかというふうに感じる。チャット形式の模擬裁判はかなりの時間を必要とし、意見がまとまるのにも困難を要することがわかった。また、一人ひとりが正確に自分の意見を文に表す配慮をするべきだと感じる。チャットは文字だけのやり取りであり、発言の内容によってはその人がどのような感情や考えでその発言をしているのかが極めてわかりにくいことがある。(裁判官C　佐藤友理) ・プロファイルがあるとはいえ、相手の顔が見えないという状況においてどこまで話せば良いのかという部分については配慮をしました。また、どのタイミングで意見を述べればよいのかというのにも注意を払いました。(裁判員D　鈴木正紀) ・あまりに感情的な発言は慎むこと。評議を進める人が適宜裁判員の意見をまとめたり補足したりしながら議論をすること。しっかりと他の人の意見をみて常に考えながら臨むこと。(裁判員E　細川恵美) ・このネット裁判員模擬裁判はチャット形式のため、複数の参加者が同じ意見を同時に発言するかもしれないという懸念等がありました。(裁判員F　佐藤篤史)
②役割体験の課題	・役割を担っての立場からやりましたが、他のみなさんもその立場でやっていたのでしょうか？ 裁判員裁判の目的にもいろんな方々の意見を取り入れる主旨がありますので、せっかく役割を担ったのにそれを生かしきれてなかったのではないでしょうか？ もったいない気がします。(裁判員A　坪野谷和樹) ・秋田弁という余計なプロファイルのため少し苦労しました…(周りが標準語なので)。面白くするには、役割になりきる！ そのための方言はやっていてなかなか面白かったです。フランクに発言することができ、ふざけるような感じでもなかったので。(裁判員C　佐藤友理) ・裁判員の感情が入ってしまうと偏った評議になってしまうことから裁判員は感情に左右されないように留意しなければならないと感じました。役割演技は今回自分は実年齢や職業に近かったのでその意味では役割取得はしやすかったように思います。それぞれの役割の立場から意見を交わすことで違った見方も生まれましたし自分の考えを見直したり深めたりすることができたので良かったと思います。(裁判員E　細川恵美)

で意見を述べればよいのかというのにも注意をはらいました」(鈴木)など、問題点や配慮すべき事項が記されている。やはり、何人かの者が提案するように感情的なやりとりにならないようにすべきであり、とりわけ、細川が提案しているように、「あまりに感情的な発言は慎むこと」「しっかりと他の人の意見をみて常に考えながら臨むこと」が欠かせない。そして、評議を進める裁判長役は「適宜裁判員の意見をまとめたり補足したりしながら議論をすること」がポイントになる。

②役割体験の課題

ネット模擬裁システムの管理画面では、登録した参加者おのおのが自分の担った役割(裁判官、裁判員)について、すでに第1節で紹介したように、性別や職業、婚姻や家族構成、そして人物像などを設定できるようになっている。最高裁のサイトに、裁判員裁判が裁判員として参加する人の人生経験を審理に活かすことで、これまで以上に多角的で深みのある裁判が可能になる[*4]、と書かれていることから、

ネット模擬裁のシステム設計でも、役割の他、役柄を設けて、人物像の箇所で履歴や経験まで設定できるようにした。

今回、参加者は役柄を設定したうえでの役割体験については、好意的な捉え方をしているが、坪野谷のように、役割演技が不充分だったのではないか、と指摘する意見もある。この点については、裁判長として参加した三浦弁護士が、役割演技に対しては消極的な見解を述べているので、次項で再度議論することにしたい。

3. 弁護士からのコメント

最後に、ネット裁判員模擬裁判に参加した三浦弁護士のコメントを紹介する。

（1）評議を進める裁判長役について

まず最低でも、裁判長1人は法律実務家が担当すべきと思いました。一般の方だけでは評議は無理と思います。例えば本件の評議のためには強盗致傷罪、窃盗罪、傷害罪、法定刑、酌量減軽、執行猶予、保護観察などの概念を理解し説明できる人が1人必要です。そして、大学の法学部を出た程度で実務を知らない人では、議論を整理することは無理です。刑事訴訟は、検察官が起訴した事実を証明できたかどうか（有罪・無罪）、刑をどうするか、がテーマです。そして前者は、検察側の証拠構造を理解し、どこに争点があるかを把握し、その争点の判断のために、どのような点を検討すればよいのか、ということを把握していなければなりません。本件で検察官は強盗致傷罪の成立を主張し、弁護側はこれを争っています。

事実の主張レベルでは、検察官は、被告人が被害者の背中を押して転倒させたと主張し、弁護人は、被告人は被害者を押していないと争っています。そして、証拠レベルでは、検察官は、上記主張を被害者の証言によって立証しようとしています。よって、争点は、法律上は「強盗致傷罪の正否」、事実主張レベルでは「押したかどうか」、証拠レベルでは「被害者の証言の信用性」ということになります。結局、評議は、押されたという被害者の証言が信用できるかどうかを判断するということから逸れてはならず、さまざまの状況の検討は、そのために行われます。そして、それらはすべて証拠に基づいて行われなければなりません。また、量刑については、前記した酌量減軽、執行猶予、保護観察などの概念や要件を理解せねばならず、リアリティーを持たせるためには、現実に行われている量刑からあまり逸れてはいけません。全員一致にならない場合には、今回のような処理を行わなければなりません。以上述べたことは、一般の方には、無理と言えます。

（2）役割設定について

　役割設定については、私の意見はネガティブです。事実認定というのは、証拠を評価し経験則によって推認を行うことです。証拠の評価や経験則の適用は、純理論的、理性的作業です。とすれば、本来的に事実認定者の個性は事実認定作業から排除されるべきです。確かに裁判員制度は、事実認定に一般市民の観点を持ち込むことも標榜していますが、これは、「もしかすれば裁判官に欠けていた証拠評価の観点や経験則を一般人が補う」ということを意味していると思います。このように補充される観点等は、あくまで理性の結論であって、本来は、万人に共有されるものです。よって、「ある特別の生活背景を有する者であれば、こう考えるだろう」ということをする必要はないし、そのことによって、何かが変わるわけではない、ということです（なぜなら、かようにして示された考え方が是認されるものであれば、本来それは理性の結論であるから、その考えが示される前提として特別の人格は必要ないし、その考えは、別の人格から出てきてもよいからです）。ある理性的観点・経験則は、特別の人格や経験からしか見出せない、ということは別論としてありますが、法律は、これを鑑定の問題としていますので、評議に参加する裁判員の人格・生活背景設定の問題とは関連しません。また、私は、量刑に一般人の感覚を反映させる、ということの意味を十分に理解できません。私は、量刑も理性的判断であると考えますので、理性が私の考えるようなものであるとすれば、量刑者の個人的背景に影響されるものであってはならないと思います。

　私は、裁判員が量刑をする意味は、理性の宿る頭が6つ増えて、場の理性が強化され、より、理性的な判断が可能となる、ということ以外にはないのではないかと思います。であれば、やはり、役割演技は必要ないということになります。

　なお、以上はあくまで私見です。

（3）ネット裁判員模擬裁判におけるチャット形式について

　公判の様子を映像で見る。証人尋問の調書を画面上でスクロールさせて参照できる（キーワード検索も）などすれば、さらに、議論を深められると思います。もっとも、後者は印刷物が手元にあれば、それで足りますが。

　議論をするためには、前の発言を受けて発言する必要がありますので、私が行ったように、誰の発言を受けてのものなのか、誰に対する発言か、などをはっきりさせ、整理しつつ進める必要があると思います。

チャット自体初めての経験ですが、法教育的な利用に、非常に高い可能性を感じました。それは、口頭での議論よりも、理論的な議論の積み重ねがしやすい、意見を表明する際に文章にすることで発言者の意見も整理されたものになる、などの諸点です。もっとも、これが、口頭での議論のための訓練として役に立つかは、検証が必要ですが。

ネット裁判員模擬裁判の評議を進める上で不足していた資料については、現時点では思い至りません。

4．ネット裁判員模擬裁判の参観者の感想

今回のネット模擬裁については、公民科教育学概論の受講者（9名）や社会科教育研究室に所属する学生、そして2006年実施の模擬裁判参加者（裁判員役）に参観（同時参観、事後参観）してもらい、掲示板に率直な感想を寄せてもらった。記述内容の詳細は、「裁判員制度の模擬裁判＠意見交換場」*5をご覧いただきたいが、ここでは、「ネット模擬裁判システム」「評議における審理」「学び」という観点から、参観者（24名分）の記述をまとめたので、これらを考察する（表40、41、42参照）。

（1）参観者によるシステムに関する指摘

すでに、ネット模擬裁のキャストからも感想や意見が出されていたように、チャット形式（キーボード入力）という文字表現による審理の問題点を指摘する記述が、参観者からも寄せられた。例えば、「ちぐはぐさが否めないという点である。キーボードを打つスピードの差をはじめとして、PCの環境などによって展開がスムーズに行われない危険性があると思った。〈中略〉文章化された言葉からは、発言者の感情を読み取ることは難しい。また、声に出すことで生まれる抑揚も見られないことから、他者の伝えたい意図が読み取りづらいこと、また、自分の意図することが伝わりづらいという問題点があると思った」（くさじま）という記述がある。他にも、同様の感想として「普通の対面式より速さがないようにログから読み取れ、質問に対してすぐに対応できていないことに問題を感じました。表情や声の質感も感じ取れないので感情の度合いも測れないし、その点で意見を言うタイミングもつかめずにその議論が終わってしまうような印象を受けました」（じゃがぁ）といった記述が見られ、この手の指摘は多い。

しかし他方で、その入力方法の長所を指摘する記述もある。例えば「発言が文章として残ることで他の裁判員や自分の考えを振り返ることができ、その発言をも

表40　参観者によるネット裁判員模擬裁判システムに関する指摘（抜粋）

長所の指摘・システムへの提言	・発言が文章として残ることで他の裁判員や自分の考えを振り返ることができ、その発言をもとに議論を進めるときには効果的だと感じます。（じゃがぁ） ・発言者がダイレクトに書き込むことで、記録者を介さずにそのまま文字として発言が残される点については、便利さを感じました。（TY） ・今後このような取り組みをするならばウェブカメラを利用したりするのも面白いのではないかと感じました。〈中略〉裁判（評議）は普段見れるものではないので、このような取り組みを教育現場に用いることは生徒が裁判員および司法制度に関心をもついいきっかけになると感じました。（まりえ） ・実際に拝見したところ、説明もされていて、個人的には分かり易かったです。（TY） ・ネットでの裁判員裁判ということで多くの人が裁判員裁判について知ることができるきっかけになるのではないかと思う。（S・H） ・裁判の流れが詳しく記されていたし、裁判の様子が分かりやすく説明されていたのでとても分かりやすかったです。（HT） ・公判と評議がとても詳細でとてもわかりやすかったです。〈中略〉公判を見て、よくテレビドラマで見るような進行でイメージがわきやすかったです。被害届や現場検証の書類が公判中いつでも見れる工夫もとても良かったと思います。（R.H.） ・論点の移り変わりや各裁判員の主張など視覚的に見てとれていいと思った。裁判員制度が導入されて、私たちが実際に裁判員として人を裁く時がくるかもしれない。その前に、ネットを通してではあるが裁判について学ぶことができていい体験になった。（K.Y） ・裁判の流れというのはあまり知識のない私にもネットでも十分わかりやすく伝わりました。〈中略〉裁判員の方々の意見が裁判での話し合いを通じて、意見が変わっていく様子が興味深くわかりやすく見てとれたように感じます。（T・I） ・裁判員制度が施行されている現代にこのような模擬裁判は裁判員制度に対する興味をひかせる上で有効だと思います。〈中略〉裁判についての知識がある人の存在が議論をより円滑に進めていくためには必要不可欠であるということを感じました。（A.S） ・ネット裁判ということで、文字のみで評議が進むことになりますが、思っていたよりも実際の評議を見るような感覚で参観することができました。（T.T） ・このように裁判員裁判を体験できるのはいいことだと感じました。裁判をテレビなどでしか知らない人も多いのではないかなぁと思いますし、そのような人たちにもこの体験は重要なものになるでしょう（つかだ）。
問題点の指摘	・まずは、ちぐはぐさが否めないという点である。キーボードを打つスピードの差をはじめとして、PCの環境などによって展開がスムーズに行われない危険性があると思った。〈中略〉文章化された言葉からは、発言者の感情を読み取ることは難しい。また、声に出すことで生まれる抑揚も見られないことから、他者の伝えたい意図が読み取りづらいこと、また、自分の意図することが伝わりづらいという問題点があると思った。（くさじま） ・普通の対面式より速さがないようにログから読み取れ、質問に対してすぐに対応できていないことに問題を感じました。表情や声の質感も感じ取れないので感情の度合いも測れないし、その点で意見を言うタイミングもつかめずにその議論が終わってしまうような印象をうけました。（じゃがぁ） ・やはり文字でのコミュニケーションは感情が伝わりにくいと思いました。相手の表情を知ることができないのはネット故仕方ないとも思います。（まりえ） ・実際に顔を合わせて行う評議に比べ、時間がかかる点、進行が滞りがちになる点。まだまだ課題が見受けられると思いました。（TY） ・ネット上ということで臨場感はあまり体感できなかった。〈中略〉評議の記載で登場人物が多く、誰がどの主張だったのか少し混乱しました。（R.H.） ・評議では、多くの裁判員が意見を述べていたがタイプの速さなどによって多少のずれはあった。（K.Y） ・ネットでやる以上裁判の様子、実際の熱気、表情など読み取りづらい点もあったように感じました。（T・I）

とに議論を進めるときには効果的だと感じます」(じゃがぁ)や「発言者がダイレクトに書き込むことで、記録者を介さずにそのまま文字として発言が残される点については、便利さを感じました」(TY)という記述である。システムの問題点はシステム構築時から予想していたものであるから、むしろ長所を活かして有効に活用することの方が建設的である。評議のログが保存され、その後も自由に閲覧できるので、いくつか実施された評議記録の内容を考察したり、比較したりすることの学習効果は大きい、と言えよう。今後は、上記記述で提案されているようにウェブカメラで参加メンバーの映像を見ながら審理する形式も取り入れたいと思う。

(2) 評議内容等に関する感想や意見

　この事件の評議では、「被告人が押した」のか、「被害者が自ら転んだ」のかという点が争点となり、被告人の発言や証人による証言の信憑性を審理するところがポイントである。今回の評議について参観者は、概ね、被告人の供述が曖昧なことや被害者からハンドバッグを奪ったこと、そして、当時の路面状況や被害者のヒールの高さや形などから、「被告人が押した」という見解が多く、評議での事実認定を認める記述が多い。しかし、参観者の中には、「押したかどうかについて判断するには、当事者の証言ではやはり説得力に欠ける。そのときの状況を詳しく議論するよりも、怪我の具合から推測するほうが生産的であるように思う」(かまだ)とケガの程度(状態)をもっと審理すべきではないか、との指摘がある。こうした指摘も一理あるので、審理の留意点として今後配慮すべきことかと思う。この点に関しては、「被告人が『押した』『押していなかった』という点について議論するには、判断材料が少なく、難しく感じました」(TY)と指摘する記述もあり、このことはシナリオや準備された証拠にも関係する事柄なので、検討に値する。

　この他、印象的だったのは、「被告人の過去の恐喝事件の話を公判の終わり際に出すのは、いくらその人の経歴だとはいえ裁判員に悪い印象を与えると思いました」(RH)という記述がある。この点については、裁判員Dとして参加していた鈴木が「『過去の恐喝事件についても考慮に入れても構わない』という裁判長のご指摘は私にとって意外なものでした」と、掲示板に書いている。鈴木にとっては新たな発見であり学びとなっている。

　なお、「今後の方向性の指摘」には「裁判についてどのように行われるのかなどをあらかじめ知っておくことや、その裁判に参加する前に準備や心構えを持っておくことは大切なことであり、責任でもあると思います」(つかだ)という記述が

表41 参観者による「評議における審理内容」に関する指摘（抜粋）

肯定的見解	・今回の評議では裁判長が発言を促したり、意見の整理をする役割を果たしていたため良かったと思う。（くさじま） ・被害者が怪我をしたこと・「押された」という意見がはっきりしていること、「押したかどうか」に対する被告人の発言が曖昧であることから、今回の決は適当であると感じました。（じゃがぁ） ・裁判の流れは裁判が他の裁判員の意見を聞くうちに考えが変わっていくのがはっきりとわかり、裁判の中で話し合いができていると思いました。（しいや） ・被害者の怪我の具合が、全治一週間と長いことから、やはり被告人が被害者を押してしまったと考えるのが妥当だと思った。（YT） ・全体を通して、情報がしっかりと分かりやすく明記されていたように、個人的には思います。（TY） ・供述は曖昧なもので判断がしにくいが、被害者がケガをしている事実から考えていいのではないかと思った。ヒール高さについては何センチかは曖昧であったが男性にはその感覚がわからないので女性裁判員の意見が大切だ。（S・H） ・被告人の態度や考えが曖昧な面を考えると今回の結果で妥当なのではないかと思いました。（HT） ・経験や知識のある裁判官のアドバイスや意見が、裁判員が自分の考えを決める時にはいかに重要かということが今回の公判・評議を見て改めて感じました。（S.T） ・自分は押した事実は「あった」と思います。その理由は被害者に嘘をつく理由がないことと、被告人の発言が曖昧だったからです。〈中略〉やはり今回のように審議は慎重に責任をもって行う必要があるということを実感しました。（TI） ・裁判長さんは裁判員がわからなくなっているとき、簡単に説明していた部分がありました。実際の場合もわからなくなると思うので、そのような考慮は大切であり、私たち素人にとって助かる配慮であると感じた。〈中略〉最初は「押していない」と思っていたのですが、バッグを無理やり盗むというのはやはり、「押した」のと同然であると感じた。（伊藤） ・ひとつの出来事でも見方や感じ方、考え方によって意見が大きく変わり、その判断によって一人の人の人生も大きく変えてしまうのだと改めて思った。（さとう）
問題点の指摘	・押したかどうかについて判断するには、当事者の証言ではやはり説得力に欠ける。そのときの状況を詳しく議論するよりも、怪我の具合から推測するほうが生産的であるように思う。（かまだ） ・被害者の怪我の具合が、全治一週間と長いことから、やはり被告人が被害者を押してしまったと考えるのが妥当だと思った。（タカハシ） ・自分の意見が何に基づいて導かれたのかを明確にして進めていくと、よりよい話し合いができたと思った。法律に関しての知識があまりない人でも分かりやすい説明をして理解をしてからではないと被告人の量刑を決めるのは難しいと思われる。（ふじわら） ・裁判はやはり使用する言葉が難しいと思いました。これを学校教育で生徒に教えるとしたら難しいと思いました。裁判員制度を教えることは大変そうだと思いました。〈中略〉本当の裁判ではより多くの陳述や裁判員の意見が聞けると思うので、模擬でももっと多くの意見が聞けたら良いと思います。（しいや） ・被告人が「押した」「押していなかった」という点について議論するには、判断材料が少なく、難しく感じました。（TY） ・刑について決める際に裁判員が裁判官にわかりやすく話して下さい、とあったように一般人の裁判員には知識的に難しいこともあると思う。（S・H） ・「法律のプロでないから、わかりやすく説明して下さい」と言っている裁判員の人もいたように難しい部分もあるように感じました。（HT） ・被告人の過去の恐喝事件の話を公判の終わり際に出すのは、いくらその人の経歴だとはいえ裁判員に悪い印象を与えると思いました。（RH） ・文字だけでなく、話し方や表情といったその場にいないとわからない情報も判断する際には重要な役割をもつのではないかと思いました。（TI） ・それぞれの視点から、その場の状況、心理状態、服装などなどみるポイントはたくさんあるし、証言も頭に入れながら検討するのは難しそうに感じました。量刑については、執行猶予ありなのか実刑のみなのかなどそこに関してもいくつもの意見が出てるし、法律に関することに詳しい人たちではないために、なかなか決まりにくいと思いました。（T.U）

| 今後の方向性の指摘 | ・その人が何を考えて、何を目的として行動したのかを判断するための動機というものは、我々の同情を無視せず、かつ客観性を保つための重要な判断材料であるといえる。(かまだ)
・裁判員裁判ではより分かりやすい裁判員への説明と裁判長やその他のスムーズな進行が重要になってくると思った。(ふじわら)
・あらかじめ最低限の知識を備えたり、裁判所がわかりやすいような説明したりするなど、裁判員への配慮や非常事態時のフォローが必要とされると感じた。(タカハシ)
・今回のチャットでの裁判という取り組みを学校における公民科教育で実践する場合、流れを理解するとか仮定であっても裁判官や裁判員の顔のイメージをクラス全体で共有できれば、「わかりにくい」という印象を与えずにスムーズに授業が行われるのではないかと思いました。(まりえ)
・「裁判」に対して、「法律の専門家たちが行う難しいもの」と今まで私たちは捉えがちであったかもしれないが、その裁判に一般の市民の視点・考えが加えられることで、私たちにとってより分かりやすいものになるであろうし、裁判が私たちの生活の中で身近なものになっていくのだろうとも思われる。〈中略〉自分はどちらの立場であるということではなく、現に裁判員裁判の制度は始まっているわけだが、このような（制度に反対する）人々が主張する裁判員裁判の問題点についても、念頭に置いていてもよいのではないかと思った。(すずきゆう)
・分からない用語が出てきた場合にも、裁判長や他の裁判員に分かりやすく言い直してもらうなどして、裁判員自ら理解しようとする姿勢も大切だと思います。また、裁判長や裁判官も、裁判員が分かりやすいように説明する工夫をする必要があるのではないでしょうか。そうすることで、裁判員に選ばれた人の不安も減少すると思います。(T.T)
・裁判についてどのように行われるのかなどをあらかじめ知っておくことや、その裁判に参加する前に準備や心構えを持っておくことは大切なことであり、責任でもあると思います。(つかだ)
・人の運命がかかっているので、慎重な討論、また、参加している全員が納得した話し合いが重要であると感じた。(伊藤) |

あるが、参観者も、ネット模擬裁の公判や審理等を通して、自分自身の裁判員制度に対する態度を形成していることが確認できる。

(3) 参観者の学び

最後に、「参観者の学び」について捉えようと思う。参観者の多くは、裁判員模擬裁判の体験者は少なく、裁判員裁判について理解している者は少ない。それだけに、今回のネット模擬裁の公判を閲覧し、評議を参観したことによる学びは大きかったようである。筆者が学びに関する記述部分を表42としてまとめたので、詳細についてはそれをご覧いただきたい。参観者の記述をいくつか取り上げる。

・一般市民の視点での意見がぶつかり合い、判決が決まるに至るプロセスが分かったので、裁判員裁判というものを理解するのに大いに役にたった。裁判員になるということは重大かつ重要なことなのではないだろうか。〈中略〉裁判の流れはどんなものか、評議とは具体的にどう進められていくのか、ということに触れることができ、有意義だったと思う。(すずきゆう)
・ネット上の裁判ではあるけれども、初めて裁判の様子を見ることができました。裁判員制度が始まり、一般人も裁判に加わって行われている裁判の様子や、裁判

全体の様子を見ることができてとても良い経験になりました。〈中略〉現在、裁判員制度が始まっていて自分も選ばれる可能性があるわけですが、臨むときは、しっかりと自分の意見と責任を持ってやらなければならないと感じました。また、自分自身裁判のことや罪刑のことなどをもっと勉強しなければと思いました。(HT)

・自分は今まで裁判の知識がなかったため、今回公判の流れ・尋問の様子など分かりやすく描かれていたため、とても参考になった。〈中略〉裁判員制度が導入されて、私たちが実際に裁判員として人を裁く時がくるかもしれない。その前に、ネットを通してではあるが裁判について学ぶことができていい体験になった。(K.Y)

・評議の場が如何に大事で、きちんとした話し合いが必要であるか、間接的にではありますが、今回考えさせられました。貴重な機会を、どうもありがとうございました。(TY)

　以上のように、キャストとして参加した学生のみならず、参観した学生たちも裁判員制度や裁判員裁判についてさまざまなことを学び、将来教師として、どう指導したらよいのか、あるいは、市民による司法参加の時代に自らがどのような姿勢で臨むのかを考えていることが確認できた。

　なお、今回のネット模擬裁の参観者の感想は、評議と同様にログとして記録されている。筆者らの開設している「裁判員制度の模擬裁判」のホームページ（http://namahage.is.akita-u.ac.jp/~gpuser/mogi_saiban/）にアクセスしてご覧いただきたい（HP「意見交換場（掲示板）：甲野はじめに対する強盗致傷事件について」）。

＊4　最高裁判所の裁判員制度のサイト「裁判員制度Q＆A－法律の専門家でない国民が加わると、裁判の質が落ちたり、信頼が損なわれたりしないでしょうか。」（http://www.saibanin.courts.go.jp/qa/c1_4.html）の箇所から引用。

＊5　下記URLを参照いただきたい。http://namahage.is.akita-u.ac.jp/~gpuser/mogi_saiban/bbs/bbs/read.php/iken/1218176653/

表42 参観者の学び（抜粋）

- 人を裁くので裁判に関わる人々は責任を持って裁判に臨まないといけないと思った〈中略〉裁判員制度は自分にとって無縁なものだと思っていたので、ネットという形で模擬裁判が参観できるこの活動はとても有意義なものになったし、改めて裁判について考えさせられた機会となった。(タカハシ)
- 今回のネットを用いた裁判をきっかけに、改めて裁判員裁判について考えていきたいと思う。(くさしま)
- この模擬裁判を法教育にどう活かしていくかは、私の中ではまだ未解決のこともたくさんあるので、今後の社会科教育の研究として考えていきたいと思います。(じゃがあ)
- 裁判員に自分がなることはあり得ないとずっと思っていたので、ネットという形で模擬裁判を視聴してみて、裁判員裁判について改めて考えさせられた。今回のような模擬裁判の機会がもっと増えればいいと思った。(YT)
- 今まで裁判というものに関心がありませんでした。しかし、ゼミでの裁判員制度に関する文献購読や、今回のことを通じて、自分がもしも裁判員として選ばれたら……ということを考えさせられました。〈中略〉評議の場がいかに大事で、きちんとした話し合いが必要であるか、間接的にではありますが、今回考えさせられました。貴重な機会を、どうもありがとうございます。(TY)
- 一般市民の視点での意見のぶつかり合い、判決が決まるに至るプロセスが分かったので、裁判員裁判というものを理解するのに大いに役にたった。裁判員になるということは重大かつ重要なことなのではないだろうか。〈中略〉裁判の流れはどんなものか、評議とは具体的にどう進められていくのか、ということに触れることができ、有意義だったと思う。(すずきゆう)
- 今回のネットでの裁判員裁判から教育に活かすことも十分できるのではないかと考えた。(S・H)
- ネット上の裁判ではあるけれど、初めて裁判の様子を見ることができました。裁判員制度が始まり、一般人も裁判に加わって行われている裁判の様子や、裁判全体の様子を見ることができてとても良い経験になりました。〈中略〉現在、裁判員制度が始まっていて自分も選ばれる可能性があるわけですが、臨むときは、しっかりと自分の意見と責任を持ってやらなければならないと感じました。また、自分自身裁判のことや罪刑のことなどをもっと勉強しなければと思いました。(HT)
- 罪刑の判断は難しいものがあるので普段から知識を身に付けることが大切だと思いました。(R.H.)
- 自分は今まで裁判の知識がなかったため、今回公判の流れ・尋問を様子など分かりやすく描かれていたため、とても参考になった。〈中略〉裁判員制度が導入されて、私たちが実際に裁判員として人を裁く時がくるかもしれない。その前に、ネットを通してではあるが裁判について学ぶことができていい体験になった。(K.Y)
- こうした模擬裁判を体験することは、これから裁判員になるかもしれないという現状を考えると良い学びになったということです。〈中略〉裁判の流れというのはあまり知識のない私にもネットでも十分わかりやすく伝わりました。やはり裁判員というのは人の人生を背負っているので自覚と責任をしっかりと持ち準備する必要があるのではないかと感じました。〈中略〉裁判員制度について考える良い機会になったように感じます。(T・I)
- 自分がもし裁判員だったらこのようにきちんと情報を得て、的を射た質問や意見が言えるのかと考えました。〈中略〉評議では「押したか、押さなかったか」の議論だけでリアルタイムでは2時間ほど議論が続いていました。被告人の有罪無罪、量刑を決める際にはこのようにじっくりと議論を重ね、全員が納得のいくまで長い時間をかけて話し合いを進めていくのだと知りました。(S.T)
- 事件が実際に起こった現場の状況などもすべて考慮したうえで、裁判員は責任ある発言をしていかなければならないのだと思いました。(A.S)
- 私はこのネット裁判から、裁判官になる以上は自分の意見をはっきり持って評議に参加する必要があるということを学びました(T.T)
- このような模擬裁判を体験する機会があったのとなかったのとでは、心構えや予備知識という面について大きく差がでると思いました (TI)
- 模擬ではあったが、はじめて裁判というものをみました。議論の内容が非常に細かい視点でなされていて驚きました。＜中略＞最後の少ない意見の票を足していって最終的な決定まで持っていくやり方があったので一応は決まるのだなということがわかった。(T.U)
- このネット裁判員模擬裁判を見て、本当にきっちり進められ、行われているんだなぁと感じました。前の講義でも一度裁判員裁判のビデオをみて、同じような感想を持ちました。やはり、裁判は判決を受ける側と被害者の先の人生に影響を与えるので慎重に行われなければならないんだなぁと改めて思いました。(つかだ)
- 人の運命がかかっているので、慎重な討論、また、参加している全員が納得した話し合いが重要であると感じた。(伊藤)
- 些細なことでも、たった一つの行動が大きな違いになるということが分かった。私も討論を見ていて「押した」という判断に賛成であったが、その判断による判決にとても重みを感じた。(さとう)

トピック 9

小説『半落ち』の魅力と役割体験学習

横山秀夫
『半落ち』
(講談社、2002年 (文庫版、2005年))

1.『半落ち』の面白さ

　『半落ち』は小説の流れだけ言えば、「嘱託殺人という罪を犯した主人公が、自首してから刑務所に入所するまでを描いた」ということができる。だが当然、何のしかけもなしに描いたのでは、多くの人々の心を揺さぶる作品にはならなかっただろう。この単純なプロセスを面白くしている理由を、次の２点に集約してみた。すなわち、主人公が自身の罪を認めながらも事件の全貌を語らないこと、そして、主人公を取り巻く人物の複数の視点から主人公が描写されているということである。

　まず、１点目について。現職警察官・梶聡一郎は、アルツハイマーを患う妻を自らの手で殺害し、その２日後に自首する。通常、自首した人間は"完落ち"(警察用語で「すべて自供した」という意味)である。しかし梶は、殺害の動機や事件の経緯などは素直に話すが、殺害から自首までの２日間、何をしていたのかについては話そうとしない。つまり"半落ち"(警察用語で「一部自供した」という意味)である。梶はどのような想いからそうした行動をとるのだろうか。

　梶は、犯した罪が嘱託殺人であること、また、自首し、一部自供したということからわかるように、「温厚で礼を尊ぶ人情家」である。とくに嘱託殺人は、考え方によっては優しい人間だからこそ可能な犯罪である。梶は、介護疲れの挙げ句、妻を自らの手にかけたわけではない。身体的・精神的苦痛から自分を守るために殺したわけではないのだ。そこには、ひたすら妻を想う優しさがある。当たり前のことだが、愛する人を殺すことは、殺す側の精神的負担がかなり大きい。刑務所での服役期間を終えれば罪が消えるというわけではない。罪の意識を抱えてその後の人生を生きていかなければならない。しかもそれは、妻のいない孤独な人生である。また、普通であれば、自分とともに生きてほしいと妻を強く説得するだろう。このような自己の願望をかなぐり捨てて相手の願いを聞き入れるには、相当の覚悟と、相手を想う気持ちがなければならない。こうしたリスクを承知で妻を殺害した梶

は、強く優しい人間であるといえる。

　このような梶の人間像からすると、頑なに２日間の行動を語ろうとしない彼の姿勢に疑問をもつのはごく自然なことである。この事件に関わる人間が、何かやましいことがあるのだと思うのも無理はない。しかし、小説を読み進めていくうちに、それは他人のためであるということが明らかになっていく。「空白の２日間」に何があったのかが気になるのは、単にそれが語られないからというだけではない。梶という人間が語らないからである。この謎が『半落ち』の魅力の一つであろう。

　次に２点目についてだが、この小説は、梶の事件と関わることになる複数の人間の視点から描かれている。つまり、梶が主体となって自らを語るのではなく、彼の周囲の人々が梶という人間を語るのである。しかも、彼らの梶に対する印象や想いは、紆余曲折を経てほぼ一致するのである。

　その複数の視点というのは、警察官の志木和正、検察官の佐瀬銛男、新聞記者の中尾洋平、弁護士の植村学、裁判官の藤林圭吾、刑務官の古賀誠司という６人のものであり、それぞれが一つのドラマとして描かれている。彼らはみな、おのおのが抱える想いから「空白の２日間」を明らかにしようとするのである。しかし、彼らはその過程で梶聡一郎という人間に魅せられ、彼の「そっとしておいてほしい」という言葉を聞いて、あるいはそのように訴える目を見て、その願いを聞き入れたいと思うようになる。魅せられたというよりも、その強い想いに屈したといってもよいかもしれないが、どちらにしても梶の想いは、彼らのある種の協力によって遂げられたといってよいだろう（もちろん、梶が語らない理由は明らかにされる）。その意味で、彼らがもつ梶という人間像は共通のものになっていくのである。

　では、あえて６人の視点から梶の物語を描いた作者の意図は一体何か。それは、６人の人生に梶が与えた影響を描きたかったからではないだろうか。梶の視点からのみ描くと、梶の事件に関わった６人と梶とのやりとりしか描くことができない。だが、６人の視点を用意すれば、梶とつながることによって６人それぞれの生き方や考え方がどのように変わっていくのかを描くことが可能になる。この小説の主人公は確かに梶だが、ドラマ性は６人の側にあるといえる。

　それが最も顕著なのは、佐瀬のケースであろう。佐瀬は梶を取り調べる中で、自分以外の大切な人を守り通すために黙秘する人間の「無私の顔」に出会う。それは、以前取調べを行った女が見せたものと同じだった。その女は、誰かのために生きる梶と同様、自分の娘のために生きていた。最終的に女は、娘を事故で失い、自らも

命を絶つのであるが、その3日前に女が言った言葉――「検事さん、あなたは誰のために生きているんですか」――が再び佐瀬の心に浮かぶ。彼は梶を取り調べたあと、あらためて自分が自分のために生きていることに気づき、そのことを切なく思う。他人を必要とし、また他人から必要とされることは、人間存在の本質である。にもかかわらず、心から他人のために生きることは難しい。その葛藤の中で生きる人間の姿が見事に描き出されている。

2.『半落ち』を活用した法教育の可能性――役割体験学習の視点から――

　法教育は、法を通じて社会に参加する子どもの育成を究極目標としているが、そのためには「法的リテラシー」を身につけさせる必要がある。そこでまず、この能力の獲得に『半落ち』がどのように寄与するのかについて触れたい。

　「法的リテラシー」とは、「法に関する知識を身につけ活用する能力」（大杉、2008）である。具体的な中身、特に知識面について大杉は、法務省が示したものを参考にし、4つに整理している。ここではすべてを列挙することはしないが、そのうちの1つである「『法とは何か』という法の本質に関する知識」を獲得するうえで『半落ち』は有効であると考える。

　大杉によれば、法の本質とは、われわれの権利を保護し、生活を豊かなものにする、ということである。これを知識として獲得することは確かに大切である。ただし、筆者は子どもたちが法の本質を主体的に考えること、つまり、法の本質を自分なりに解釈し、価値づけることもまた重要であると考えている。というのは、この作業は法に積極的に関わろうとする態度の形成、そして法を通じた社会参加へと発展していく可能性を秘めているからだ。

　具体的には次のようなことである。梶聡一郎が刑務所に入るまでのプロセスは、確かに法的な手続に則っている。しかし、「空白の2日間」については明らかにされないまま彼は刑務所に入る。警察や検察はこれを黙認し、さらに事実を捏造する。しかし彼らは、自らの信念に基づいて梶の願いを容認しているのである。これは、彼の人格を尊重しているともとれるのである。このことから何が言えるかというと、法はその本来のあり方を歪めることによっても、個人の権利を保護し、尊重するために機能し得る、ということである。『半落ち』を読んだ学習者は、一般に理解されている法の機能を認めつつ、それとは違った側面に気づき、自らがもつ法の価値を問い直すのである。また、紙面の都合上詳細に論じることはできないが、これは道徳と法の関係をどう捉えるかという議論への広がりをもっている。

さて、こうした培った「法的リテラシー」を実際に活用する場として適しているのが、模擬裁判である。模擬裁判を通して、実際に自身の法解釈に基づいて量刑などを判断することは、社会参加への第一歩である。そこで次に、『半落ち』をシナリオとした模擬裁判を役割体験学習として行うことの意義について論じる。

　井門（後掲）によれば、役割体験学習とは、「ある集団や組織のある地位や位置に学習者を位置付け役割を体験させることにより、『なすこと』によって学ぶ学習を成立させ、自発的、内在的に学習者の対象に対する理解を深めさせ、問題の解決に役立てようとするもの」である。この定義からわかるように、この学習のポイントは「役割」を通して物事を「なすこと」である。この点は、模擬裁判の手法や目的と合致している。以下、模擬裁判を組み入れた授業の展開に沿って、『半落ち』をシナリオとして用いる利点について述べていく。

　まず、模擬裁判を実施することのねらいは、やはり、2009年5月に開始された裁判員制度を学習者（児童・生徒・学生等）に理解させるということであろう。模擬裁判を行うことで、裁判員制度への理解を深め、それがはらんでいる問題を認識することができるだろう。

　模擬裁判を行う前段階として、裁判に関する基礎知識を獲得すること、そしてシナリオに登場する人物を理解することが必要になる。前者に関しては、裁判に関する専門書を読んだり、法曹三者をゲストティーチャーとして招き、講義を行ってもらったりするのがよいだろう。後者は、とにかく『半落ち』を読みこみ、そのうえでいくつかの「役割」を抽出し、「役割」の性格などを分析するのがよい。ここでは後者について詳しくみていきたい。

　第1に「役割」の抽出であるが、まずは実際に裁判に参加する法曹三者、つまり検察官の佐瀬、弁護士の植村、裁判官の藤林を設定することができる。加えて、被告人である梶と、梶の義理の姉である島村康子を加えれば、『半落ち』に登場する「役割」は揃う。これに裁判官役2名と、裁判員役6名を加えれば、模擬裁判を実施することができる。

　第2に「役割」への理解であるが、小説はそれを促進する効果がある。詳しく言うと、1つは、登場人物の描写が緻密であるがゆえに、量刑を決める際の判断材料が豊富であるということだ。例えば、被告人の動機は重要な判断材料となる。したがって、細かな心情の描写があればあるだけ、犯行に及んだ被告人の動機がよくわかる。特に裁判員役の学習者は、小説を熟読し、犯行の動機、さらには被告人の性格や考え方などを具体的に把握しておくことで、評議が充実したものになる。も

う1つは、こうした描写は登場人物への感情移入を容易にするということである。「役割」に深く入り込むことにより、自己と「役割」との間の心理的距離が縮まる。つまり、「役割」を共感的に理解することができるのである。さらには、志木ら6人と梶とのやりとりを見て、「役割」を演じる学習者も、自らのもつ価値観を再考するということも考えられる。

　このような授業を実施することによって、学習者が主体的に法を理解し、それを模擬裁判で活用し、さらに実社会の問題に取り組んでいく姿勢を身につけることが期待される。人間同士のつながりを描く『半落ち』は、学習者ともつながり、さらには学習者と実社会とのつながりを明確なものする。人と人とのつながりから法を学ぶには格好の教材であるといえよう。

《参考文献》
◎横山秀夫『半落ち』(講談社、2005年)。
◎井門正美『社会科における役割体験学習論の構想』(NSK出版、2002年)。
◎大杉昭英「中学生に必要となる法的リテラシーとその教育とは」江口勇治＝大倉泰裕編『中学校の法教育を創る―法・ルール・きまりを学ぶ―』(東洋館出版社、2008年) 8～17頁。

（鎌田公寿／かまだ・こうじゅ）

終 章

役割体験学習論に
基づく法教育を！

第1節 「青春法廷」に見る役割体験

　結びにあたって、奥野善彦弁護士(北里大学名誉教授)による法教育実践*1としてNHKで放送された「青春法廷―生命を問いかける学生たち―」*2をみなさんに紹介したい。

　この番組は1995年2月に放送された。筆者は偶然、この番組を見たのだが、たちまちその内容に惹きつけられてしまった。番組では、北里大学の一般教養「法学ゼミ」の学生たちが、現実にあった嘱託殺人事件を取り上げて模擬裁判を行い、その審理過程をもう一度議論してみるという試みが描かれていた。学生同士が事件の審理をめぐって熱く語る姿は、まさに「青春法廷」の名にふさわしく、筆者は学生たちの熱きその姿に感動した。そして、模擬裁判に臨む学生たちを温かく見守り、事件とその審理を冷静に見つめ、学生を的確に指導する奥野氏の教育姿勢にも魅了された。当時、博士論文に取り組み、「役割体験学習論」の理論構築中であった筆者に、奥野氏のこの法教育実践が確信を与えてくれたのだった。

　放送後、筆者はすぐに北里大学を通して、電話で奥野先生と連絡をとることができた。筆者の研究についてお話ししたところ、その後、お会いする機会を得て、著書や実践資料をいただいた。さらに、同年12月には、奥野氏が毎年北里大学で実践されている模擬裁判を参観することができた。実は、この奥野氏との関わりこそ、筆者が法教育に関わるきっかけとなったのである。では、その内容を紹介しよう。

1.「青春法廷」の概要

　この模擬裁判は、前述したように、北里大学の奥野氏が担当する法学ゼミで実践されたもので、実際に高知で起こった嘱託殺人事件（1990年）*3を取り扱っている。この事件は「末期がんの妻に殺害を依頼された夫が、妻が手に持ち首に当てている安全剃刀を引いて死に至らしめた」という、いわゆる「安楽死事件」である。

　このゼミは通年だが、学生たちは、安楽死事件に関する概論や判例の学習を夏休み前までに済ませる。そして、夏休み合宿以降、全体世話役、裁判官、検察官、弁護人、証人に分かれておのおのの立場から事件を考察し、12月初旬に開催される模

擬裁判に臨む。学生は、供述調書や証拠目録など、本物の事件記録を考察・検討するが、全体世話役以外の者は、起訴状や陳述、判決等の公判記録を一切見ることはない。すなわち、この模擬裁判は、単に公判記録に基づいて再現するものではなく、公判に関する部分は、すべて学生が事件記録を検討し、一つひとつ作成する模擬裁判なのである。

おのおのの立場に分かれたグループは、事件記録をもとにして真剣な議論を重ねている。被告人を弁護すべき弁護側内部でも有罪派と無罪派に分離して紛糾する。有罪派は「消極的安楽死は許されるが積極的安楽死は許されない。安楽死を認めたら苦しさを耐えている人はどうするのか。歯止めが利かなくなる」と主張し、無罪派は「治る見込みのない人を医者が放り出している。楽にしてあげた人に罪を問うのはおかしい」[*4]と主張する。こうした意見対立の過程で、弁護側では患者の「死ぬ権利」と他者による「命を奪う行為」の問題が単なる殺人事件を超えて医療問題として浮び上がってきている。

このような議論は告発すべき検察側内部でも起こっている。被告人擁護派は「殺した事実は重要だが、そうさせてしまった背景を問題としなくてよいのか。医療にもっとなすべきことがあったのではないか」と主張するが、告発派は「悪いのは医療だ、社会だとして片づけてよいのか。同じ状況で頑張っている人がいるのではないか」と反論する。検察側では、こうした議論を通して、事件当事者の事情と公益との関連を追求していく[*5]。

裁判官のグループは、この事件が「嘱託殺人事件」か「安楽死事件」かが争点になるとみる。両者を区分する法的判断として「安楽死の6要件」[*6]がある。これは端的に述べるならば、①不治の病であること、②病者に耐えがたい苦痛があること、③病者の死苦の緩和を目的とすること、④病者の意識がある場合には本人の真摯な嘱託・承認があること、⑤特別な事情を除き、医師の手によること、⑥倫理的に妥当と許容し得る方法であること、の6要件である。これらの要件を充たすならば、「殺人」に当たる行為も「安楽死」として認定され得る。グループのメンバーは、本案件がこれらの要件を充たすものかどうかを議論し、この「安楽死の6要件」を示した当時の裁判官とも面会している。

このようにして、学生たちは、さまざまな立場や視点からこの事件を捉えようと努力している。各グループには奥野総合法律事務所の弁護士が指導にあたり、学生と議論を交わしながら、彼らの探究を支援している。

模擬裁判は、白熱した議論となった。検察側は論告において、いかなる意味でも

安楽死ではあり得ず、違法性阻却事由*7に該当するものではない、としたうえで、被告人の犯行動機に同情の余地があることや自首をしていることから「嘱託殺人罪として懲役4年」を求刑した。一方、弁護側は最終弁論において、苦痛に苛まれ余命幾許もない妻は残された唯一の幸福として死を選択したのであり、夫の行為は妻の幸せのためのものであり無罪である、と主張した。

　以上の公判過程を経て、以下のような判決が言い渡された*8。

　主文　被告人を懲役6月に処する。この裁判確定の日から1年間右刑の執行を猶予する。

　裁判長は「安楽死」を「避けることのできない苦痛から逃れる唯一の手段としての死」として認めた上で、新たに「安楽死の10要件」を示した。先の6要件に、さらに、⑦現代医療では除去できない苦痛であること、⑧主として苦痛の除去が目的であること、⑨その方法が苦しみを伴わないこと、⑩医師の手によることを本則とするが、医師により得ない特別の事由を認めること、の4要件を加えたものである。これは、6要件を明確にするとともに、医師の役割を強く打ち出した内容となっている。裁判長は本件が⑦と⑩の要件を充たさないとして上記判決を宣告している。しかしながら、判決文の一節には、「患者が安楽死を望むという事態は医療者の援助が足りないことの結果である」とし、患者の「幸福追求権」を死以外の何かで満たす援助を行うことこそが医療者の使命だと締めくくった*9。

2. 青春法廷における役割体験

　以上が、「青春法廷」の概要である。学生たちが、担当した役割に自分自身を位置づけて当該案件を真剣に考え、議論している様子が理解されよう。北里大学は生命科学系（薬学、医学、看護、獣医等）の大学であるから、学生は法律家になるわけではない。しかし、彼らの実践は、もはや単なるお芝居ではなく、法律の実務家と共同して法曹界の文化的実践に参加しているとみることができる。裁判官グループが安楽死の10要件を提示したことや、また、検察側や弁護側双方が被告人や被害者の心情理解に迫り、実際の裁判ではほとんど言及されることのなかったターミナル・ケアの問題を追究したことは、法曹界に一石を投じるものである。学生は、単なる与えられた役割を超えて、自分自身を役割に投入して思考し行為することで役割創造へと向かっている。奥野氏は、現実の痛ましく悲惨な事件、厳しい現実

社会を題材とすることが学生に衝撃を与え、学生のみずみずしい感性を刺激して事件を追究し、医療のあり方を問い続ける原動力になる、と述べている[*10]。模擬裁判の学習を通して、学生は、将来、医療者や生命科学の分野で活躍する者としてかけがえのない体験をしている。奥野氏によるこの実践は、法律用語や概念の理解を目的とするものではない。学生は、嘱託殺人事件がどんな事情から発生したのか、その事件の記録から裁判では何を争点とすべきなのかを追究する。こうした追究過程で問題の理解や解決にとって必要な概念や知識・技能が自然と身についていく。

　奥野実践では、学生が課題に対する探究活動を熱心に行っているが、彼らははじめから熱意をもっていたわけではない。例えば、裁判の最後に判決を言い渡している根本典子氏は、アルバイトで忙しいという理由から、事件記録の読み込みがなく、比較的余裕のある裁判官役を選択していた。仕送りのない根本氏にとっては、学生生活を送るうえでアルバイトは欠かせない仕事だった。しかしながら、彼女は「安楽死の６要件」を示した当時の裁判官と面会した時点から変化を遂げている。その後、ゼミでは麻酔科医を招いた特別講義が開催されているが、この時彼女は、日本の医師が６要件について知っていれば安楽死に対しても前向きになるのではないか、と質問している。この質問は、元裁判官が病苦にある患者の最終手段としての安楽死を医師の手によって行うことが人道上必要である、とする主張を受けてのものだった。この質問に対して麻酔科医は、痛みや余命の判定がいかに難しいことであるかを説明し、患者の命を絶つために医師という職業を選んだわけではない、と述べた。図らずもこのやりとりにおいて、「安楽死を人権の問題としてとらえる法律家と、実際に生命を扱う医師との立場の違いが鮮明に現われ」[*11]たのである。

　根本氏は、裁判官役という立場から、元裁判官や麻酔科医、あるいは弁護士や仲間たちと交渉し議論する過程で、事件の当事者や裁判あるいはそれらが提起する問題について真剣に取り組むようになっている。彼女は、裁判の判決をめぐる議論においても主導的な立場を演じていた。

3. 役割体験による現実世界の自省的再構成

　これまで、体験的な学習に関しては、現場における実地体験が重要視されてきた。しかし、青春法廷にみる模擬裁判のように、現実世界で実際にあった事件や裁判をあらためて模擬裁判で実施してみることの意義は充分にあることが理解でき

終章　役割体験学習論に基づく法教育を！

る。確かに、「青春法廷」における「嘱託殺人事件」は、すでに現実世界では判決が下された案件であるから、学生による模擬裁判など意味がないと否定することもできよう。しかしながら、学生は模擬裁判を通じて、当該案件を再度審理の俎上に載せて「嘱託殺人事件」か「安楽死事件」かという裁判闘争を実施することにより、実際の裁判では医療者が一人も証人とならなかった問題点を明らかにする。さらに、学生たちは、この模擬裁判を通して医療におけるターミナル・ケアの問題にどう対応すべきかを真剣に考えている。

　役割体験は現実であろうと仮想であろうと、すべて現実における問題の理解や解決にとって欠かすことのできない行為である。このことは、「青春法廷」における学生や弁護士の活動から理解できよう。裁判官役の根本氏は、「……最初は医療関係の事件を取り上げることを知らずに、ただ裁判自体に対する興味だけでした。それが、様々な事件を見て、考えるにつれて、これはただの刑事裁判を作るための練習材料ではなく、医療者としての根本典子を作るための材料なのだと思うようになりました」[12]と述べている。模擬裁判は、彼女にとってリアルな意味をもつ存在となっているのである。また、この指導にあたった佐藤りか弁護士は、彼女の実生活において末期癌の祖母を抱えていた。彼女にとっては、疼痛管理、インフォームド・コンセント、自己決定権、ターミナル・ケアなど模擬裁判に関わる一つひとつのテーマが、彼女自身への問いとして投げかけられていた。彼女は、祖母が亡くなる前夜まで癌のことを知らせないでいた自分を述懐していた。だからこそなおのこと、佐藤氏は、当案件をめぐって議論する学生たちの言葉の一つひとつが心に響いた、と語っている[13]。長期間に及ぶ学生たちの役割体験は、その後の学生たちの医療に対する姿勢や人生態度の礎となるに違いない。

　以上、「青春法廷」における学生たちの体験を筆者の役割体験から捉え直した。筆者の提案する役割体験学習は、教育や学習にリアリティを復活させるための一つの方法として打ち出したものである。法教育においても、役割体験を導入することによって、刑事裁判の傍聴人を体験する学習や法曹三者との交流体験など、実地体験や実体験から、模擬裁判のようなモデル化した仮想的状況における擬似体験学習まで、多様な学習が可能になる。指導者の中には、実地体験のみを重視する人もいるが、むしろ、模擬裁判のような仮想的・仮設的な役割体験を通して、学習者が現実世界に目を向け、仮設的世界と照らし合わせながら現実世界の問題を思考し解決しようとすることも欠かせない。そのことは、奥野実践における裁判官役の学生の変容や指導を担当した佐藤弁護士の苦悩からも確認できよう。模擬裁判は、

生活にとって欠かすことのできないリアリティのある問題を投げかけ、彼らの現実世界、日常生活を自省的に再構成する機会を提供しているのである。

このように、法教育実践において、現実における対象の理解や問題の解決のために役割体験が活用されるならば、知識と行為の統一的な法教育が可能になり、学習者の法的実践力を育成し、彼らが社会で自己実現を果たし、他者と協力してより良い社会を構築する社会的実践力を培うことができるのである。

＊1　この実践については、次の文献を参照した。奥野善彦編『安楽死事件―模擬裁判を通してターミナルケアのあり方を問う―』(医学書院、1994年)、奥野善彦「法学Ⅱ」(北里大学大学講義案内、1994年度)、奥野善彦「法学演習」(北里大学大学講義案内、1994年度)、北里大学法学ゼミ編『青春法廷 拓』(北里大学、1995年)、NHK人体プロジェクト編『安楽死―生と死をみつめる―』(NHK出版、1996年)。
＊2　NHK BSスペシャル「青春法廷―生命を問いかける学生たち―」1995年2月10日放送。
＊3　この事件に対しては、「殺人」「嘱託殺人」「安楽死」のいずれに該当するかが争点となる。後に示す「安楽死の6要件」が、「安楽死裁判」の一つの法的判断を示すものである。
＊4　NHK人体プロジェクト編・注＊1書159～163頁。
＊5　NHK人体プロジェクト編・注＊1書163～168頁。
＊6　NHK人体プロジェクト編・注＊1書168～173頁。
＊7　「違法性阻却事由」とは、当該行為が、刑罰法規に違反していたとしても、法秩序に違反していないという特段の事情のことをいう(奥野編・注＊1書193頁参照)。
＊8　NHK人体プロジェクト編・注＊1書206～210頁。
＊9　NHK人体プロジェクト編・注＊1書189～190頁。
＊10　奥野編・注＊1書186頁。
＊11　北里大学法学ゼミ編・注＊1書190頁。
＊12　北里大学法学ゼミ編・注＊1書139頁。
＊13　北里大学法学ゼミ編・注＊1書148～151頁。

第2節 法曹三者と学生による裁判員模擬裁判を振り返って

　本書を締めくくるにあたって、私たちの模擬裁判を指導していただいた三浦広久弁護士（秋田弁護士会所属）に、「法曹三者と学生による裁判員制度の模擬裁判」（2006）と「法曹三者と学生による裁判員模擬裁判2008」（以下、秋大裁判員模擬裁判とする）について、ご意見・ご感想をいただいた。以下に掲載する。

1. はじめに

　私は、秋田弁護士会の「市民のための法教育委員会」の委員長をしている弁護士です。弁護士としては8年目に入ったところで、仕事上の悩みが尽きない毎日ですが、法教育は、そんな仕事の悩みを一時的に忘れさせてくれる、心の薬のようなものです。ありがちなことですが、一時、薬を飲むのが本業（ヤク漬け！）になっていた時期がありました。

　ともかく、私は、2005（平成17）年から、法教育の研究、実践および普及活動にかかわるようになりました。振り返ると、随分精力的にやったという感じもします。もっとも、私の活動は、もっぱら前記委員会の委員としての活動で、個人としての活動ではありません。2006（平成18）年に、井門教授から、秋大裁判員模擬裁判への協力を求められた際も、私はこれを委員会にはかり、委員会から大学への協力要員として私を派遣してもらいました。同様に、私以外にも、秋田弁護士会の伊勢昌弘弁護士、山本尚子弁護士が、派遣されています。

　以上のとおり、秋大裁判員模擬裁判での私の活動は委員としての活動だったわけですが、本執筆は個人として引き受けています。よって、本論考は個人的見解に過ぎないこと、秋田弁護士会には関連しないことを明記したいと思います。

2. 弁護士の目で振り返る

　市民が刑事裁判に参加し、事実認定や量刑判断に関与するという「裁判員裁判」の導入は、戦後日本刑事法制のパラダイム転換と言えます[14]。従来の刑事裁判は、証人などわずかな例外を除けば、法律専門家である裁判官、検察官及び弁護士（刑

事裁判では「弁護人」といいます）が行っていました。法廷では、当然に「専門用語」が飛び交います。証拠の大半は供述調書などの「書証」であり、これを細部まで読み込むのは骨の折れる作業です。証人尋問をする場合にも、証言を理解してもらう相手は、証言を聞くことに馴れている裁判官でした。論告や弁論（検察官や弁護人が行う、事実認定や量刑についての意見）も、聞かせる相手は裁判官でした。そして、判断者である裁判官は、証拠書類や証言調書を、自室（自宅）で、何週間も、時には何ヶ月もかけて読み込んで詳細に検討し、判決を書いていました。このような刑事裁判にどうやったら市民が関与できるのか？　裁判員裁判とはどのように行われるのか？　最初は最高裁も検察庁も日弁連も、誰にもわからなかったのです。

わからないでは済まされません。2004（平成16）年5月、裁判員法は公布され、2009（平成21）年5月から施行されることになりました。このような場合に、どうすればよいのか。その答えが、「模擬裁判」でした。裁判所、検察庁および弁護士会は、協力して全国各地で延べ550回以上の模擬裁判を繰り返し、問題点を抽出して解決するという試行錯誤を繰り返したのです[*15]。

井門教授は、法曹三者自身が、このような試行錯誤を繰り返すのと同時並行で行われました。ですので、昨年来、全国各地で現実に行われた裁判員裁判と、秋大裁判員模擬裁判は、検察官や弁護人の法廷活動という点では、重要な点で違いがあります。

例えば、私は、2010年8月に裁判員裁判の弁護人をやりました。その裁判の弁論は新しい手法で行いました。私は、法廷の真ん中に立ち、一度もメモを見ず、身振り手振りを交え、裁判員とのアイコンタクトに気をつけながら、時には静かに、時には熱っぽく、25分間、裁判員に語りかけるような弁論をしました。私が、このような弁論技術の指導を受けたのは比較的最近のことで、秋大裁判員模擬裁判の際には、そのようなことについて全く知らず、従来どおり、「書面読み上げ式」の弁論を行っています。

もっとも、秋大裁判員模擬裁判のメインは裁判官と学生による評議でした。ここでの評議は、今日の私の目から見てもかなり興味深いものがありました。省略化された模擬裁判用の事案とはいえ、否認事件の評議を、裁判長がどのように進めていくのかを、つぶさに見ることができました。もちろん、裁判員は、秋田大学教育文化学部の大学生と院生だけで構成されており、その意味で、現実の裁判員構成とは違います。みなさん全員が意見を積極的に述べていたと思うし、私から見て、的外れと思える意見もありませんでした。しかし、気になった点がありました。「裁判

官の見解に異を唱える」という場面がなかったことでした。そこで、私は、秋大裁判員模擬裁判の取材に来ていた新聞記者に「裁判員は、裁判官の見解に異を唱えることがあって当然」という趣旨のコメントをしたのです（新聞に出ました）。

　当時の私には、「裁判員が頑張れば、無罪が増えるだろう」程度の考えしかありませんでした。性犯罪の裁判員裁判で「求刑以上」の判決が出るなどという「今日の恐ろしい事態」を予測することは、残念ながらできませんでした……。戦争をしない日本では、刑罰の実現というのは、国家の権力作用の中でも、最も恐ろしいものです。そこに、「検察官の求刑」という制度が入れ込まれていることの意味を、もう一度、検察官を含めて議論し直す必要があると感じています。

3. 法教育の目で振り返る

　2008（平成20）年の「法曹三者と学生による裁判員模擬裁判2008」の際には、私と山本弁護士が指導して、学生たちが模擬裁判のシナリオを作りました。架空の殺人未遂事件を作り上げ、被告人は殺意を否認しているという前提で、証人尋問や被告人質問の「台本」を作りました。ナイフなどの証拠物を準備し、事件現場の実況見分調書を作りました。非常に大変な作業でした。

　ところで、実務家や司法修習生が行う模擬裁判では、証人尋問や被告人質問に「シナリオ」はありません。必要な証言を引き出す「尋問の組立て」や「尋問技術」のトレーニングこそが、私たちが模擬裁判を行う主たる目的だからです。しかし、秋大裁判員模擬裁判は、評議のシミュレーションが主目的だから、前提となる「公判」は、シナリオあり、言わば「裁判劇」でも足りる、ということになります。一口に模擬裁判と言っても実際にはさまざまであることには、注意を要します。

　上記のシナリオ作りの指導で、私たちが悩んだのは、「架空の否認事件を作るという作業は、ナンセンスではないのか？」ということです。これがどういう悩みか、簡単に、説明したいと思います。

　歴史的事実は一つです。例えば、私が今日の昼に食べたカレーの肉はビーフだったのかポークだったのか。食堂の店主はビーフカレーと主張し、私はポークカレーだったと主張しています。しかし、真実はどちらか1つであって、「どちらもあり得る」などということはあり得ません。これに対し、架空の否認事件を作るという作業では、「真実」はさておき、どちらの主張（証言）が信用できるかということに関連するエピソードを、「どちらもある程度もっともらしい」と思えるように作り込むことになります。先ほどの例えで言うなら、私が厨房に行ったら、ビーフカレ

ーの鍋は空だった。しかし、店主は「あなたが食べたのが最後だった」と言う。しかし、私が見るに、鍋にこびりついたカレーの滓はカラカラにひからびている……という感じです。「真実」を決めないで、相反する供述（証言）や状況証拠だけを作り込む、ということです。このような作業に意味があるのか、ナンセンスではないのかということを悩んだのです。ちなみに、司法修習生のトレーニングに用いられる題材は、実際の事件をモデルにしたものであり、その意味では、歴史的真実が存在しています。

　この悩みについて、読者のみなさんは、どう思われますか？　私が達した結論は、結局、刑事裁判で行われる「事実認定」という作業についての理解を深める目的の教育的活動という意義は十分に認められる、ということでした。実際、前記のような「作り込み」をするためには、証言の信用性判断に役立つ観点や状況（証拠）としてどのようなことが考えられるか、ということを考える作業が必要不可欠です。先ほどの例で言えば、「カレー鍋を見ればいい」「カレー滓の状態を見ればいい」ということです。評議における事実認定では、このような事情を証拠中から「発見」し「評価」するのですが、シナリオ作りでは、これを「創造」するのです。「発見」「評価」にせよ「創造」にせよ、「一般人であれば、こういう事実があれば、こういう事実を認定する」という作業を行うことには変わりはありません。そして、「発見」よりも「創造」の方が「想像力」の働きが大きくなる分、事実認定作業についての理解は深まる、ということは言えないでしょうか？　懸念は、かかる「教育活動」が、市民に対し「現実の刑事訴訟も、歴史的真実とは関係ない」という誤解を与えるかもしれないということですが、考えすぎでしょうか。

4．中学生の目で振り返る

　刑事裁判の模擬裁判は、たとえ前記のような「シナリオ評議式」であっても、中学生には荷が重いと思います。しかし、条件を整えれば十分実現可能です。

　大事なのは、事前に、刑法と刑事裁判手続について必要な範囲で概略的解説が必要だということです。そうでないと、自分が見ていること、やっていること（手続、訴訟行為）が、一体何を意味するのか理解できず、煙に巻かれたまま「ワイワイお楽しみ」だけで授業が終わってしまうからです。事前解説の授業は、私の感覚だと、60分は必要です。そして、これは法律実務家（弁護士）でなければできないと思います。法律実務家でなくとも勉強すればできるという考えは甘く、司法修習生にも任が重いと考えています。加えて、弁護士であれば誰でもできるということではな

く、手前みそを承知で言うと、私たちのような「法教育をやっている弁護士」でなければできません。それは、「難しいことをわかりやすく説明すること」がビジネススキルとして身についていても、それを用いた説明が「教育的効果」を上げるとは限らないのです。

しかし、「法教育弁護士」を確保し、3コマ程度（事前解説、裁判劇、評議）の授業時間が確保できれば、授業は抜群におもしろく興味深いものになります。弁護人や検察官などの役割を体験することは新鮮で刺激的であるし、評議では、事実認定や量刑の判断に、普段の授業では使っていない脳味噌をフル回転させることになります。評議の本質は、ルールに則った議論、つまり言語活動です。「聞いて、考えて、話す」の繰り返し。生徒はこれに熱中します。その中で、自ずと、無罪推定などの理念に迫っていくことができる。いわば、これらの理念を「体験」することになるのです。

5. さいごに

刑事裁判の意義や理念を学習させるという目的であれば、もっと合目的的で簡略化された教材があり得るのであり、模擬裁判には不要な情報や作業が多い、という意見も聞いたことがあります。

しかし、実際の刑事裁判で行われる訴訟行為には、一つとして無意味なものはないのです。必ず理由があります。それは、単に法律で決まっている、ということではなく、過去から現在に受け継がれてきた人類の英知と言っても、全然大げさではないのです。

そして、体験したことの意味が、後からやってくる場合があります。実際、その方が教育的効果が高いということは、右も左もわからず弁護士を始めて8年経った、私の実感なのです。事前解説が重要だと述べたことと若干矛盾していますが。なお、私のような「法教育弁護士」は、全国にいますので、お近くの弁護士会にお問い合わせください。

*14　1923（大正12）年に「陪審法」が制定され、1943（昭和18）年に施行停止になるまで、日本でも陪審裁判が行われている。
*15　これら模擬裁判については最高裁判所事務総局刑事局『模擬裁判の成果と課題』（判例タイムズ1287号3頁以下）を参照されたい。

（三浦広久／みうら・ひろひさ）

あとがき
2つの出来事から

　私が、まだ20代の頃、法を強く意識した出来事が2つあった。1つは、群馬県で教員になったばかりの頃、警察署で供述書をとられたこと、そしてもう1つは、実家の土地問題でブローカー側の弁護士と闘ったことである。いずれも1980年代中頃のことだ。この2つの経験で私は刑事と民事とを少し齧ったことになる。

　ここでは、記憶をたどって2つの話をするが、あくまでも私の視点から書いていることをお断りしておく*1。少々、長くなるがお付き合いいただきたい。

　まず、前者の例。私の同僚Oさんに子息が誕生し、もう一人の友人とその祝宴を挙げた時のことだった。一次会が終わり、ほどよく酔ったところで、行きつけのカラオケパブに立ち寄った。いつものように歌い、他の客にも手拍子や声援を送って楽しんでいた。ところが、あまり見かけたことのない3人組の歌にも同じようにしていたところ、その中の年少らしき男がやって来て「煩せぇんだョ」「年長者は誰だ！」などと言って、われわれにとっては主賓のOさんに絡んできた。これを見た私は「お祝いの席なんで言いがかりはやめてもらえないか」と言った。すると、突然、その男は私の髪を鷲づかみにしてグイグイと引きちぎるように引っ張ったので、私はとっさに相手の頭部にパンチした。男は怒って「表に出ろっ!!」と叫ぶので、私はすぐに表の駐車場に出て「闘うしかない」と覚悟を決めて待っていた。

　しかし、その男はなかなか出てこない。しばらくすると、仲間の年長と見られる男が出て来て、「話をつけよう」と仲介役を買って出た。私が、その仲介役と話をしていると、私の左側から急にあの若造が駆け寄ってきて大声を張り上げながら、私の左顔面を殴り、そのまま逃げ去った。不覚にも私はまともにパンチを食らってしまった。怯まず、出てくる鼻血を手で拭い、手の平の血を見せながら「卑怯でしょう。これは暴力以外の何ものでもない！　すぐそこが警察署だから行きましょう」と、仲介役に言った。その店は交差点を挟んで警察の斜向かいにあったのだ。仲介役もいろいろ言い訳していたが、謝罪を強く要求する私に対して、最後には根負けして仲介役として謝った。その場はそれで終わった。その後、われわれ3人で話してわかったことだが、その若造は、怖じ気づいて店の外には出ず、私の仲間に向かって「オメェら、奴をなんとかしろ！」と言っていたということだ。

　その日は、それで散会となったが、翌日、起きてみたら左顔面は目を中心に腫れ上がり酷いことになっていた。これでは納得できないと思い、校長に電話を入れ、

警察署に立ち寄ってから出勤すると連絡した。署では刑事1人が対応し、私の話を書きとめていた。話の途中で「ところで先生、先生は殴ってませんよね」と聞かれた。前夜のことを回想すると、1発パンチしていたことを思い出した。そこで、そのことを正直に伝えると、刑事は「先生、そりゃあまずい。供述書に切り替えなきゃ」と言って、私は供述書をとられる羽目になった。オマケにまだ痛みの残る酷い顔をポラロイドカメラで撮られ、見せられた。実に見る影もない悲惨な写真だった。刑事は相手を捜すと言ってくれたが、その後、何も連絡はなかった。
　後日談だが、イチャモンをつけた3人組はたまにその店を利用していたようで、客に絡むことがあったと店主は語っていた。農機具店の社員と聞き、その店も突き止めたが、そのまま遠い過去となっている。そう言えば、警察に行ったその日、折悪しく保護者面談があった。保護者のYさんが大きな眼帯をしている私に「先生どうしましたか？」と尋ねてきた。私は「いやぁ。ものもらいでぇ」と嘘をついてしまった。まだ、新任の仮採用中のことだったように思う。いずれにしても、若気の至り、いや馬鹿気の至りというところだろうか。クビになる要素は充分だった。

＊

　そして2つ目。80年代と言えば、バブル期である。私の郷里（現沼田市）の近く、三国山脈の向こう新潟県南魚沼郡湯沢町は、後に「東京都湯沢町」といわれるほどに、東京の資本が入り、リゾート開発の真っ直中だったが、同時期、群馬の山奥にもバブルの影響が及んでいた。私の実家が所有する県道沿いのたった800平方メートル程度の土地を購入したいという話が、地元では悪名高い土地ブローカーのXからもちかけられた。近くにある栗園に観光客を運ぶバスの待機所にしたいという話だった。わが家ではこの土地で梅木を栽培しており、季節には家族で食べるくらいの実がなり、それなりに重宝していた。実家では売る気もなく、Xは何度か足を運んだが、むしろ、相手が相手だけに警戒して、名義人の父もきっぱり断るというよりは、考えておくといった程度の体のいい断り方をしていた。
　ところが、ある時、私が勤務からの帰宅途中にこの土地を通りかかったところ、重機が入って、梅林の木々は根こそぎ倒され、地ならしが始まっていた。私は車を止めて、重機に記された会社名、土地の状態、日時などを手帳に記して、帰宅した。すぐに、確認してみると、土地を売るとも言っておらず、契約書も交わしていないということがわかった。急遽、重機の会社に連絡をすると、Xから依頼されたと言う。
　このことについて、Xに抗議すると、彼は謝ったものの、この後、あの手この手

で懐柔策に出た。ある時、私が家にいると、祖母の又従兄のTがやって来て、あの土地のことでXに頼まれて話に来たと言い、世間話などを織り交ぜながら、他の土地は買収しているのでなんとか売ってくれないか、と説得してきた。承諾も契約もしていない状況で、土地を荒らされたことを私が批判すると、しまいには、「このくらい出せるんだがなぁ」と札束を片手でバタつかせた。これには私も驚いた。ちょっと手にしたことのない厚みで、思うに数百万円はあったようだ。それでも断ると、ニヤニヤしながら帰って行った。正直、少し心が揺らいだ。

　土地は早い段階で「無断立ち入り禁止、地権者」と札を立て、縄も張ったので、荒らされたそのままの状態が続いていたが、ある時、差出人が弁護士Hという封書が届いた。手紙には、HはXの代理人の弁護士であること、今回の件についてはXが多大な損害を受けたので、場合によっては2000万円の損害賠償の裁判を起こすという、こちらからすれば脅迫状ともとれる内容だった。私は怒りがこみ上げてきた。しかし、相手が弁護士なので、それ相応の対抗措置をとらなければならないと考え、直ちに、大学時代に積ん読してあった民法の本や六法全書などをいくつも読んで、「契約」「不動産」「不法侵入」「器物損壊」「仮処分申請」などを調べ、われわれの正当性と相手の不法行為について論証する文章を仕上げた。そのうえで、近隣の組合立病院主催の無料法律相談に行って、担当弁護士に私の文章を見せ、相談した。その弁護士が「これは誰が書いたんですか」と尋ねたので、私が書いたことを伝えると、感心してくれた。私は嬉しい気持ちになった。昔取ってもいない杵柄だが、結構やれるものだと思った。その弁護士は、われわれの正当性を認め、素人が弁護士と争うのはたいへんだとして、別なS弁護士を紹介してくれた。

　さて、この後、私は、弁護士のコメントを受けて文章を修正し、相手の弁護士H（Xも含めて）に対して内容証明を送り、同時に、県都に事務所を構えるS弁護士に父と2人で相談に出かけた。相談料の相場は30分で1万円程度と聞いていたが、事情を説明して30分ほどで終わると、S弁護士からは手付金として10万円を求められたので、私たちはその金額を渡した。

　ところが、その後、S弁護士は時折電話はくれるが、これといった動きをしているようにも見えない。少し心配になった私たちは、近所の事情通のW氏に相談すると、しばらくしてから、こんな話をしてくれた。「どうも弁護士のHとSは顔見知りのようだで。大学の先輩と後輩だったっけかな。弁護士会は顔見知り同士なんで、なあなあでやってるんじゃねえんかなぁ」と。確かにその可能性も考えられ、弁護活動がほとんど見られないのはそのせいかもしれないと不信感が募った。そ

こで、S弁護士に電話をかけ率直に言うと、こちらも不満が募っての電話だったので、きつい言い方だったのか、相手もキレて、最後は喧嘩別れのように電話を切った。弁護士との縁が切れた瞬間だった。

その後、この土地問題はどうなったと思われるだろうか。実は、実家は300万程度で土地を売ったようだ。というのも、ブローカーの背後には、S不動産がいた。その不動産会社の社員で群馬の担当者が、なんと母方の親戚筋だったのだ。結局は、これまでの事情を知ったその社員が、直接交渉に来たため、荒らされたままの土地では仕方ないので売ることにしたのである。一件落着。民事訴訟までは至らずに、土着のつながりが問題解決の鍵となった。

＊

以上、2つの話題を提供したが、私は、実生活における刑事や民事は、誰にでもちょっとしたきっかけで起こり得るものと考えている。前者の事例は、刑事事件に当たるが、刑事は捜査するとは言ったものの大した事件とは判断されず、そのまま立ち消えになった。教訓を得るとすれば、仲間を守るために熱くなるのはよいが、私のような対応では殺傷事件に発展する危険性もある。冷静に、ことが大きくならないよう、被害は最小限にとどめるようにして、刑事事件に発展させないことが、問題解決の第一歩だと考える。確か、この件で、私は裁判所にも行ったように思う。余分な労力を使ったものである。

次に、後者の事例は、民事的な問題に出くわした時に、大学で少し齧った程度の学びでも、そのことをきっかけに問題解決行動がとれるということである。法律の本を取り出して必要な知識を獲得する。そのうえで、わからないことは専門家の弁護士に相談するといった活動を通して、法的な手続を実践することができるのである。おそらく、学校教育で言えば、万遍なく教えなくても1つの事例を通して法的な問題解決の手続や方向性を教えることで、学習者の実生活上で必要な法的思考や手続、法的実践力の礎になるのではないかと考える。私が本書で提案する問題解決型の法教育カリキュラムというのは、この経験に基づいてもいる。

この件では、正直、弁護士という職に対しては、信頼感よりも不信感の方が強まった。あのバブル期について、作家の宮崎学氏は、『地上げ屋』*2という実録で群馬県多野郡吉井町（現高崎市）の産廃やゴルフ場開発をめぐる土地買収について書いているが、この本では、地上げ屋側の金の亡者のような悪徳弁護士も取り上げられている。あの時期は、弁護士にも悪い奴がかなりいたのかもしれない。実家の土地問題は、弁護士が直接解決してはくれなかった。最終的には、法や訴訟ではなく、

土着的な人脈で問題は終結している。売った土地はどうなったやらと、最近グーグルアースで確認してみたが、未だに広い空き地のようになっている。待機所として使われたとは聞いていない。

＊

　この２つの事例は、私の記憶から遠のいていた。しかし、別な角度から再認識したのは、筑波大学大学院博士課程での江口勇治先生のゼミだった。私は30代半ばで教員を辞し、研究者の道を歩んだが、そのゼミで久々に法について学ぶ機会を得た。特に、ゼミでは、田中成明やロールズ (John Rawls) の法哲学が中心だったように記憶している。大学時代は社会科学全般を学び、専門科目で憲法、刑法や民法の総論や各論を学んだものの、法哲学までは受講していなかった。それだけに、私にとっては、なかなか難しく感じられた。しかし、嫌煙権闘争に関して、法のフォーラム機能について議論している時、おそらく、具体的な体験を語るような機会があって、私は先の土地問題を語ったように思う。その時は長く話したわけではなかったが、あらためて、自分自身が法的な闘争をしていたこと、そして、それなりに知識を求め、内容証明も書き、弁護士から知見を得て、闘っていたことを確認できた。研究者の道を歩み始めていた私としては、研究という観点から、この闘争は興味深く思えた。

　その後、1998年度末に、私は博士論文を完成させたが、博士論文の終章では、先に、「終章」で紹介した奥野善彦先生の「青春法廷」を取り上げていた。おそらく、私の法教育研究の黎明はこの辺だったのではないかと考えている。直接的には、2005年に開催された東北弁護士会連合会定期大会シンポジウム「法教育の実践をめざして」（秋田市７月８日）に私が関わり、秋田大学教育文化学部附属中学校での授業実践（トピック７で紹介）や当日のパネリストとして参加したことから本格的な研究が始まり、今日に至っている。

＊

　さて、本書は、私にとっては随分長い道のりの中で完成したように思われる。筑波大学大学院の時からご指導いただいた江口勇治先生、共同研究・実践を続けている三浦広久弁護士・山本尚子弁護士、法曹三者と学生による裁判員裁判関係でご協力いただいた秋田地方裁判所、秋田地方検察庁、秋田弁護士会の方々、そしてプロジェクトスタッフの本学の先生方に感謝したい。なお、本書は、多くの学生・院生や学校の参加と協力に依るところが大きい。あらためて感謝する次第である。

　特に本書の作成にあたっては、編集作業を担当した社会科研究室の阿部直哉さ

ん、荒川潤さん、大森一樹さん、佐藤篤史さん、佐藤友理さん、堀川敏樹さんに感謝すると共に、2006年より裁判員模擬裁判関連の動画コンテンツとDVD作成に携わっていただいた株式会社スタッフの企画制作部次長・大日向淳氏に感謝する。また、黙々と校正をしてくれた妻・直美、嬉々として挿絵を描いてくれた娘・愛理にも感謝したい。

　最後になるが、本書の刊行を快くお引き受けいただき、秋田にお越しになり、法や法教育について熱く語り合った現代人文社社長・成澤壽信氏に深謝する。

＊１　後者の土地に絡む話では、当時内容証明を筆者が書いているので、今、実家の金庫に眠っていると思うが、それを確認すれば、当時の筆者が捉えた問題状況は確認できる。
＊２　宮崎学「第二章過疎地の饗宴【群馬県多野郡吉井町】」『地上げ屋—突破者それから—』（幻冬舎、2000年）129〜130頁。宮崎氏は当時、この地域の土地買収をしていた。

2010年11月27日　井門正美

執筆者紹介

●著者
井門正美（いど・まさみ）

1955年群馬県生まれ。早稲田大学社会科学部（1979年）、
立教大学社会学部（1982年）を卒業し、群馬県公立学校教員として
沼田市立池田小学校、藤岡市立北中学校に勤務する。
1990年同職を辞し、上越教育大学大学院修士課程学校教育研究科に入学。
その後、筑波大学大学院博士課程教育学研究科を経て、
現在、秋田大学教授（教育学研究科・教育文化学部）。博士（教育学）。
自己組織性のある学校再生をめざして、研究と教育に情熱を燃やしている。

《主な著作》
・『社会科における役割体験学習論の構想』（NSK出版、2002年）。
・『町づくりゲーミングSIM TOWN【井角町】』（NSK出版、2003年）。
・「第６章　役割体験学習論に基づくゲーミング・シミュレーションの展開」
　石川瞭子編著『おもしろ社会福祉』（八千代出版、2010年）。
・「第１章第２節　役割体験学習論に基づく社会的実践力の育成」
　谷川彰英監修『市民教育への改革』（東京書籍、2010年）。

《受賞》
・学事出版・第２回教育文化賞・最優秀賞受賞（2005年）。
・日本シミュレーション＆ゲーミング学会・最優秀賞受賞（2005年）。

●法的事項監修
三浦広久（みうら・ひろひさ）

1975年秋田県生まれ。1998年、東北大学法学部卒。
司法研修所第56期修了。2003年弁護士登録（秋田弁護士会所属）。
2005～2009年日弁連市民のための法教育委員会委員。

●「トピック」執筆者 (五十音順)

阿部直哉	秋田県大仙市立大曲中学校教諭
	秋田大学大学院教育学研究科教科教育専攻社会科教育専修２年
荒川　潤	秋田大学大学院教育学研究科教科教育専攻社会科教育専修１年
大森一樹	秋田大学大学院教育学研究科教科教育専攻社会科教育専修２年
鎌田公寿	筑波大学大学院人間総合科学研究科博士後期課程
	学校教育学専攻社会科教育学１年
佐藤篤史	秋田大学大学院教育学研究科教科教育専攻社会科教育専修２年
佐藤友理	秋田大学大学院教育学研究科教科教育専攻社会科教育専修１年
坪野谷和樹	秋田大学教育文化学部附属中学校教諭
堀川敏樹	秋田大学大学院教育学研究科教科教育専攻社会科教育専修１年

法教育実践協力者（所属は実践時のものです。敬称は略させていただきます）

❶「法曹三者と学生による裁判員制度の模擬裁判」（2006年度）関連

① ゲストティーチャー
髙橋哲治（秋田地方検察庁）、三浦広久（秋田弁護士会）、若松光晴（秋田地方裁判所）
＊この他、法曹三者の関係機関の方々にご協力いただきました。

② 模擬裁判キャスト
裁判官　藤井俊郎（秋田地方裁判所）
裁判官（右陪席）　若松光晴（秋田地方裁判所）
裁判官（左陪席）　牧野郁子（秋田地方裁判所）
裁判員　鎌田公寿（秋田大学大学院生）
裁判員　小玉絵莉（秋田大学大学院生）
裁判員　郷田英俊（秋田大学大学院生）
裁判員　高橋健人（秋田大学大学院生）
裁判員　佐々木恵理（秋田大学学生）
裁判員　宮澤千晶（秋田大学学生）
書記官　利部　慎（秋田大学大学院生）
検察官　髙橋哲治（秋田地方検察庁）
刑務官　大野　翔（秋田大学学生）
弁護士　三浦広久（秋田弁護士会）
被告人　高橋知也（秋田大学学生）
証　人　赤川裕子（秋田大学学生）
ナレーター　渡部雅子（秋田大学学生）
企画・コディネーター　井門正美（18特色GP推進特別委員会委員長）

③ 秋田大学18特色GP推進特別委員会メンバー（秋田大学教員、事務職員）
佐々木雅子、島澤諭、林信太郎、林良雄、姫野完治、三浦清進、望月一枝（以上教員）、柳谷勉（事務）
＊秋田大学教育文化学部ならびに社会科教育研究室の学生・院生スタッフ

④ 秋田地方裁判所・秋田地方検察庁・秋田弁護士会
⑤ 秋田大学教育文化学部附属中学校

❷「法曹三者と学生による裁判員模擬裁判2008」(2008年度) 関連

① ゲストティーチャー
飽津史隆(秋田地方検察庁)、伊勢昌弘(秋田弁護士会)、三浦広久(秋田弁護士会)、村田邦行(秋田地方検察庁)、山本尚子(秋田弁護士会)

＊この他、法曹三者の関係機関の方々にご協力いただきました。

② 模擬裁判キャスト
- 裁判長　馬場純夫(秋田地方裁判所)
- 裁判官(右陪席)　石山比美希(秋田大学学生)
- 裁判官(左陪席)　三森朋恵(秋田大学大学院生)
- 書記官　久野雄平(秋田大学学生)
- 裁判員A　石栗みづき(秋田大学学生)
- 裁判員B　坂本真道(秋田大学学生)
- 裁判員C　佐藤　良(秋田大学学生)
- 裁判員D　佐野彰紀(秋田大学学生)
- 裁判員E　福地峻太郎(秋田大学学生)
- 裁判員F　米澤春菜(秋田大学学生)
- 検察官　村田邦行(秋田地方検察庁)
- 刑務官1　秋元　圭(秋田大学学生)
- 刑務官2　和田充玄(秋田大学学生)
- 証人1(被害者)　須磨　薫(秋田大学学生)
- 証人2(目撃者)　佐藤友理(秋田大学学生)
- 弁護人1　三浦広久(秋田弁護士会)
- 弁護人2　山本尚子(秋田弁護士会)
- 被告人　坪野谷和樹(秋田大学大学院生)
- ナレーター　鈴木正紀(秋田大学学生)
- 企画・コーディネーター　井門正美(18特色GP推進特別委員会委員長)

③ 秋田大学18特色GP推進特別委員会メンバー(秋田大学教員、事務職員)
和泉浩、佐々木雅子、島澤諭、髙村竜平、武内恵美子、林信太郎、林良雄、姫野完治、望月一枝(以上教員)、茂木美奈子(事務)

＊秋田大学教育文化学部ならびに社会科教育研究室の学生・院生スタッフ

④ 秋田地方裁判所・秋田地方検察庁・秋田弁護士会
⑤ 秋田大学教育文化学部附属中学校、秋田市立外旭川中学校
⑥ 株式会社アキタネット

役割体験学習論に基づく法教育
裁判員裁判を体感する授業

2011年2月25日　第1版第1刷

著　者　　井門正美
法律事項監修　三浦広久
発 行 人　　成澤壽信
発 行 所　　株式会社 現代人文社
　　　　　〒160-0004 東京都新宿区四谷2-10 八ッ橋ビル7階
　　　　　振替　00130-3-52366
　　　　　電話　03-5379-0307（代表）
　　　　　FAX　03-5379-5388
　　　　　E-Mail　henshu@genjin.jp（代表）/hanbai@genjin.jp（販売）
　　　　　Web　http://www.genjin.jp

発 売 所　　株式会社 大学図書
印 刷 所　　株式会社 ミツワ
カバーイラスト　大塚砂織
本文イラスト　井門愛理
装　　丁　　Malpu Design（渡邊雄哉）

検印省略　PRINTED IN JAPAN　ISBN978-4-87798-457-1 C3037
©2011 IDO Msami

本書の一部あるいは全部を無断で複写・転載・転訳載などをすること、または磁気媒体等に入力することは、法律で認められた場合を除き、著作者および出版者の権利の侵害となりますので、これらの行為をする場合には、あらかじめ小社また編集者宛に承諾を求めてください。